한님성서연구소 창립 25주년 기념 논문집

말씀의 육화와 성경의 올바른 해석

한님성서연구소 창립 25주년 기념 논문집
말씀의 육화와 성경의 올바른 해석

교회인가 2023년 11월 09일 (의정부교구장 이기헌 베드로 주교)
초판 1쇄 2023년 12월 01일

지은이 정태현, 강지숙, 송혜경, 주원준
강선남, 박미경, 김명숙, 김선영
펴낸이 조병우
펴낸곳 한님성서연구소
등록 제85호
주소 경기도 의정부시 평화로 604
전화 031)846-3467
팩스 031)846-3595
카페 cafe.naver.com/biblicum

ISBN 978-89-94359-48-9 93230
책값은 뒤표지에 있습니다.

한님성서연구소 **창립 25주년** 기념 논문집

말씀의 육화와 성경의 올바른 해석

한님성서연구소장 정태현
수석연구원 강지숙
송혜경
주원준
강선남
박미경
김명숙
김선영

한님성서연구소 창립 25주년 기념 논문집 발간에 붙여

한국에 그리스도교 원천의 씨앗을 뿌리겠다는 큰 포부를 가지고 1998년 9월 20일 '성 김대건 안드레아 사제와 성 정하상 바오로와 동료 순교자들 대축일'에 한님성서연구소가 조용히 닻을 올렸다. 당시만 해도 교회는 물론 학계에서도 이 연구소에 관심을 보이는 곳은 없었다. 그동안 여러 명의 평신도 학자들을 양성하고 그들과 함께 고대어 성경 번역본(타르굼과 칠십인역), 신구약 외경, 고대근동 문헌, 쿰란 문헌, 랍비 문헌, 동방 그리스도교 시리아·콥틱 교부 문헌, 사도 교부 문헌, 영지주의 문헌 등의 연구에 전념했고 관련 서적들을 꾸준히 출간해 왔다. 또한 바오로딸 수도회와 공동기획으로 '유다·그리스도교 고전 입문 총서'와 '거룩한 독서를 위한 신구약 성경 주해서' 들을 편찬해 오는 중이다.

이제 본 연구소는 가톨릭뿐 아니라 개신교에서도 주목하는 연구소로 자리를 잡아가고 있다. 하지만 우리 자신을 돌아보면 한없는 부족함을 느낀다. 한국신학의 태동을 위해 겨우 초석을 놓은 셈이고 갈 길은 멀고 험난하다. 그렇지라도 은경축을 맞은 연구소가 무슨 일을 해왔고 앞으로 무슨 일을 해나갈 것인지 밝힐 필요를 느껴 이 논문집을 준비하였다. 연구소의 모든 연구원들이 빠짐없이 자기 전공분야의 소고를 일 년 전부터 기획하고 완성해 왔다. 공통 주제는 우리 가운데 육화되신 말씀이다. 이 말씀이 믿음의 공동체 안에 육화된 형태가 성전聖傳이고, 소통의 도구인 문자 안에 육화된 형태가 성경聖經이다.

이 자리를 빌려 연구원들과 편집자의 노고를 치하하고 싶다. 아울러 이들을 양성하고 양성된 이후 연구에만 매진할 수 있도록 재정적 뒷받침을 해주신 조병우 베네딕토 이사장님을 비롯한 이사님들과 후원자들에게 깊은 감사를 드린다. 그분들을 대신해서 연구소의 주인이신 한님, 우리 하느님께 폐허가 된 주님의 도성 예루살렘을 재건하고 바친 느헤미야의 기도를 올려드린다.

"저의 하느님, 저를 좋게 기억해 주십시오"(느헤 13,31).

2023년 12월 1일 성서주간

한님성서연구소장 정태현 갈리스도 신부

차례

주원준

'떨기나무'가 아니라 '가시덤불'이다

— 고대근동과 구약성경의 가시,
그리고 새로운 번역어의 제안

차례

1. 들어가며

이 논문은 크게 세 가지 내용을 담고 있다. 첫째는 전승사적 고찰이다. 고대 근동 문학에서 '가시'를 살펴보고 나서 구약성경과 신약성경을 거쳐 교부문헌으로 이어지는 '가시'의 문학적 전승사를 간략히 살펴본다. 둘째는 그 과정을 통해 고대의 번역가들과 교부들이 '가시'에 초점을 두고 탈출기 3장의 히브리어 '스네'(סְנֶה)를 번역하고 성찰하였음을 드러낸다. 그리하여 결론으로 탈출기 3장의 히브리어 '스네'(סְנֶה)는 '떨기나무'보다 '가시나무'라는 번역어가 언어학적으로나 신학적으로 더 적절함을 제안한다.

이 논문의 방법론은 특정 낱말과 번역어를 중심으로 본 '영향사'(Wirkungsgeschichte)적 비평에 가까울 것이다.[1] 필자는 고문헌학적인 논의에 초점을 맞출 것이며, 고식물학(paleobotany)의 논의를 펼치지 않을 것이다. 또 히브리어 원문의 적절한 번역어를 제안하는 본 논문의 취지에 집중하고 분량을 고려하여 그리스어와 라틴어 어휘에 대한 논의를 자제할 것이다.

논문 형식으로 신학계와 교회에 정식으로 제안하는 것은 이번이 처음이지만, 사실 이 논문의 제안과 주장은 처음이 아니다. 필자는 이미 단행본을 통해 이 논문의 핵심 주장을 펼친 바 있고,[2] 방송과 신문과 교양서 등을 통해 대중적으로 설득하려는 시도도 하였다.[3]

---

1 영향사 비평은 1960년대 이후 일어난 철학적 기조에 크게 영향을 받은 것이다. 이에 대한 간략한 논의는 다음을 보라. Frankemölle, "Wirkungsgeschichte", 1233. 다음을 참조하라. 주원준, 『구약성경과 신들』, 197.

2 주원준, 『구약성경과 신들』, 183-204.

3 일례로, 이정훈, 「주원준 박사의 구약성경과 신들 25 - 가시 상징과 하느님」, 17. 주원준, 『구약의 사람들』, 150.

사실 필자는 이 주장을 두고 여러가지 요소를 고려하며 신중하게 접근했다. 무엇보다 '떨기나무'가 이미 신앙공동체에 상당한 시간동안 보급되어 있다는 현실을 고려했다. 혹시 신학적으로 중요한 번역어를 함부로 바꾸자는 주장으로 비칠까 걱정하기도 하였다. 그리고 '떨기나무'가 그리스도교 신학계에서 드물게 가톨릭과 개신교가 공유하는 공통의 성경 번역어라는 점도 신중히 고려했다. 혹시 '가시덤불'이라는 새로운 번역어의 주장이 그리스도교계의 일치를 저해하는 것으로 작용하지 않을까도 우려하였다. 그래서 그동안 강연과 대화 등 신앙공동체의 구성원들과 만나는 기회를 통해서 필자는 새롭게 제시하는 '가시덤불'이라는 번역어가 신앙공동체에 원활하게 수용되는지 경청하였다. 그 결과 더 나은 번역어를 찾는 학문적 노력을 멈출 수는 없다고 판단하였고, 이 주장이 한국 교회에 꼭 필요한 주장이라고 확신하게 되었다. 평신도 신학자로서 한국 신학계에 특별한 의미를 지닌 한님성서연구소 창립 25주년 기념으로 이 논문을 제출하게 된 것에 대해 뜻깊게 생각하며 깊이 감사드린다.

2. 발단 - 문제의식

필자는 '떨기나무'라는 번역어가 퍽 어색하다는 느낌을 지니고 있었다. '떨기나무'는 한국 고유의 토착어, 곧 순우리말이다. 그런데 일상에서 거의 쓰이지 않는 낯선 단어이기도 하다. 그래서 평범한 한국어 언중(言衆)이 직관적으로 이해하기 어렵다고 생각했다. 이런 느낌은 필자만의 것이 아니었던 것 같다. 아래는 시나이 반도의 성 카타리나 수도원을 방문한 신자의 여행기 일부다.

수도원 안에는 모세가 보았던 타지 않는 떨기나무 한 그루가 자라고 있어서 눈

길을 끌었다.

"떨기나무가 딸기나무인 줄 알았는데 전혀 다르네."

누군가 의외라는 듯 놀라움을 표시한다.

"떨기나무, 딸기나무, 이름은 비슷하네요. 그렇지만 나무는 전혀 다른 것 같은데요."[4]

위에서 인용한 대화에서 청자와 화자는 모두 성지를 순례하는 한국인 그리스도교 신앙인으로서 한국어를 모국어로 사용하는 사람들이다. 그런데 이들은 '떨기나무'라는 번역어에 대해서 무척 낯설고 어색하게 느끼고 있음을 알 수 있다. 사실 '떨기나무'라는 용어가 신앙공동체에 보급된지는 오래되었지만, 아직 그리스도인들의 마음에 뿌리내리지 못한 용어라는 느낌을 받은 것은 필자만이 아님을 알게 되었다.

필자는 한자어가 아닌 순수한 우리의 고유어(또는 토착어)를 살려 학문과 신앙의 세계에서 적극 활용해야 한다는 주장에 동의하고, 나름 실천하고 있다. 이를테면 'cuneiform'을 '설형(楔形)문자'보다 '쐐기문자'로 쓰는 등의 활동을 예로 들 수 있다. 하지만 일부 한국의 토착어가 무조건적 대안일 수는 없다. 이를테면 '울력', '고등어', '고도리' 등은 한국의 토착어로서 순우리말이지만 어느 정도 설명이 필요한 말이다.[5] 필자는 '떨기나무'가 이런 '설명이 필요한 토착어'로서 신앙인 대중의 직관적 이해에 도움이 되지 못한다고 느낀다.

평범한 일반 신자들이 이해하기 어려운 복잡한 한자어나 라틴어 경구 등은 성경 번역이나 신앙서적에서 자제되는 것이 바람직할 것이다. 필자는 같은

4 이승철, 「떨기나무가 딸기나무라고요?」.

5 참고로, 『국어대사전』에 따르면 '울력', '고등어', '고도리'는 모두 순우리말이다. 고등어는 '고등魚'가 아니라 전체가 순우리말이고, 고도리는 고등어의 새끼다.

원리로 평범한 일반 신자들에게 다가가기 힘든 순우리말도 재고되어야 할 것 같다. 결론에서 보겠지만 '가시덤불'은 순우리말이다. 게다가 '떨기'보다 더 직관적이고 쉽게 이해된다. '떨기나무'는 여기에 더하여 그리스도교의 핵심 전승을 반영하지도 못하는 문제점을 지니고 있다.

3. 『길가메쉬 이야기』의 '가시'

이제 가장 높은 지혜이자 생명의 상징으로 '가시'가 사용된 고대근동 문헌에서 시작하자. 『길가메쉬 이야기』(*Iškar Gilgameš*)는[6] 최고의 신적 신비를 '가시'로 표현한 대표적 문헌이라고 할 수 있다. 12개 토판 가운데 11째 토판 말미에 있는 본문과 번역을 제시하면 다음과 같다.

---

6 흔히 『길가메쉬 서사시』 또는 『아트라하시스 서사시』처럼, 메소포타미아의 수려한 문학작품을 서사시(epic)로 일컫는 데 익숙하다. 그런데 이 용어는 근대 유럽에서 발달한 문학적 분류이며 고대근동 세계에서 전혀 쓰이지 않았다는 비판이 오래 전부터 존재했다. 필자는 이런 문제의식에 공감했고, 이런 식의 문학적 분류는 자칫 어떤 선입견을 낳을 수 있다는 점도 걱정하였다.

그런데 필자는 실제 앗수르바니팔 도서관에서 이 작품은 '이쉬카르 길가메쉬'(*iškar Gilgameš*)로 쓰여 있었다는 점을 알게 되었다. 아카드어 '이쉬카르'(*iškar*)는 (대개 서사가 풍부한) '노래모음', '들려주는 것', '읽어야 할 것' 등을 의미하는데, 길가메쉬, 에타나 등 작품을 일컫기도 하였다. 이 말은 우리말의 '이야기'와 매우 잘 어울린다. 게다가 아카드어 '이쉬카르'(*iškar*)는 고대 메소포타미아인들이 자신들의 수려한 문학작품을 직접 일컫던 말이다. 그래서 필자는 고대근동의 문학작품을 일컬을 때 이 용어를 사용하기로 하였다. 따라서 『이쉬카르 길가메쉬』 또는 『길가메쉬 이야기』라 부르기로 하였다. George, *The Babylonian Gilgamesch Epic - Introduction, Critical Edition and Cuneiform Texts, vol. I*, 4, 28; 주원준, 「아트라하시스 이야기」, 59-60.

원문

281 *lu-ú-up-te* ^{d}*GIŠ-gím-maš a-mat ni-ṣir-ti*

282 *u pirišta*(ad.ḫal) *šá ilī*^{meš} *ka-a-šá lu-uq-bi-ka*

283 *šam-mu šu-ú ki-ma ed-de-et-ti ši-kin-šú šá-kin*

284 *si-ḫi-il-šú kīma*(gim) *a-mur-din-nim-ma ú-saḫ-ḫal qātī*^{min}*-ka*

285 *šum-ma šam-ma ša-a-šu i-kaš-šá-da qa-ta-a-ka*(XI, 268-270)[7]

해석

281 "길가메쉬여, 네게 비밀을 드러내어주겠다.

282 그리고 나는 너에게 신들의 비밀을 알려주겠다.

283 이 식물, 그것의 모습은 가시처럼 생겼다.

284 그것의 가시는 덤불처럼 그대의 손을 찌를 것이다

285 그대가 이 식물을 취하면, 그대는 새 삶을 얻을 것이다"

위 본문의 화자는 우트나피쉬팀이다. 그가 영생의 비밀로 알려준 식물을 묘사하는 표현은 본문에 모두 4개가 등장한다. '샴무'(*šammu*)는 위 본문에서 두 번이나 나오고(283행, 285행) 이 영생의 식물을 대표하는 표현이다. 이 말은 그저 '풀', '식물'이라는 뜻인데 '(건초) 더미, 약초' 등을 의미할 수도 있다. 식물과 관련되어 가장 넓게 보편적으로 사용되는 단어일 것이다.[8] 이 표현으로는 이 영생의 식물이 지닌 특징을 구체적으로 알기 힘들다. 하지만 본문에서 이

7 아카드어 원문과 영어 번역문은 다음을 보라. George, *Gilgamesh*, 720-721. 독일어 번역은 다음을 참고하였다. Hecker, "Das addkadische Gilgamesch-Epos", 737. Hecker에 따르면 266-269행이다. 필자는 다음에서 이미 이 논지를 설명한 바 있으므로 여기서는 『길가메쉬 이야기』의 문맥을 다시 밝히지 않는다. 기타 중복되는 내용도 이 논문에서는 모두 생략하였다. 다음을 참조하라. 주원준, 『구약성경과 신들』, 186-189.

8 CAD Š I, 315.

영생의 식물을 이렇게 자주 일컫기 때문에, 이 영생의 식물을 현대어로 일컬을 때도 원문에 따라 '풀', 또는 '식물'로 말하는 것이 가장 적당하다고 할 수 있다.

둘째 표현인 '에뎃투'(*eddetu*, 283행)는 '가시덤불'(box-thorn)을[9], 셋째 표현인 '시흘루'(*siḫlu* 284행)는 '가시'를 의미한다.[10] 에뎃투와 시흘루는 이 영생의 식물이 단순한 풀이 아니라 '가시'가 있음을 뚜렷이 드러낸다. 그런데 넷째 표현인 '아무르딘누'(*amurdinnu* 284행)는 '덤불'로 설명하는 사전과[11] '장미덩쿨'로 설명하는 사전으로 나뉜다.[12] 하지만 장미덩쿨로 설명하는 사전도 용례를 보면, 바로 위 본문을 제시하면서 '가시'(Dorn)으로 옮겼다.[13] 이렇게 가시가 있다는 점이 반복되어 묘사되기에 이 식물의 가장 큰 특징이 가시라는 점에 대해서는 이견이 존재할 수 없을 것이다.

결국 이 식물에 대한 네 표현은 이렇게 요약할 수 있다. 첫째 '샴무'는 그저 '풀'이라는 뜻으로 가장 보편적인 표현이다. 둘째와 셋째는 '가시'가 있음을 드러내고 넷째는 가시가 있는 덤불임을 표현한다. 특히 셋째 표현에서 의존인칭대명사(enclitic personal pronoun) '그것의'(*-šú*)가 사용되어 이 식물에 가시가 있음을 분명히 드러낸다. 이런 네 표현을 종합하여 조지(A.R. George)는 이 식물의 특징을 아래처럼 분명히 설명하였다.

"오직 가시라는 점이 중요하다 … *amurdinnu*와 이 마술적 식물의 공통점은 그

---

9 CAD, E, 23. George와 Hecker는 이 낱말을 '가시덤불'(box-thorn, Dornstrauch)로 옮겼다. George, *Gilgamesh*, 720. Hecker, "Das addkadische Gilgamesch-Epos", 737.

10 AHw III, 1034; CAD S, 237.

11 CAD A II, 110-111.

12 AHw I, 45-46.

13 AHw I, 46.

들이 가시를 지녔다는 점 외에는 없다."[14]

이상은 고대의 본문을 문헌학적으로 고찰한 것으로, 식물학적 동정(同定)과는 방법론적으로 퍽 다르다. 뒤에서 잠시 언급하겠지만, 사실 고대의 문헌에 언급된 식물과 동물 등을 현대 학문의 수준으로 정확히 분류하고 정의하는 것은 거의 불가능에 가깝다. 필자는 고대근동 문헌의 문학적 관찰과 해석에 머물 것이다.

길가메쉬는 죽음을 넘는 영생의 길을 찾아 헤맸다. 그는 영원히 사는 인간이자 최고의 지혜를 아는 우트나피쉬팀에게서 '가시가 있는 식물'을 받았다. 그러므로 '가시덤불'이 최고의 지혜를 상징하는 식물임은 분명하다. 이제부터 보겠지만, 이 점은 구약성경과 어느 정도 병행한다. 특히 최고의 신비를 가시로 상징하는 점만은 퍽 유사하다. 하지만 그 상징의 내용은 퍽 다르다. 이 밖에 고대근동 세계에서 '가시'를 언급하는 유물이 남아있지만, 대개 파편적이라서 문맥을 알 수 없다.[15]

4. 구약성경의 가시

탈출기 3장, 곧 이집트 탈출 사건이 본격적으로 진행되기 전에, 하느님께서는 모세에게 친히 당신을 드러내시어 가난한 백성의 울부짖음을 듣고 보셨다고

14 "Only its thorniness is important. … Nothing need be held in common by the amurdinnu and the magic plant except their thorns." George, *Gilgamesh*, 895.

15 우가릿의 가시나무 신 등에 대해 다음을 보라. 주원준, 『구약성경과 신들』, 194-195.

말씀하셨다. 그리고 백성을 종살이에서 탈출시켜서 해방의 역사를 이루어 주시려는 당신의 거룩한 계획을 모세에게 알려주셨다. 구약성경의 핵심적 사건인 이집트 탈출이 본격적으로 시작하는 이 대목은 하느님께서 당신의 신비를 스스로 드러내시는 매우 중요한 본문이다. 히브리어 본문을 그리스어로 옮긴 칠십인역의 번역자들은 이 장면에 쓰인 '가시덤불'에 특별한 주의를 기울였다.

4.1. 스네와 바토스 - 구약성경

탈출기 3장

아래에서 보듯 하느님께서 모세에게 처음으로 나타나신 형상을 묘사하는 단어는 히브리어 '스네'(סְנֶה)인데 이 짧은 본문에서 다섯 번이나 집중적으로 사용되었다. '가시덤불'로 옮기는 것이 가장 적절한 이 낱말은 역사적·문학적·신학적으로 무척 독특한 낱말로서 번역과 이해에 주의를 요한다. 우선 본문을 보자. 아래는 히브리어 본문(HB)을 필자가 옮긴 것인데, 『성경』(cbck)의 본문은 괄호 안에 넣었다.

히브리어 본문(HB)

탈출 3,2 주님의 천사가 **가시덤불**(=떨기나무) **한가운데에서**(מִתּוֹךְ הַסְּנֶה) 솟아오르는
불꽃 속에서 그에게 나타났다. 그가 보니 **가시덤불**(=떨기 הַסְּנֶה)이 불에 타는데도,
그 **가시덤불**(=떨기 הַסְּנֶה)이 타서 없어지지 않았다. 3 모세는 '내가 가서 이 놀라운
광경을 보아야겠다. 저 **가시덤불**(=떨기 הַסְּנֶה)이 왜 타 버리지 않을까?' 하고 생각
하였다. 4 모세가 보러 오는 것을 주님께서 보시고, **가시덤불**(=떨기) **한가운데에
서**(מִתּוֹךְ הַסְּנֶה) "모세야, 모세야!" 하고 그를 부르셨다. …

위 본문의 화자는 하느님의 천사가 "가시덤불의 한가운데서" 나타났다고 전한다. 모세는 거듭하여 "가시덤불"을 보고, 왜 타지 않는지 궁금하게 생각했다. 그리고 이 이야기의 화자는 다시 "가시덤불의 한가운데에서" 주님이 모세를 부르셨다고 묘사했다. 여기서 화자가 전하는 장소와 모세가 보고 생각한 대상은 모두 '스네'(סְנֶה)로 정확히 일치한다. 그리고 이런 본문상의 일치는 칠십인역(LXX)과 대중라틴어 성경(Vulgata)으로 이어진다.

칠십인역(LXX)

탈출 3,2 주님의 천사가 **가시덤불**(=떨기나무) **한가운데에서**(ἐκ τοῦ βάτου) 솟아오르는 불꽃 속에서 그에게 나타났다. 그가 보니 **가시덤불**(=떨기 ὁ βάτος)이 불에 타는데도, 그 **가시덤불**(=떨기 ὁ δὲ βάτος)이 타서 없어지지 않았다. 3 모세는 '내가 가서 이 놀라운 광경을 보아야겠다. 저 **가시덤불**(=떨기 ὁ δὲ βάτος)이 왜 타 버리지 않을까?' 하고 생각하였다. 4 모세가 보러 오는 것을 주님께서 보시고, **가시덤불**(=떨기) **한가운데에서**(ἐκ τοῦ βάτου) "모세야, 모세야!" 하고 그를 부르셨다. …

대중 라틴어 성경(Vulgata)

탈출 3,2 주님의 천사가 **가시덤불**(=떨기나무) **한가운데에서**(de medio rubi) 솟아오르는 불꽃 속에서 그에게 나타났다. 그가 보니 **가시덤불**(=떨기 rubus)이 불에 타는데도, 그것은 타서 없어지지 않았다. 3 모세는 '내가 가서 이 놀라운 광경을 보아야겠다. 저 **가시덤불**(=떨기 rubus)이 왜 타 버리지 않을까?' 하고 생각하였다. 4 모세가 보러 오는 것을 주님께서 보시고, **가시덤불**(=떨기) **한가운데에서**(de medio rubi) "모세야, 모세야!" 하고 그를 부르셨다. …

칠십인역은 히브리어 '스네'(סְנֶה)를 예외없이 '가시'(thorn) 또는 '가시덤불'(thorn-box)을 뜻하는 '바토스'(βάτος)로[16] 옮겼다. 대중 라틴어 성경도 모두 '가시덤불'을 뜻하는 '루부스'(rubus)로 옮겼다. 고대의 대표적 번역본인 칠십인역과 대중 라틴어 성경의 일치는 이미 고대의 번역자들이 이 히브리어 '스네'(סְנֶה)를 '가시덤불'로 이해했음을 알려주는 분명한 증거다.

신명기 33장

한편 '스네'(סְנֶה)는 신명 33,16에도 나온다. 탈출 3장의 불타는 가시덤불을 강하게 연상시키는 구절이다. 이 구절에서도 고대의 번역본은 모두 위와 같은 단어로 옮겼다.

> 땅과 그 안에 가득 찬 것에서 나는 값진 선물과
> **가시덤불에(=덤불에) 사시는 분**(שֹׁכְנִי סְנֶה)의 은총으로 복을 받아라. … (신명 33,16).

> 땅과 그 안에 가득 찬 것에서 나는 값진 선물과
> **가시덤불에**(=**덤불에** ἐν τῷ βάτῳ) 사시는 분의 은총으로 복을 받아라. … (신명 33,16)

> 땅과 그 안에 가득 찬 것에서 나는 값진 선물과
> **가시덤불에**(=**덤불에** in rubo) 사시는 분의 은총으로 복을 받아라. … (신명 33,16)

히브리어 '스네'(סְנֶה)는 고대근동의 맥락에서 보면 독특한 말이다. 고대근동어 가운데 병행하는 단어가 전혀 없기 때문이다. 고대 히브리어와 동시대에 사용되었거나 그 이전 시대에 사용된 언어 가운데 병행어를 찾을 수 없고, 오직

16 Danker, *A Greek-Enlgish Lexicon of the New Testament and other Early Chistian Literature*, 171.

후대의 아람어나 아랍어 계통에서만 발견된다.[17] 문헌자료가 가장 풍부한 아카드어 문헌은 물론이고, 이집트 문헌에서도 보이지 않는다. 우가릿어 등 히브리어와 가까운 시리아-팔레스티나 지역의 북서셈어 문헌에서도 전혀 나오지 않았다. 현재까지 발견된 고대근동의 문헌자료에 기반하면 '스네'(סְנֶה)는 이스라엘 고유의 신앙체험을 드러내는 말이라고 전제할 수 있을 것이다.

또한 이 단어는 구약성경에서도 무척 제한된 맥락에서만 쓰이는 말이다. 위의 탈출 3장(5회)과 신명 33장(1회)의 본문에만 '스네'(סְנֶה)가 나오는데, 뚜렷이 등장하는 곳은 구약성경에 이렇게 6회뿐이다. 다시 말해 모세에게 하느님께서 처음 현현하신 의미로만 쓰이고, 다른 의미로는 거의 쓰이지 않는 말이다.[18] 이렇게 적게 등장하기에, '스네'(סְנֶה)를 그리스어로 옮긴 '바토스'(βάτος)도 구약성경에서는 위 구절에만 나온다.[19]

요약하면, '가시덤불'을 뜻하는 '스네'(סְנֶה)는 히브리어 고유의 단어이고 오직 탈출 3장과 관련된 주님의 현현에만 사용된다. 히브리어 고유의 단어이기에 구약성경의 고유한 체험과 믿음을 전하는 단어로 수용할 수 있을 것이다. 그리고 탈출 3장의 주님의 현현과 관련되어서만 사용되었기에 '스네'(סְנֶה)가 주님 현현의 독특하고 고유한 체험과 믿음을 전하는 단어로 해석될 수 있을 것이다.

그런데 안타깝게도 『성경』(cbck)은 이 낱말이 6회 등장할 때마다, '떨기나무', '떨기'(4회), '덤불' 등 제각각으로 다르게 옮겼다. 신학적으로 무척 중요한

17 HAL I, 760

18 여기서 언급한 6회 말고도 판관 5,5과 시편 68,9의 "시나이의 그분"(זֶה סִינַי)과 관련성을 논의할 수 있을 것이다. 하지만 일단 본문이 확실치 않고 게다가 본문비평의 이슈가 적지 않아 논의에서 제외한다. 사실 신명 33,16도 본문비평의 이슈가 적다고 할 수 없다.

19 이곳 외에 칠십인역에서 βάτος는 욥 31,40에 나오는데, 이는 히브리어 בָּאְשָׁה의 번역어다. בָּאְשָׁה는 뜻이 분명치 않은데, '냄새나는 잡초'를 의미할 수 있다. HAL I, 103.

의미를 전달하는 말을 이렇게 저마다 다르게 옮기면, 한국어 번역이 히브리어 원문 자체에 충실하지 못하다는 인상을 줄 수 있다. 그리고 이 단어를 일치시켜 번역한 고대 번역본의 전승을 잇지 못한다고 해석할 여지를 준다. 이런 한계를 지적할 수밖에 없어 유감이다. 게다가 이제 보겠지만 이 단어는 신약성경과 교부로 이어지는 전승사적 맥락도 퍽 뚜렷하다.

4.2. 바토스 - 신약성경

칠십인역의 번역어는 신약성경 본문으로 이어진다. 신약성경 그리스어 본문에 가시, 곧 '바토스'(βάτος)는 역시 모두 6회 나오는데, 그 가운데 아래처럼 4회가 직접적으로 탈출 3장의 불타는 가시덤불을 가리킨다.[20] 역시 필자의 직역을 먼저 제시하고 『성경』(cbck)의 번역어를 괄호 안에 넣겠다.

> 마르 12,26 그리고 죽은 이들이 되살아난다는 사실에 관해서는, 모세의 책에 있는 **가시덤불**(=떨기나무) **대목에서**(ἐπὶ τοῦ βάτου) 하느님께서 모세에게 어떻게 말씀하셨는지 읽어 보지 않았느냐? …

> 루카 20,37 그리고 죽은 이들이 되살아난다는 사실은, 모세도 **가시덤불**(=떨기나무) **대목에서**(ἐπὶ τῆς βάτου) '주님은 아브라함의 하느님, 이사악의 하느님, 야곱의 하느님'이라는 말로 이미 밝혀 주었다.

> 사도 7,30 사십 년이 다 찼을 때, 시나이 산 광야에서 천사가 **가시덤불**(=떨기나무

20 이 밖에 루카 16,6에서는 '단위'(measures)로 쓰여 '항아리'로 옮겼고, 루카 6,44은 그저 '가시나무'로 쓰였다.

βάτου) 불길 속에서 그에게 나타났습니다.

사도 7,35 이 모세를, '누가 당신을 지도자와 판관으로 세우기라도 했소?' 하며 사람들이 배척한 이 사람을, 하느님께서는 **가시덤불에**(=떨기나무에 ἐν τῇ βάτῳ) 나타난 그 천사를 시켜 지도자와 해방자로 보내셨습니다.

이렇게 신약성경 본문에서 '바토스'(βάτος)는 거의 탈출 3장의 주님의 현현을 가리키는 말이다. 앞에서 보았듯 '바토스'(βάτος)는 '가시' 또는 '가시덤불'이란 뜻으로서, 칠십인역 구약성경 본문에서 탈출 3장의 하느님의 현현에만 거의 배타적으로 쓰였다. 여기서 신약성경의 저자는 칠십인역의 용어를 일관되게 사용하는 것을 알 수 있다.[21]

위 인용의 마르 12,26과 루카 20,37은 신약성경의 저자가 구약성경을 인용하는 대목이다. 사실 신약성경은 구약성경을 풍부히 인용하는데, 우리는 이런 표현에서 신약성경 시대에 구약성경의 특정한 구절을 어떻게 이해하고 있었는지 생생히 엿볼 수 있다. 두 복음서는 공통으로 탈출 3장의 현현을 "바토스(βάτος) 대목"으로 언급하고 있다. 곧 두 복음서의 저자들은 탈출 3장의 현현을 묘사하는 본문을 공통적으로 "가시 대목" 또는 "가시덤불 대목"으로 인식하고 있었다는 말이다. 필자는 이런 복음서 저자들의 인식을 드러내는 번역어를 우리말 성경 번역본에 반드시 적용해야 한다고 생각한다.

『성경』(cbck)에서 '바토스'(βάτος)를 모두 '떨기나무'로 옮긴 것은 아마도 탈출 3장의 번역을 염두에 둔 것 같다. 신명 33,16의 '스네'(סְנֶה)는 '덤불'로 옮겼지만

21 사실 신약성경에서 예수님의 '가시관' 등을 표현할 때는 '아칸타'(ἄκανθα)라는 그리스어를 사용함으로써 두 단어를 구분하고 이 낱말과 파생어가 신약성경에 더 자주 나온다. 마태 7,16; 13,7.22; 27,29; 마르 4,7.18; 15,17; 루카 6,44; 8,7.14; 요한 19,2.5; 히브 6,8.

탈출 3장에서는 '떨기' 또는 '떨기나무'로 옮겼기에 이런 번역은 신약성경과 탈출 3장의 원문이 보여주는 일치를 드러내려는 노력으로 이해할 수 있다. 하지만 결과적으로 볼 때 신약시대 이스라엘인들이 탈출 3장의 현현을 '가시덤불'로 이해하고 있는 전승에서는 퍽 멀어진 것 같아 안타깝다.

4.3. 가시덤불과 가시관 - 유다 전승과 교부

유다인 학자들과 그리스도교 교부들은 칠십인역과 신약성경의 '바토스'(βάτος)를 이었다. 유다교의 주석가이며 철학자이자 신비가였던 필론은[22] 탈출 3장의 현현에서 묘사된 식물을 '바토스'(βάτος)라 부르며 가시덤불의 '가시'와 '불'의 상징성에 대해 성찰했다.

> 거기에는 **바토스**(βάτος)가 있었는데, 매우 가시가 많고, 가장 약한 종류의 것이었습니다. … 그 **바토스**(βάτος)는, 앞서 말했듯, 가장 연약한 종류의 것이었으며, 분명히 가시가 존재했기에 손에 닿으면 사람을 찌릅니다.[23]

여기서 그가 이 식물을 자세히 묘사한 것이 필자의 눈에 띄었다. 그는 '매우 가시가 많다' 그리고 '분명히 가시가 존재했다'고 두 번이나 그 식물의 외형을 상세히 설명했다. 헬레니즘 시대의 대표적 유다 지식인 필론이 '바토스'(βάτος)라는 단어의 의미를 몰랐을 것 같지는 않다. 그는 다만 탈출 3장의 이 식물에 가시가 있다는 사실을 강조하고, 그에 대해서 설명하고 성찰하였던 것이

22 케네스 셍크, 『필론 입문』, 22.

23 다음의 재인용이다. 주원준, 『구약성경과 신들』, 200. 원문은 다음을 보라. 'De Vita Mosis', I. 65, 68; Yonge, *The Woks of Philo: New Updated Edition - Complete and Unabridged in One Volume*, 456.

다. 이렇게 탈출 3장의 현현에 등장하는 식물을 '바토스'(βάτος)로 언급한 것은 그리스도교 교부들로 이어졌다. 암브로시우스도 이렇게 불렀고,[24] 히폴리투스도 마찬가지인데, 특히 히폴리투스는 '바토스'(βάτος)를 강조하여 표기했다.[25]

특히 2세기의 교부 알렉산드리아의 클레멘스는 길고 인상적인 성찰을 남겼다. 그는 탈출 3장의 식물이 '가시가 있는 덤불'임을 친절하게 설명한 다음, 가시를 통해서 구약의 예형이 신약에서 실현되었음을 밝혔다. 그는 태초에 가시덤불에 현현하신 그분께서(성부) 가시관을 쓰고 십자가에 달리셨다고(성자) 고백한 것이다. 하느님의 구원 역사가 시작되는 이집트 탈출 사건의 시작과 구원 역사의 절정인 십자가 사건에서 하느님은 가시에 둘러싸였다고 표현한 것이다. 이렇게 구약과 신약에서 신적 신비가 최고로 드러나는 사건에서 공통적으로 가시가 보였다. 따라서 가시로 둘러싸이신 성부와 성자는 한 분이시요 영원한 시작과 끝이라고 고백한 셈이다. 그의 이런 고백은 삼위일체의 신비로 향하는 초석이 되어 이후 그리스도교 교의와 영성의 발전에 말할 수 없는 큰 영향을 끼쳤다. 알렉산드리아의 클레멘스가 이룬 성찰은 '가시'가 그리스도교의 핵심 상징이 되는 데 기여했음이 분명하다.

> 그분께서는 모세에게 거룩한 장면을 보여 주셨습니다. 불타는 가시덤불이 밝게 빛났던 것입니다(**덤불은 가시가 있는 식물입니다**). 하지만 말씀이 율법을 주시고 사람들 사이에서 머무르시는 일을 마치실 때, 그분은 **신비한 상징으로서 가시관**을 쓰게 되셨습니다. 그분은 내려오신 그곳으로 돌아가시면서, 원래 계셨던 그곳을 새롭게 하셨습니다. **그분은 맨처음 가시덤불에 나타나셨으며, 훗날 가**

24 'Concerning Virgins', Book 1, chapter 1. in: Schaff (ed.), *A Select Library of the Nicene and Post-Necene Fathers of the Christian Church, vol. X*, 10.

25 'The Refutation of All Heresies', Book VIII, Chapter II, in: Roberts et al. (eds.), *The Ante-Nicene Fathers, vol. 5*, 119.

시로 둘러싸이게 되신 것입니다. 이로써 이 모든 일이 하나의 동일한 권능께서 하신 일이란 점을 보여 주셨습니다. 그분과 그분의 아버지는 한 분이고, 영원한 시작이요 끝이십니다.[26]

니케아 공의회(325년) 이전 교부인 클레멘스의 영향은 여러모로 울림이 깊었던 것 같다. 공의회 직후에 마르키온주의 등 이단에 맞서 그리스도교에 헌신하고 교육적 시를 많이 남긴 프루덴티우스(Prudentius 348-c. 410)는 아래와 같은 노래를 남겼다. 그도 역시 이집트 탈출 사건이 시작될 때 하느님께서 '가시덤불'에 나타나신 것이 훗날 십자가상의 '가시관'을 예고했다고 노래했다.

하느님께서 **가시 돋친 가지들 사이에서**
움직이시자
타오르는 불길이 조용히 사그라졌네.
그것은 **수많은 가시덤불로** 괴로워 울부짖으며
죄에 둘러싸인 **우리의 가시 박힌 지체** 안에
당신 아드님이 내려오실 것을 암시한 것이었네.[27]

이후 그리스도교 전승에서는 탈출 3장의 가시덤불과 십자가의 가시관을 연결시키는 모티프가 신학·예술·문학 등에서 활발하게 일어났다. 예수성심

26 다음의 재인용이다. 주원준, 『구약성경과 신들』, 200. Wood, *Clement of Alexandria - Christ the Educator, The Fathers of the Church - A New Translation, vol. 23*, 158, n43. 다른 번역은 다음을 보라. 리나드 외, 『교부들의 성경주해 - 구약성경 III: 탈출기, 레위기, 민수기, 신명기』, 79.

27 프루덴티우스, 『그리스도의 신성』 49-70, in: 리나드 외, 『교부들의 성경주해 - 구약성경 III』, 77.

화의 가시 상징 등은 지금도 우리에게 익숙한 모티프로 생생히 살아 있다. 특히 그리스도의 참된 왕권을 상징하는 그리스도의 가시관은 그리스도교 전승에서 전형적으로 에덴 동산의 선과 악을 아는 나무(창세 2,17)와 불타는 가시덤불(탈출 3,2)과 연결되어 성찰되었다.[28] 그래서 필자는 아래와 같은 주장을 한 적이 있다.

> 이렇게 탈출 3장의 현현과 그리스도의 가시관은 구약과 신약을 이어주는 핵심적 상징이다. 이를 저마다 '떨기나무'와 '가시관'으로 번역하면, 이들 간의 강한 상징적 연결을 놓치게 되는 것이다. 그러므로 탈출 3장의 덤불은 '가시덤불' 또는 '가시나무'로 옮겨 '가시'의 상징성을 놓치지 않는 것이, 신앙에 더 유익한 번역이라고 생각한다.[29]

4.4. 가시나무들

이 밖에 구약성경에 가시를 의미하는 단어는 조금 더 있다. 대표적으로 '아타드'(אָטָד)는 앞에서 본 아카드어 '에뎃투'(*eddetu*)와 형식적으로나 내용적으로 관련 있는 친족어이고[30] 구약성경에서 '스네'(סְנֶה)보다 훨씬 많이 사용되었다.[31] 또한 '스바크'(סְבַךְ) 등도 구약성경에 가시나무라고 사용되었다.[32] 사실 현대의 중동 지역에는 지금도 가시덤불이나 가시나무 등이 다양하게 존재한다. 성경에

28 Nitz, "Dornenkrönung", 346.

29 주원준, 『구약성경과 신들』, 200-201.

30 HAL I, 36.

31 이 나무에 대해서는 다음을 보라. 주원준, 『구약성경과 신들』, 191-196.

32 이 나무에 대해서도 다음을 보라. 주원준, 『구약성경과 신들』, 195-196.

도 가시나무에 대한 표현이 퍽 많고 다양하다.[33] 성경 식물학의 대표적 학자인 조하리(M. Zohary)는 가시 달린 식물을 팔레스티나 땅에서 대략 70종 정도 볼 수 있는데, 성경에는 그 가운데 20개 정도가 나온다고 보고한다. 하지만 그는 이렇게 첨가한다.

> 70종 가운데 20종을 성경에 나오는 가시나무와 일치시키려는 성서학자들의 노력은 오류와 실패로 끝났다. 어원학이나 지구식물학(geobotany)에 기반하거나, 또는 그와 병행하여 셈어 언어연구에 기반하면, 설득력 있는 단서를 얻을 수는 있겠지만, 그마저도 거의 없다.[34]

현대의 팔레스티나 지역에서 확인되는 70여 종의 가시달린 식물과 성경에 등장하는 20여 종의 가시달린 식물 이름을 서로 비교연구하는 일은 필요한 일이다. 하지만 필자는 수천 년 전 고문헌에 나온 식물, 동물, 곤충의 이름을 현대적 학명과 일치시키려는 노력은 그 자체로 거의 불가능한 일에 가깝다는 느낌이 든다. 물론 이 작업은 필자의 한계를 뛰어넘는 것이기도 하다.[35]

그런데 성경에 이렇게 20종이나 되는 가시나무가 존재하고 '스네'(סְנֶה)가 그 가운데 하나라는 점은 '스네'(סְנֶה)를 더욱 주목하게 만든다. 왜냐하면 '스네'(סְנֶה)는 오직 탈출 3장의 현현에 관해서만 쓰였고 칠십인역과 신약성경과 교부들도 '바토스'(βάτος) 등에 특별한 주의를 기울였기 때문이다.

33 논의의 한계를 히브리어로 제한했기 때문에 본문에서 논하지는 않지만, 앞의 각주 21에서 밝혔듯 신약성경에서 예수님의 '가시관' 등을 표현할 때는 '아칸타'(ἄκανθα)라는 그리스어가 사용되었다.

34 Zohary, *Plants of the Bible*, 153.

35 따라서 성경에 쓰인 '아타드'(אָטָד) 등의 일부 가시나무가 그리스도의 가시나무 등이 있다는 것은 현대 식물학이 아니라 전승에 근거한 것으로 판단해야 할 것이다. 다음을 참조하라.

5. '가시덤불'이라는 제안

앞에서 본 바와 같이 히브리어 '스네'(סְנֶה)는 고대근동 문헌에서 선행하는 병행어를 찾을 수 없는, 히브리어 고유의 표현이고, 게다가 오직 탈출 3장의 현현과 관련된 맥락에서만 쓰였다. 고대의 번역자들은 이 단어에 특별한 주의를 기울여, '가시를 의미하는' 그리스어 '바토스'(βάτος)로 옮겼고, 이후 유다 전승과 그리스도교 교부들은 이 표현으로 구약의 하느님과 신약의 예수님이 '가시'라는 상징을 통해 동일한 분이심을 깨달았다. 하지만 아쉽게도 우리말 『성경』(cbck)은 '떨기나무', '떨기', '덤불' 등으로 제각각 옮겼다. 필자는 이를 모두 '가시덤불'로 옮기는 게 낫다고 생각한다. 그 이유는 크게 언어적인 것과 신학적인 것으로 나눌 수 있다. 일단 나무를 크게 두 종류로 나누는 기초적 개념어를 정리하고 필자의 주장을 제시하겠다.

5.1. 큰키나무 vs 떨기나무

식물학은 가장 오래된 학문에 속한다. 동양이나 서양이나 직관에 따라 나무를 크게 두 종류로 나누었다.[36] 보통 '나무'라고 하면 뿌리가 튼튼하고 중심의 줄기가 하나이며 강하고 곧게 올라가, 줄기와 가지가 뚜렷이 구별되는 모습을 연상한다. 이런 나무는 교목(喬木, tree)이라 하고 순우리말로 '큰키나무'라 부른다.[37]

Zohary, *Plants of the Bible*, 154-5; 주원준, 『구약성경과 신들』, 193.

36 이와 관련된 논의는 다음을 참고하라. 주원준, 『구약의 사람들』, 149-150.

37 「교목²」, 『표준국어대사전』 상권, 616.

이와 대조적으로 중심의 줄기가 없이 땅에서 그냥 가지가 뻗는 종류, 곧 개나리, 진달래, 앵두나무 따위를 관목(灌木, bush, shrub)이라고 하고 순우리말로 '떨기나무'라 순화한다고 한다.[38] 교목과 관목을 가르는 기준은 크게 두 가지다. 첫째는 나무의 중심줄기가 하나여서 가지와 뚜렷이 구별되는가의 여부이고 둘째는 나무의 키다. 농촌진흥청에서 제공하는 '농업용어사전' 등에 따르면 관목, 곧 떨기나무의 키는 최대 2-3m 정도로 잡는다.[39]

5.2. '떨기나무'가 아니라 '가시덤불'인 이유

5.2.1. 문헌학적·언어적 성찰

히브리어 '스네'(סְנֶה)를 '가시덤불'로 옮겨야 하는 주장의 문헌학적이고 언어학적 근거는 크게 세 가지로 제시할 수 있다. 첫째는 원문의 의미와 고대세계의 이해다. 히브리어 '스네'(סְנֶה)는 구약성경에서 퍽 적게 쓰이는 말이고, 고대근동의 다른 언어에서 병행하는 말도 찾을 수 없기에 엄밀하게 말하면 정확한 의미를 파악하기가 쉽지 않다. 다만 히브리어 '스네'(סְנֶה)에 '가시'가 있다는 근거는 고대 번역가들이 이 낱말을 '가시' 또는 '가시덤불'을 뜻하는 '바토스'(βάτος)로 옮겼다는 사실에 기인한다. '바토스'(βάτος)의 의미는 분명히 '가시' 또는 '가시덤불'이다. 칠십인역의 번역가들은 이 나무의 특징을 '낮은키나무', 곧 '떨기나무'보다는 '가시'라는 점을 더 중요하게 생각했다. 그러므로 '떨기나무'라는 번역어는 이런 고대의 번역자들이 지녔던 이해와는 거리가 멀다고 평가할 수 있다. '가시덤불'이 고대의 번역가들의 인식을 더 잘 반영한다.

둘째는 '떨기나무'와 '가시덤불'이 모두 순우리말이라는 점이다. '떨기나무'

38 「관목⁴」, 『표준국어대사전』 상권, 573.

39 「관목」, 『농촌진흥청 농업용어사전』.

는 '관목'(灌木)에 대해서는 순우리말이라는 잇점이 있다. 하지만 '가시덤불'도 똑같이 순우리말로 표준국어대사전에 표제어로 올라 있다('가시떨기'라는 말은 없다). 그러므로 순우리말이라는 점에서 굳이 '떨기나무'를 선호할 이유가 없다.

셋째, 오히려 '가시덤불'이야말로 더 직관적인 번역어다. 사실 '떨기나무'는 일상에서 자주 사용하는 말이 아니다. '한 떨기 꽃' 등의 일부 표현에서는 자연스럽지만, '떨기나무'만 따로 떼어 사용하기에는 다소 어색한 느낌을 지울 수 없다. 하지만 '가시덤불'은 훨씬 직관적으로 이해되는 단어다. 이 논문의 서두에서 필자는 '떨기나무'에 대한 일부 한국어 언중(言衆)의 오해를 거론했다. '떨기나무'라는 용어가 교회 안팎에 보급된지도 오래되었지만, 한국어를 모국어로 사용하는 그리스도인들조차 이 말을 어색하게 받아들이고 있다. 하지만 이런 어색함은 '가시덤불'에서는 발생하지 않는다. 가시덤불은 쉽고 가장 직관적으로 이해되는 번역어다.

5.2.2. 신학적·사목적 성찰

사실 필자가 '떨기나무'보다 '가시덤불'이 더 적절한 번역어라고 제안하는 이유는 신학적이고 사목적인 면 때문이다.

첫째로 필자는 '구약성경 - 신약성경 - 교부시대'로 이어지는 전승사의 일치를 드러내는 번역어가 시급하다고 생각한다. 앞에서 보았듯 구약성경 히브리어 '스네'(סְנֶה)는 칠십인역의 '바토스'(βάτος)로 이어졌고, 신약성경에서도 같은 단어가 쓰였다. 그리고 이 전승을 이어 유다교 전승과 그리스도교에서도 모두 '바토스'(βάτος)를 탈출기 3장의 현현을 지칭하는 데 사용되었다. 이런 전승사를 고려하면 히브리어 '스네'(סְנֶה)와 그리스어 '바토스'(βάτος)를 우리말로 같은 단어로 옮겨야 마땅할 것이다.

성경원문에 대한 지식이 없는 평범한 신앙인들이 성경을 읽으며, 구약성경의 '가시덤불'과 신약성경의 '가시관'이 동일한 권능께서 일하신 결과라는 사실을 직관적으로 드러내는 번역어가 우리 교회에 시급하다. 히브리어 '스네'(סְנֶה)를 (가시 없는) '떨기나무'로, 그리스어 '바토스'(βάτος)를 '가시'로 옮기면 양자 사이의 긴밀한 신학적 관련성이 직관적으로 드러나지 않는다. 원문에도 충실하고, 유구한 그리스도교의 핵심 전승이 신앙 공동체로 자연스레 스며드는 데 도움을 주는 번역어가 필요하다.

둘째로 '가시덤불'은 '떨기나무'에 비해 하느님 현현의 깊은 상징성을 드러내는 데 더 유리하다는 점도 짚고 싶다. 일찍이 그리스도교 교부들은 탈출 3장의 현현을 묵상하며, 대개 키가 작고 볼품없는 가시덤불을 '낮은 상징'으로서 육화의 비천함에, 가시덤불의 불길을 성령에 빗대어 성찰하였고, 이런 성찰은 그리스도교를 풍요롭게 살지웠다.[40]

이에 더하여 필자는 '가시덤불'이란 번역어가 '가시'와 '덤불'로 이루어진 말이라는 점을 성찰하였다. '가시덤불'은 그리스도의 신성(가시)과 인성(덤불), 십자가의 신비(가시)와 비천함(덤불)을 직관적으로 드러내기에 좋은 번역어라고 할 수 있다. 다시 말해 '가시덤불'은 구약성경에서 그리스도의 신비가 이미 탈출 3장에 예형론적으로 현현되었음을 드러내는 좋은 번역어라는 점을 지적하고 싶다.

'떨기나무'는 순우리말이긴 하지만 한국어 언중이 직관적으로 이해하기 쉽지 않은 말이다. 고대의 번역자와 신학자들의 인식과도 거리가 있다. '가시덤불'은 모세에게 나타나신 하느님과 가시관을 쓰신 예수님이 한 분이심을 곧바로 연상하게 만들 수 있는 번역어다. 그리고 그리스어와 라틴어 번역을 계승하는 데 효과적이다. 또한 순우리말이다. '가시덤불'은 더욱 다양한 신학적 성찰의 문을 열어줄 것이다.

40 리나드 외, 『교부들의 성경주해 – 구약성경 III』, 75-76.

6. 보론: 길가메쉬와 구약성경의 '가시' — 연속성과 불연속성

필자는 앞에서 『길가메쉬 이야기』의 '가시 달린 식물'에서 논의를 시작했다. 이제 탈출 3장의 모세에게 현현하신 하느님의 '가시덤불'과 『길가메쉬 이야기』의 '가시 달린 식물'의 공통점과 차이점을 성찰하며 글을 마치겠다.

최고의 신적 신비로 가시 모티프가 사용되었다는 점은 두 이야기의 공통점이다. 그래서 '가시'라는 모티프로 신적 신비를 드러내는 관행은 이미 고대근동 세계에 존재했던 것으로 보인다. 이 모티프를 『길가메쉬 이야기』를 쓴, 고대 바빌로니아의 서기 신-레키-운닌니(*Sīn-lēqi-unnini*)가 최초로 사용했다고 보기는 힘들 것 같다. 신-레키-운닌니와 구약성경의 이름없는 저자는 고대근동의 유구한 모티프를 채택하여 자신의 고유한 체험과 깨달음을 표현하는 데 사용한 것이리라.

하지만 두 이야기의 차이점도 분명하다. 첫째로 『길가메쉬 이야기』 속 가시 달린 식물이 등장하는 곳에는 '신의 자리'가 적다. 그 신비한 식물을 준 우트나피쉬팀과 식물을 받은 길가메쉬는 초인적 인물이긴 하지만 인간일 뿐이다. 그 이야기에 등장하는 모든 인물들이 그저 인간일 뿐이다. 우트나피쉬팀은 엔키(*Enki*)를 충실히 섬겼고, 엔키의 총애를 받아 태초의 홍수에서 살아남았다. 길가메쉬도 마찬가지다. 그는 친구 엔키두의 죽음을 체험하고 죽음을 극복하기 위해 구도의 길을 떠났고, 그 식물을 얻었다. 이 식물이 나오는 대목에서 아누, 엔릴, 에아 등 수메르와 아카드의 중요한 신들은 전혀 등장하지 않는다.[41] 하지

41 다음을 참조하라. 주원준, 『구약성경과 신들』, 186-191.

만 탈출 3장에서는 이스라엘의 하느님이 주도하신다. 하느님은 불붙은 가시덤불에 나타나셔서 모세를 부르시고 가난한 백성의 울부짖음에 공감하신 마음을 드러내시고 모세에게 강력한 해방의 의지를 드러내셨다. 그것은 거대한 구원사적 전승의 시작이었고 가시라는 상징의 새로운 시작이기도 했다.

둘째로 가시로 상징되는 최고의 진리가 가리키는 내용이 다르다. 『길가메쉬 이야기』에서 가시는 길가메쉬라는 영웅의 성취를 상징한다(진리의 획득). 하지만 모세의 이야기에서 최고의 진리란 '가난하고 고통받는 백성을 선택하셔서 역사에 임하시는 하느님'이라는 신학적 진리다. 이 점에서 두 작품 모두 고대근동 세계에서 나왔지만 근본적 지향은 서로 다르다.

셋째로 전승사적 차이이다. 현재의 자료를 기반으로 말하자면, 길가메쉬의 가시 달린 풀은 별다른 전승으로 이어지지 못했다. 하지만 모세가 체험한 가시덤불은 새로운 전승의 출발점이 되었다. 구약성경과 신약성경을 거쳐 유다교 전승과 그리스도교 전승에서 가시라는 상징은 독특하고 핵심적 지위를 점하였다. 특히 예수님의 가시관에서 '가시'는 신적 신비의 최고봉이라는 매우 중요한 상징성을 확고하게 했다. 신적 주도권이 최고에 이를 때 가시라는 상징이 이어졌고, 이후 가시는 가시관, 예수성심화 등에서 지금도 활발하게 사용된다.

7. 나가며

한국교회는 세계에서 유일하게 자발적 선교를 통해 시작된 교회다. 하지만 길고 심한 박해 시기와 식민지 등 근대사의 격동을 헤쳐나가는 동안 성경 번역 사업 등에 깊은 관심과 투자를 충분히 할 여력이 많지 않았던 것 같다. 그래서 우리는 기존의 번역어를 새롭게 성찰하고 언어적으로나 사목적으로 더 나은 번역어를 찾기 위해 부단히 노력해야 한다. 이런 노력은 이미 그리스도교 전승이 꽤 축적된 나라들도 끊임없이 하는 일로서 어쩌면 교회가 세상에 존재하는 동안 중단되지 말아야 할 것이다. '떨기나무'를 '가시덤불'로 바꾸는 일도 그 가운데 작은 일이 될 것이다.

> "사실 성경의 공인본은 각 언어권마다 대략 20-30년 주기로 새롭게 번역하는 사업이 된 것 같다. 영어, 독일어, 프랑스어 등의 중요한 언어 번역본을 봐도 그렇고, 우리나라도 그런 것 같다. 그렇다면 그 사이의 기간은 성경학자들에게 무거운 책무의 시간이자 은총의 기간으로서, 더 나은 번역을 위한 연구를 축적해야 할 시기다. … 필자의 관심은 현대 한국어 성경을 읽는 독자가 히브리어 원문의 느낌에 조금 더 가까이 다가갈 수 있도록 하려면 어떻게 해야 할까 하는 점이다. 곧, 원문 성경과 우리말 성경의 '의미의 간격'을 최대한 좁히는 것이다."[42]

8. 참고 문헌

AHw:

Von Soden, W., *Akkadisches Handwörterbuch I - III* (Wiesbaden: Harrassowitz 1965-1974).

CAD:

Gelb, I.J, et al. (eds.), *The Assyrian Dictionary of the Oriental Institute of the*

42 주원준, 『구약성경과 신들』, 27-28.

University Chicago, vol. 1-21 (Chicago: Chicago Univ. Press 1964-2010).

HAL

Koehler, L. et al. (eds.), *Hebräisches und Aramäisches Lexkon zum Alten Testament, Band I-II* (Leiden 2004).

「교목²」, 국립국어연구원, 『표준국어대사전』 (두산동아 1999).

「관목⁴」, 국립국어연구원, 『표준국어대사전』 (두산동아 1999).

「관목」, 『농촌진흥청 농업용어사전』: https://www.nongsaro.go.kr/portal/ps/psq/psqb/farmTermSimpleDicLst.ps?menuId=PS00064. (검색일: 2023.10.20)

리나드, G.T. 외, 『교부들의 성경주해 - 구약성경 III: 탈출기, 레위기, 민수기, 신명기』, 강선남 옮김 (분도출판사 2015).

이승철, 「떨기나무가 딸기나무라고요?」, 『오마이뉴스』 (2007년 3월 5일): http://bit.ly/H2UxG. (검색일: 2023.4.15.)

이정훈, 「주원준 박사의 구약성경과 신들 25 - 가시 상징과 하느님」, 『가톨릭평화신문』 1227호 (2013년 8월 4일), 17.

주원준, 『구약성경과 신들 - 고대근동 신화와 고대 이스라엘의 영성』 (한님성서연구소 2018).

______, 『구약의 사람들 - 신과 인간의 서사를 만든 첫째성경 인물열전』 (EBS Books 2023).

______, 「아트라하시스 이야기」, 『한국고대근동학 노트』 1호 (2023년 봄), 57-69.

케네스 셍크, 『필론 입문』, 송혜경 옮김 (한님성서연구소 2008).

Colson, F.H. et al. (eds.), *Philo - with an Enlgish Translation, vol. 1-10* (Boston 1926–1962).

Danker, F.W., *A Greek-Enlgish Lexicon of the New Testament and other Early Chistian Literature* (Chicago 1979).

Frankemölle, H., "Wirkungsgeschichte", K. Bumgartner (et. Hg.), *Lexikon für Theologie und Kirche, Bd. X* (Freiburg 2001), 1233.

George, A.R., *The Babylonian Gilgamesch Epic - Introduction, Critical Edition and Cuneiform Texts, vol. I* (Oxford University Press 2003).

Hecker, K., "Das addkadische Gilgamesch–Epos", O. Kaiser (et. Hg.), *Texte aus der Umwelt des Alten Testaments - Alte Floge, Bd. III* (Gütersloher 1997), 646–759.

Nitz, G., "Dornenkrönung", K. Bumgartner (et. Hg.), *Lexikon für Theologie und Kirche, Bd. III* (Freiburg 2001), 345–6.

Roberts, A. et al. (eds.), *The Ante-Nicene Fathers, vol. 5* (Michigan 1986).

Schaff, Ph. (ed.), *A Select Library of the Nicene and Post-Necene Fathers of the Christian Church, vol. X* (Michigan 1986).

Wood, S.P., *Clement of Alexandria - Christ the Educator, The Fathers of the Church - A New Translation, vol. 23* (Washington 2001).

Yonge, C.D., *The Woks of Philo: New Updated Edition - Complete and Unabridged in One Volume* (Peabody 1993).

Zohary, M., *Plants of the Bible* (Cambridge 1982).

박미경

칠십인역 성경의 '키리오스'와 신약성경에 나타난 '키리오스'

차례

1. 시작하는 말

1.1. 예수님 이름 앞에 붙은 키리오스(κύριος) 호칭

그리스도인은 하루에도 수십 차례 예수 그리스도께서 우리의 '주님'이시라 고백한다. 그리스도인에게 예수님은 '주인', '키리오스'인 것이다. 이 호칭은 어떻게 해서 예수님 이름 앞에 자리 잡게 된 것일까? 이 답을 찾으려면 히브리어 성경의 최초 번역서인 칠십인역 성경으로 거슬러 올라가야 한다.

1.2. 칠십인역 성경의 탄생

서기전 3세기, 이집트의 알렉산드리아에서 히브리어 구약성경 가운데 오경이 그리스어로 번역되기 시작하였다. 그 뒤를 이어 거의 2세기에 걸쳐 시편, 예언서, 역사서와 시서 등, 오경 이외의 다른 책들이 다른 번역자들의 손을 거쳐 번역되었다.[1] 최초로 오경이 번역된 경우만 생각하면, 칠십인역 성경은 "칠십인역 그리스어 구약성경"으로 불려야 옳다.[2] 다만, 현대의 칠십인역 성경의 연구 범위는 히브리어 성경에 제한되지 않고 마카베오기 3·4권, 솔로몬의 시편 등과 같이 그리스어로 쓰인 문헌뿐 아니라, 그리스어 필사본으로만 현존하는 유딧기 같은 책들까지 아우른다. 이에 본 논문에서 '칠십인역 성경'이라는 용어에는 이러한 본문들도 포함된다.[3]

---

1 Tov, *The Text-Critical Use of the Septuagint in Biblical Research*, 15 참조.

2 김정훈, 『칠십인역 입문』, 24.

3 이에 대한 자세한 설명은 Tov, *The Text-Critical Use of the Septuagint in Biblical Research*,

칠십인역 성경의 탄생을 전하는 가장 오래된 기록은 '아리스테아스의 편지'다.[4] '편지'에 따르면, 이집트 알렉산드리아 왕실 도서관 관리의 제안에 따라 이집트 임금의 명령으로 유다인들의 성경이 그리스어로 번역되어 도서관에 소장되었다고 한다.[5]

이 편지가 전하는 내용의 역사적 진정성과는 별개로, 실제로 수많은 유다인이 알렉산드리아에 이주해 살면서 그리스어를 사용하고 있었고, 히브리어를 모르는 유다인 이민 2세대, 3세대가 이어지면서 무엇보다 자신들의 일상어인 그리스어로 읽을 수 있는 성경이 필요했을 것으로 보인다.[6] 이에 디아스포라 유다인들이 예루살렘을 중심으로 한 유다교에 그 토대를 두면서 히브리어 성경을 그리스어로 옮기는 방대한 작업을 시작한다. 유다교의 성경 이해와 그 신앙 안에서 히브리어 성경을 대하고 이를 바탕으로 유다에서 온 히브리어 성경을 가지고 번역 작업을 수행한 것이다.[7]

15-16; 김정훈, 『칠십인역 입문』, 23-25에 있다. Jobes/Silva, *Invitation to the Septuagint*, 31-32; 피셔, 『구약성서 본문: 역사와 본문비평』, 121도 참조할 수 있다. 우리가 여기에서 다루는 칠십인역 성경의 범위는 랄프스의 비평 편집본에 있는 책들로 한정한다.

4 아리스테아스의 편지는 서기전 "150- 100년 사이에 집필된" 것으로 추정된다(송혜경, 『구약 외경 1』, 351). 그 밖에 '집회서의 머리글'과 '에스테르기의 붙임말'도 칠십인역 성경에 관해 전한다. 이에 대해서는 김정훈, 『칠십인역 입문』, 28, 40-44; Jellicoe, "The Occasion and Purpose of the Letter of Aristeas," 146; Marcos, *The Septuagint in Context*, 21 참조.

5 칠십인역 성경의 탄생에 관해서는 송혜경, 『구약 외경 1』, 349-351; Barrett, *The New Testament Background: Selected Documents*, 292-298에서 볼 수 있다.

6 Swete, *An Introduction to the Old Testament in Greek According to the Septuagint*, 9, 20-21; Marcos, *The Septuagint in Context*, 19; Barrett, *The New Testament Background: Selected Documents*, 47-50, 290; 조재형, 『그리스-로마 종교와 신약성서』, 38 참조.

7 Tov, *The Text-Critical Use of the Septuagint in Biblical Research*, 199 참조.

2. 칠십인역 성경에 나타난 하느님 호칭과 이름

칠십인역 성경은 구약성경을 번역한 첫 번째 '번역 작품'이다. 현대 번역작가들의 작업 환경과 달리, 칠십인역 성경의 최초 번역자들은 '구약성경의 번역'이라는 방대한 작업을 하면서도 지침이 될 만한 사전이나 참고 자료도 없었기에, 동방의 언어를 그리스어로 번역하는 과정에서 언어 체계가 달라서 발생하는 문법적인 문제는 차치하고라도 낱말 하나하나를 옮기면서도 신중하지 않을 수 없었을 것이다. 특히, 하느님을 가리키는 호칭과 이름을[8] 그리스어로 옮기면서 많은 고심을 한 듯하다.

다음 쪽에 소개하는 표는 칠십인역 성경 번역자들이 히브리어 성경의 하느님 이름과 호칭을 어떻게 그리스어로 옮겼는지를 보여준다. 이를 통해 히브리어 성경에서 주로 쓰인 하느님의 이름 및 호칭과 이에 대응하는 칠십인역 성경의 번역어 그리고 그 번역 횟수를 살펴보고자 한다. 물론, 칠십인역 성경은 이름이 알려지지 않은 여러 사람이 2-3세기 이상의 오랜 세월에 걸쳐 적어도 한 장소 이상에서 만들어진 것을 모아 놓은 책이니, 한꺼번에 마무리된 한 가지 종류의 본문이라고 생각할 수는 없다. 곧, 현존하는 칠십인역 성경의 본문은 하나의 번역 모본(母本, Vorlage), 일관된 번역 기법, 한 명의 번역자에 의해 탄생한 것으로 볼 수가 없고,[9] 히브리어 낱말 하나도 여러 가지로 번역되는 경우가 많다. 다만, 칠십인역 성경 가운데 오경은 최초 번역 작품이며 비슷한 시기에 번역되었기에 어느 정도 공통된 점이 있다고 보고, 오경에 한정해서 이

8 '엘로힘', '엘', '아돈' 등은 하느님의 고유한 이름이 아니라 하느님을 가리키는 호칭이고 신명사문자(יהוה)가 하느님의 이름이다.

9 자세한 설명은 Marcos, *The Septuagint in Context*, 22 참조.

를 살펴보도록 하겠다.[10]

표 1

	창세기	탈출기	레위기	민수기	신명기
אֱלֹהִים * → θεός	139회**	93회	17회	25회	66회
יהוה → κύριος	52회	290회	265회	330회	183회
יהוה → θεός	17회	34회	4회	22회	8회
יהוה אֱלֹהִים → κύριος ὁ θεός	17회	33회	25회	7회	315회
יהוה → κύριος ὁ θεός	9회	7회	9회	—	35회
אֱלֹהִים → κύριος	2회	4회	1회	—	—
אֲדֹנָי → κύριος	5회	6회	—	3회	3회.

* 이 표에는 אֱלֹהִים에 אֱלוֹהַּ, אֱלָהּ, אֵל도 포함한다. "엘로힘은 엘로아의 복수형으로 추정되고"(정태현, 『성경 입문 상권』, 267), '엘'도 엘로힘과 비슷하기에 함께 묶었다.

** 본 논문에 제시된 수치는 모두 논문 작성자가 일일이 세어서 기록한 것이라, 숫자에 오차가 있을 수 있다.

위의 표를 살펴보면, 대체로 '엘로힘'(אֱלֹהִים), 엘, 엘로하 등의 호칭은 '테오스'(θεός)로,[11] 신명사문자(神名四文字, יהוה)는 '키리오스'(κύριος)로 번역되는 경향이 있다. 신명사문자는 하느님의 이름을 함부로 부르지 않기 위해 에둘러서

10 Hatch/Redpath의 *A Concordance to the Septuagint and the other Greek Versions of the Old Testament 2-3*, 800에 따르면 히브리어로 된 하느님 호칭은 열다섯 가지다. 오경의 경우에 이 이름이 모두 사용되지는 않으므로, 이 표는 오경 가운데 중심이 되는 호칭 몇 가지만 소개한다.

11 보통의 경우 엘로힘은 테오스로 옮겨지지만, 칠십인역 오경은 하느님의 이름을 매번 바꾸

'아도니'(אֲדֹנִי), '아도나이'(אֲדֹנָי)로 읽는 유다의 전통을 따라 '주님'(키리오스)으로 번역된 것으로 볼 수 있다.

하지만, 〈표 1〉을 자세히 보면 번역자들이 이 전통을 그대로 따르기만 했을까 하는 의문이 든다. '엘로힘'이 '키리오스'로 옮겨지는가 하면, 신명사문자가 '테오스', '키리오스 호 테오스'가 되기도 하기 때문이다. 또한 '주인'을 뜻하는 '아돈'(אדן)이나 '키리오스'가 아브라함이나 모세와 같이 사람을 가리키기도 하고 하느님을 뜻하기도 한다. 예를 들면, 창세 24,27에서 '키리오스'가 다섯 차례 사용되는데, 그 가운데 세 번은 '아돈'의 번역어이고 나머지 두 번은 하느님을 나타낸다.[12] 이때 '아돈'의 번역어인 '키리오스'는 모두 아브라함을 가리킨다. 신명 3,24의 경우, '아돈'이 '키리오스'로, 신명사문자도 '키리오스'로 읽히기에, 문맥을 보고 키리오스가 하느님을 뜻하는지, 아니면 사람을 가리키는지 파악해야 한다.[13] 그뿐이 아니다. 창세 15,2.8은 '아돈'과 신명사문자(אֲדֹנָי יהוה)가 합쳐진 호칭을 '주인'을 뜻하는 '데스포테스'(δεσπότης)로 옮긴다. '키리오스'를 쓸 것이라는 예상과 달리 '데스포테스'를 쓴 것이다.

특히 유다인들은 지극한 존경심에서 신명사문자를 입 밖으로 내지 못하고 '주인'이라는 뜻의 '아돈'으로 고쳐 불렀다. 칠십인역 성경의 번역자들도 저

어 가며 쓴다. 번역자들이 다양한 어휘를 추구하기에 이러한 경향을 나타내는 것인가 생각할 수 있지만, 예를 들어 창세 1,1—2,7에서는 줄곧 엘로힘을 테오스로만 일관되게 번역하니, 그 번역 기준에 대해 명확한 설명을 하기는 어렵다. 사실, 칠십인역의 필사본들이 여러 번의 수정 작업을 거쳐 우리에게 왔기 때문에 이 번역어에서 정확한 규칙을 찾아내기 어려울 수도 있다. 다만, 현재 가지고 있는 본문들을 펼쳐 놓고 굳이 일관된 특성을 찾자면, 엘로힘이 테오스로 번역되는 경우가 가장 많다고 할 수 있다.

12 두 번 가운데 한 번은 יהוה אֱלֹהֵי가 κύριος ὁ θεός로, 또 한 번은 יהוה가 κύριος로 옮겨졌다.

13 〈표 1〉에서 아돈이나 키리오스가 사람을 가리키는 경우까지 포함하면, 그 횟수는 더 늘어난다. 곧, 창세기는 48회, 탈출기는 8회, 민수기 6회, 신명기 3회로 각각 다르다.

마다 자기가 속한 회당에서 이미 하느님의 이름을 그렇게 불렀을 것이고 이를 금과옥조(金科玉條)로 여기며, 이 전통을 따라 번역을 했을 것이다. 하지만 〈표 1〉을 보면, 번역자들이 이 귀한 이름을 번역하면서 다소 흔하게 쓰는 느낌이 든다. 키리오스로 하느님을 의미하기도 하고 사람을 가리키기도 하니 말이다. 심지어 세속적 의미로 '주인'을 뜻하는 '바알'(בַּעַל)도 '키리오스'로 번역하곤 한다(창세 49,23; 탈출 21,34; 22,7; 신명 4,3 등).

아무래도 칠십인역 오경의 번역자들은 이 용어들을, 전통이 전하는 대로 물려받지는 않은 듯하다. 설령 전통으로 이어져 왔다 하더라도, 각 회당마다 이를 다르게 썼거나 정립되지 않은 상태였던 것으로 추측된다. 오경의 번역자들은 이 용어를 두고 고심했을 법하다. 이 말은, 신명사문자 - 아돈(주님) - 키리오스(주님)로 연결되는 안전한 구도라 하더라도, 단지 전통 때문에 '키리오스'를 선택하지 않았을 수도 있었으리라 추측해 볼 만하다는 것이다. 다음의 〈표 2〉와 〈표 3〉을 보면, 이와 같은 추측이 가능하다. 오경이 그리스어로 먼저 번역된 뒤, 역사서와 시서 등, 성경 각 권이 다른 번역자들의 손을 거쳐 그리스어로 번역되었기에, 후대의 책들을 예로 제시해 보겠다.[14]

표들을 보면, 오경 이후의 칠십인역 작품들은 오경을 토대로 해서 하느님의 호칭은 '테오스'로, 신명사문자는 '키리오스'로 정립해 나갔다고 말할 수 있다.[15]

14 표 2와 3의 숫자들은 단독으로 쓰인 '엘', 등의 호칭이 '테오스'로 번역되고, 신명사문자가 '키리오스'로 번역된 경우만 해당한다. 이 호칭들과 신명사문자가 결합되고, 이들이 '키리오스', '키리오스 호 테오스'로 옮겨진 경우까지 더하면, 그 횟수는 훨씬 더 많아진다.

15 김정훈은 서기전 1세기 무렵부터 신명사문자를 음역하려는 이런저런 시도가 생겨났다고 전한다(「신명사문자(Tetragrammaton) 번역으로 본 칠십인역 사무엘-열왕기 본문의 형태」, 77). 김정훈은 키리오스가 고유 명사임을 나타낼 때는 정관사를 붙이지 않고, 일반 명사일 때는 정관사를 붙여 남성 명사로 이해하면 된다고 설명한다(「신명사문자」, 78-79). 곧, 키

표 2 하느님 호칭인 '엘', '엘로힘' 등이 '테오스'로 번역

	여호수아기	판관기	룻기	사무엘기 상권	사무엘기 하권	열왕기 상권	열왕기 하권	역대기 상권	역대기 하권
테오스/하느님 호칭	20/27	52/55	3/3	0/10*	31/36	31/38	46/46	66/76	69/97

표 3 신명사문자가 '키리오스'로 번역

	여호수아기	판관기	룻기	사무엘기 상권	사무엘기 하권	열왕기 상권	열왕기 하권	역대기 상권	역대기 하권
키리오스/신명사문자	135/152	149/152	16/17	268/300	198/204	198/211	245/251	126/136	289/296

* 사무엘기 상권은 신명사문자를 주로 '키리오스'로 옮기지만 특이하게 하느님의 호칭도 '키리오스'로 쓴다(10회).

그렇다면, 칠십인역 오경의 번역자들이 이 같이 하느님의 호칭과 이름을 번역하는 데 주의를 기울인 이유가 무엇일까? 그 이유를 추측해 보려면 먼저 칠십인역 오경의 번역자들이 살던 시대 상황을 살펴보아야 한다. 아울러 그리스어 '테오스'와 '키리오스'의 의미에 대해서도 알아볼 필요가 있다.

리오스에 정관사가 붙지 않으면, 이는 신명사문자를 가리키고 정관사가 붙으면 사람 '주인'을 가리키는 게 되겠다. 그런데 칠십인역 오경에는 그렇지 않은 경우도 제법 있다. 예를 들어, 탈출 9,27에서 파라오가 하느님을 가리키면서 정관사를 붙여 '호 키리오스'라 하더니 10,10에서는 정관사 없이 '키리오스'라 한다. 그 밖에 창세 18,17; 탈출 8,18; 21,8; 34,9; 민수 14,9; 32,31; 신명 1,20; 10,17; 11,17 등도 예외다. 이러한 예들은 칠십인역 오경이 번역될 당시(서기전 3세기)에 아직까지 '키리오스'가 하느님과 사람을 지칭하는 데 명확히 구분되지 않았고, 또한 신명사문자가 '키리오스'로 아직 정립되지 않았음을 보여준다. 하지만 오경 번역 이후의 작품들에는 김정훈의 설명대로 '키리오스' 앞에 정관사가 붙으면 사람 주인을 가리키고, 정관사가 없으면 하느님을 의미하는 게 맞다. 이러한 예는 칠십인역 오경의 번역 이후에 하느님의 호칭과 이름이 정립되었음을 보여준다 하겠다.

2.1. 칠십인역 오경 번역 당시의 시대 상황

칠십인역 오경의 번역자들은 이른바 헬레니즘 시대에 살았다.[16] 알렉산드로스 임금의 동방 원정 이후, 일부 유다인들은 "자신들의 신앙을 그리스 문화와 언어"의 토대 위에 세우려 했다.[17] 그런 까닭에 이 시기의 유다교와 그리스 문화와의 충돌은 불가피했다. 마카베오기 상권과 하권은 이 시대에 안티오코스 에피파네스가 유다인들을 박해하고 그리스식 제사로 유다교 제의를 철폐하려 했던 사실을 전해준다. 2마카 6,2에 따르면, 안티오코스는 예루살렘에 있는 성전을 부정하게 만들고 그것을 올림포스의 제우스 신전이라고 부르게 하였으며, 그리짐에 있는 성전은 나그네의 수호신 제우스의 신전이라고 부르게 하였다.[18] 곧, 헬레니즘 문화에 심취한 친그리스파 유다인들이 유다의 신과 그리스의 신들을 동일시하고자 시도한 것이다.[19] 이러한 경향은 "아리스테아스의 편지를 만들어낸 학식 있는 집단"에까지 퍼져 있었다.[20] 『아리스테아스의 편지』 16항은 다음과 같이 전한다.

> "이들(유다인들)은 모든 것을 지켜보시는 분이시며 창조주이신 하느님을 경배합니다. … 우리는 이분을 제우스 또는 디오스로 달리 부르고 있습니다.…"[21]

---

16 알렉산드로스 임금으로부터 아우구스투스 임금까지, 곧 서기전 323-146년(혹은 서기전 30년) 사이에 걸쳐 그리스 고유문화가 오리엔트 문화와 어우러졌던 시대를 가리킨다(허종진, 「헬레니즘」 참조).

17 조재형, 『그리스-로마 종교와 신약성서』, 39.

18 이에 대한 자세한 설명은 라이케, 『신약성서 시대사』, 65-70을 참조할 수 있다.

19 Marcos, *The Septuagint in Context*, 307 참조.

20 Marcos, *The Septuagint in Context*, 307.

21 송혜경, 『구약 외경 1』, 368.

헬라식 교육을 받은 이들이 보편주의적 성향에 따라 유다인들의 하느님을 그리스의 제우스 또는 디오스와 동일시하고자 시도한 것이다. 하지만 유일신을 섬기는 유다인들의 입장에서는 보편성을 지향하는 헬라식 문화를 받아들이기 어려웠을 것이다.[22] 유다 땅에서뿐 아니라 디아스포라 유다인들 사이에서도 이방 신들의 이름을 이스라엘 하느님께 붙이는 일은 용납되지 않았다. 그 결과 "참된 하느님은 이름이 없어야 한다"는 생각이 유다인들 사이에서 퍼져나갔다.[23] 칠십인역 오경의 번역자들 또한 "기본적으로 그리스 정신에 거의 영향을 받지 않은" 것으로 보인다.[24] 물론, 헬라 사회에서 유다인들이 "비교적 단일 신앙을 유지"했다 하더라도 헬라어를 쓰면서 그들의 사고와 신앙이 어쩔 수 없이 헬라화되는 일은 막기 어려웠을 법하다.[25] 가랑비에 옷 젖는 줄 모른다는 속담처럼 디아스포라 유다인들이 서서히 헬라화 되어갔겠지만, 그런 가운데서도 오경의 번역자들은 이스라엘 고유의 신앙을 지키고자 노력했다. 곧, 번역자들은 그리스의 이방신을 떠올리게 하는 표현은 가능한 한 피하면서 "이스라엘 신앙의 고유함"을 드러내려 했다.[26] 이를 위해 하느님 호칭과 이름을 '테오스'와 '키리오스'로 "단순화"해 다른 신으로 오해할 여지도 없게 하고, "다신론의 어떤 잔재라도 없애고자" 한 것이다.[27] 이에 해당하는 번역의 예를 제시하면 다음과 같다.

---

22 헹엘(Martin Hengel)은 히브리어 성경의 후기 작품인 코헬렛에서 하느님의 보편적인 개념을 드러내는 헬라화의 영향을 볼 수 있다고 주장하지만, 칠십인역 오경이 번역될 당시와는 그 시대의 상황이 다르다. 또한 에스테르기와 토빗기에는 강한 민족주의적 색채가 드러나기도 한다. 자세한 설명은 *Judaism and Hellenism*, 108-117 참조.

23 Marcos, *The Septuagint in Context*, 308.

24 Hengel, *Judaism and Hellenism*, 114. 헹엘은 이 표현에서 잠언과 욥기는 예외로 한다.

25 관련 예는 조재형, 『그리스-로마 종교와 신약성서』, 39-40에서 자세히 볼 수 있다.

26 Marcos, *The Septuagint in Context*, 317.

27 Marcos, *The Septuagint in Context*, 311.

- 히브리어 성경의 '엘 샤다이'(אֵל שַׁדַּי)를, 칠십인역 오경은 '너의 하느님'(ὁ θεός σου: 창세 17,1; 35,11), '나의 하느님'(ὁ θεός μου: 창세 28,3; 43,14; 48,3)으로 옮긴다. '샤다이'(שַׁדַּי)만 쓰는 경우에도 창세 49,25은 '나의 하느님'(ὁ θεὸς ὁ ἐμὸς)으로, 탈출 6,3은 '나의 주님'(μου κύριος), 민수 24,4.16은 '하느님'(θεός)으로 쓴다. '엘 샤다이'가 '전능하신 하느님'이라는 뜻이지만, 고유 명사로 읽으면 '엘 샤다이'라는 이름을 가진 다른 신으로 오해하지 못하게 했다.

- '엘 베텔', '베텔의 하느님'(אֵל בֵּית־אֵל)이 '그곳의 이름은 배텔'(τὸ ὄνομα τοῦ τόπου Βαιθηλ)로 번역된다(창세 35,7). 하느님이 '베텔'이라는 지역의 신을 의미하는 게 아님을 명확히 한 것이다.

- 신명 32,4은 하느님을 '그 바위'(הַצּוּר)로 묘사한다. 칠십인역 오경은 이를 '하느님'(θεός)으로 옮긴다.

그 밖에, '엘 엘욘'(אֵל עֶלְיוֹן)은 '지극히 높으신 하느님'(θεός ὁ ὕψιστος: 창세 14,18.19.20.22; 민수 24,16; 신명 32,8)으로,

- '엘 로이'(אֵל רֳאִי), 곧 돌보시는 하느님(창세 16,13)은 '나를 보시는 하느님'(ὁ θεὸς ὁ ἐπιδών με)으로 옮긴다.

- 창세 49,24은 하느님의 별칭인 '장사'(אָבִיר)를 써서 '야곱의 장사의 손에서'(מִידֵי אֲבִיר יַעֲקֹב)라 한다. 칠십인역 오경은 이를 '야곱을 다스리시는 분의 손에서'(διὰ χεῖρα δυνάστου Ιακωβ)로 옮겼다.

- 엘 엘로헤 이스라엘(אֵל אֱלֹהֵי יִשְׂרָאֵל)은 이스라엘의 하느님(τὸν θεὸν Ισραηλ:

창세 33,20)으로, 그 의미를 풀어 쓴다.

곧, 이 이름들이 다른 신들을 의미하는 개개의 고유 명사가 아니라 모두가 한 분 하느님을 의미한다는 것을 칠십인역 오경은 명확히 밝히고 있다.

아울러, 이와 관련해서 살펴보아야 할 구절들이 있다.

- 탈출 4,24에서 히브리어 성경은 "모세가 길을 가다 어떤 곳에서 밤을 지내는데, 주님께서 그에게 달려들어 그를 죽이려 하셨다"고 전한다. 주님(יהוה)께서 모세를 죽이려 하셨다는 것이다. 그러나 칠십인역 탈출기는 '주님'을 '주님의 천사'(ἄγγελος κυρίου)로 옮긴다. "신인 동형론적(anthropomorphism)인 표현을 피하고자" 한 것이다.[28]

- 창세 5,22은 에녹이 하느님과 함께 걸었다(יִּתְהַלֵּךְ)고 한다. 칠십인역 창세기는 하느님도 함께 거니셨다는 느낌을 피하고자 '걷다' 대신 하느님을 '기쁘게 해드렸다'(εὐηρέστησεν)로 옮긴다.

신인 동형설에 반대하는 표현들이 칠십인역 오경의 번역자들에 의해 처음 시작되지는 않았다. 이 개념은 헬레니즘 시대 훨씬 전부터 존재했고, 번역자들이 모본을 그대로 번역했을 수도 있고 아니면 편집을 했을 수도 있지만, 어쨌든 번역자들은 신인 동형설에 반대하는 입장을 보인다.[29] 이 입장은 그리스의 신 개념이 기본적으로 '신인 동형설'에 바탕을 둔 것과는[30] 대립된다.

---

28 Gurtner, *Exodus*, 231.

29 자세한 설명은 McClellan, *Anti-Anthropomorphism and the Vorlage of the LXX Exodus*, 34-41 참조.

30 Kleinknecht, "θεός," 71. 신인 동형설에 반대하는 유다인들의 입장에 대해서는 109-110을

2.2. 엘로힘과 테오스[31]

그리스어 '테오스'가 유일하신 하느님을 가리키는 데 어울리는, 딱 맞아떨어지는 어휘가 아닐 수도 있다.[32] 일반적으로 테오스가 일신론의 의미로 쓰이지는 않았기 때문이다. 그렇지만 '엘로힘', '엘', '엘로아'라는 이름 자체도 고대 근동의 다른 종교 전통에서 유래했으나 유일하신 절대자 하느님을 가리키는 표현이 되지 않았는가! 칠십인역 오경은 '테오스'라는 낱말을 채택해, 한 분 하느님을 가리키는 표현으로 통일하려 했다. 아직 제대로 정립되지 않아 예외가 있기는 하지만, 하느님의 여러 호칭을 '테오스'라는 하나의 명사로 통일해 유일하신 하느님을 나타내고 싶었던 것이다.[33]

히브리어 성경에서 엘로힘은 보통 명사이고 형태는 복수형이지만 유일하신 절대자 하느님을 가리키는 단수형이고, 이에 따른 동사도 단수형이다. 그런데 칠십인역 오경은 엘로힘을 옮기면서 이스라엘의 하느님을 의미할 때만 단수형 '테오스'(θεός)로, 이방 신들을 가리킬 때는 복수형을 쓴다(탈출 12,12; 15,11; 22,19; 23,24.32.33; 34,15; 민수 33,4; 신명 4,28; 7,4.16 등). 히브리어 성경에서는 문맥을 보고 엘로힘이 하느님을 나타내는지, 이방 신을 뜻하는지 판단해야 하지만, 칠십인역은 이를 단수형과 복수형으로 구분해 씀으로써, 문장의 의미를 명확하게 했다. 하느님을 뜻하는 '테오스'와 이방 신들을 가리키는 '테오이'(θεοί)가

참조할 수 있다.

31 구약성경에 나타나는 엘로힘과 테오스에 관한 자세한 설명은 Quell, "θεός," 79-89 참조.

32 이에 대한 자세한 설명은 Kleinknecht, "θεός," 67-79 참조.

33 물론, 이와 다른 주장도 있다. 예를 들어, 필론은 헬레니즘이라는 시대 상황과 상관없이 하느님의 속성에 따라 '하느님'과 '주님'을 구분한다. 곧, '테오스'는 창조자이며 자비를 베푸는 신이고, '키리오스'는 하느님의 왕권을 가진 통치자며 징벌을 담당하는 역할을 맡고 있다는 것이다(자세한 설명은 셍크, 『필론 입문』, 121-148 참조).

혼동될 일은 없기 때문이다. 이런 이유들로 인해 칠십인역 성경에서 하느님의 호칭은 '테오스'로 자리 잡게 된 것으로 보인다.

또한 히브리어 성경에는 '엘로힘의 아들들'(בְּנֵי הָאֱלֹהִים 욥 1,6; בְּנֵי אֱלֹהִים 38,7)과 같은 표현이 나타나기도 한다. 이런 경우에 칠십인역 성경은 '하느님의 천사들'(οἱ ἄγγελοι τοῦ θεοῦ: 1,6)이나 '나의 천사들'(ἄγγελοί μου; 38,7)로 옮긴다. 그리스의 다신론적인 느낌을 없애기 위해서 이처럼 번역한 것이다.

2.3. 신명사문자(יהוה)와 키리오스

하느님의 여러 호칭 가운데 신명사문자만이 이스라엘 하느님의 고유한 이름이다. 이 이름의 의미가 무엇인지를 두고 여전히 논란이 많지만, '…에 떨어지다', '닥치다', '… 되다', '존재하다'를 뜻하는 히브리어 동사 '하야'(הָיָה)와 관련이 있는 듯하다.[34] 『한국 가톨릭 대사전』, 「야훼」편은 '하야' 동사를 풀어 설명하면서 '존재하는 분', 또는 '존재하게 하시는 분', 곧 '창조주'로 이해할 수 있다고 한다.[35] 이 이름을 '창조주', 곧 세상을 창조하신 '주인'으로 이해한다면, '주인'을 뜻하는 그리스어 '키리오스'로 번역할 수 있다.

'테오스'가 종교적 의미를 가진 용어라면, '키리오스'는 "노예를 합법적으로 소유하는 사람," "아내나 여자, 혹은 아이의 법적 보호자"를 가리키는,[36] 세속에서 사용되는 용어인 셈이다. 예를 들어,

---

34 *The New Brown - Driver - Briggs - Gesenius Hebrew and English Lexicon*, 224; Abba, "The Divine Name Yahweh," 324 참조.

35 자세한 설명은 千 사무엘, 「야훼」, 5918-5920; Abba, "The Divine Name Yahweh," 320-328; 정태현, 『성경 입문 상권』, 267-270 참조.

36 Foerster, "κύριος," 1042.

- 창세 18,12에서 아브라함의 아내 사라는 남편 아브라함을 '내 주인'이라 한다(אֲדֹנִי → κύριός μου).
- 창세 24,27.42.44에서 아브라함을 가리키는 '아돈'이 모두 '키리오스'로 번역된다. 하지만 함께 언급된 하느님의 이름 신명사문자도 '키리오스'로 번역되었다.
- 탈출 21,4.8.32 등에서도 '아돈'이 '키리오스'로 옮겨지는데, 모두 종을 소유한 주인이라는 의미로 쓰인다.

그런데, '주인'을 뜻하는 그리스어 낱말에는 '키리오스' 외에 '데스포테스'(δεσπότης)도 있다. 창세 15,2.8에서 아브라함은 하느님을 אֲדֹנָי יהוה로 부르는데, 칠십인역은 이를 '데스포테스'로 옮겼다.

그렇다면 '주인'을 뜻하는 '키리오스'와 '데스포테스'는 의미에 차이가 있는 것일까?

2.3.1. 키리오스와 데스포테스

*Theological Dictionary of the New Testament III*에 따르면 키리오스는 명사로 '권력,' '힘'을 나타내고 '합법적인 힘을 가진,' '권한 있는' 등의 형용사로도 쓰인다.[37] 곧, 키리오스는 "사람이나 사물을 뜻대로 다루거나 처분할 수 있는 합법적인 권한을 가진" 사람이다.[38] *Theological Dictionary of the New Testament II*는 페르시아 군주를 예로 들면서 데스포테스는, "어떤 법으로도 통제할 수 없는 무제한의 힘을 휘두르는 절대 통치자"로 정의한다.[39] 결국 두 용어는 의

37 Foerster, "κύριος," 1041.

38 자세한 설명은 Foerster, "κύριος," 1041- 1045 참조.

39 Rengstorf, "δεσπότης," 44- 45.

미가 비슷해서 서로 바꾸어 쓸 수 있다.

그러나 점차 데스포테스는 키리오스로 대체된다. '데스포테스'라는 용어에서 사람이나 사물을 뜻대로 다룰 수 있는 절대적인 힘이 줄어들면서 키리오스와 달리 사람이나 사물을 '소유한' 사람으로만 구별되고 추상적인 특징을 나타내는 문장에서만 사용된 것이다.[40] 유다인들에게 이름은 인격 자체를 의미하고, 하느님의 이름은 그분의 존재 자체다.[41] 곧, 하느님은 살아계신 분이시니 그 이름도 추상적인 개념과는 어울리지 않는다. 이런 이유 때문인지, 아니면 사람들이 흔히 쓰는 키리오스가 더 친근하게 느껴져서 이 낱말을 점차 사용하게 된 건지 알 수는 없지만, 칠십인역 성경의 번역에서 데스포테스는 점차 설 자리를 잃어갔다.[42] 키리오스가 신명사문자의 대응어가 된 것이다. 칠십인역 오경은 데스포테스 대신 키리오스를 택함으로써 주인이신 하느님이 세상 만물을 뜻대로 처분하실 수 있는 합법적인 지위를 가지신 분임을 선언한다. 이집트에서 이스라엘을 구원하셨기에 그것으로써 이 백성에게 합법적인 권리를 가지게 된 것이다.[43]

2.3.2. 키리오스

그렇다면, 세속적 용어인 키리오스를 굳이 신명사문자의 대응어로 택한 이유는 뭘까? 먼저 그리스 종교에서의 신 개념을 살펴보고 그리스인들이 생각하는 '키리오스'의 의미도 보도록 하겠다.

40 Rengstorf, "δεσπότης," 47.

41 정태현, 『성경 입문 상권』, 266.

42 Rengstorf, "δεσπότης," 47.

43 Foerster, "κύριος," 1081 참조.

2.3.2.1. 그리스 종교의 신들: 호메로스와 플라톤의 신 개념을 중심으로

그리스 종교 전통에서 신을 논할 때, 호메로스가 끼친 영향력을 먼저 언급하지 않을 수 없다. 호메로스가 그리스 신들(테오이)의 계보와 이름과 그 성격들을 규정하고 창조했다고 해도 과언이 아니기 때문이다.[44] 호메로스의 작품들에서 드러나는 그리스 신들의 특징을 소개하면 이러하다.

첫째, "호메로스가 보는 세계에는 신들이 떼를 지어 몰려 있다."[45] 곧, 호메로스의 작품에서 그리스 신들은 다신론의 특징을 드러낸다. 제우스가 최고신이지만, 전지전능한 신은 아니고 다른 신들과의 관계 속에서 활동한다.

둘째, 신들은 인간의 모습을 하고 있으며, 인간처럼 분노하고 질투하는가 하면, 사랑하고 미워한다.[46] 인간과의 관계에서도, 신들은 "자기가 좋아하는 인간에게는 거리낌 없이 호의를 베풀고,"[47] 싫어하는 인간은 무자비하게 다룬다.[48]

또한 호메로스는 "인간의 삶 속에서 작용하는 또 다른 일련의 힘들"도 "신적인 존재들"로 다룬다. 곧, '공포, 불화, 투쟁, 파멸을 초래하는 어리석음, 간구, 우아함, 소문, 정의' 같은 추상적인 개념들도 신격화했다.[49] 이를 신적인 존재로 보는 것은 그것이 인간에게 영향을 주는 "실재적인 힘"이기 때문이다.[50]

---

44 조재형, 『그리스-로마 종교와 신약성서』, 68 참조.

45 해크, 『그리스 철학과 神: 소크라테스 이전 철학자들에서 신 개념의 역사』, 19.

46 조재형, 『그리스-로마 종교와 신약성서』, 69 참조.

47 호메로스, 『일리아스』, 768. 앨버트 벨은 그리스 신화에서 신들의 자비심을 강조한 내용은 볼 수 없다고 한다(『신약 시대의 사회와 문화 5(신약의 유대적 배경)』, 57).

48 호메로스, 『일리아스』, 769. 그리스 신들의 여러 특징에 대해서는 호메로스, 『일리아스』, 768-770에서 볼 수 있다.

49 호메로스, 『일리아스』, 139.

50 해크, 『그리스 철학과 神: 소크라테스 이전 철학자들에서 신 개념의 역사』, 28 참조. 호메로스, 『일리아스』, 21권 「강변에서의 전투」를 보면, 호메로스가 자연의 힘에도 신성을 부여한

말하자면, 호메로스와 "그리스의 종교 전통"은 모든 신을 '힘'으로 생각한다.[51] '테오스'라는 낱말이 인격신이 아닌 "신적인 힘의 행동을 가리키기 위해서 사용"되기도 한 것이다.[52]

그러나 플라톤과 그리스 철학자들은 "호메로스의 신들이 부도덕하다"는 이유를 들어 호메로스를 비판했다.[53] 곧, 그리스의 철학자들이 인간의 합리성에 근거해 호메로스의 신들을 비판하면서 등장한 것이다.[54] 소크라테스, 플라톤, 아리스토텔레스 등의 철학자들은 과학적 사고, 곧 관찰과 논리적 판단을 통해 이 세상에는 "하나의 궁극적인 실재가 존재"한다고 믿었다.[55] 신이 '단일자'(모나드)로 존재한다고 생각한 것이다. 모나드는 모든 것을 존재하게 하며 모든 것에 대한 운동자가 될 수 있기에, 모나드 개념은 필연적으로 단일신론(Monotheism)을 지향한다.[56] 특히, 플라톤은 "신을 궁극적 선(善)으로 규정하면서 그 신을 '모나드'(단일자)와 동일한 존재로 정의"한다.[57] 플라톤의 이러한 사상은 "플라톤 이전 시대의 철학자들이 이미 주장했던 내용들에 근거한다."[58]

하지만 플라톤이 소크라테스의 입을 빌려서 한 말들을 살펴보면 단일신론

것을 볼 수 있다.

51 해크, 『그리스 철학과 神: 소크라테스 이전 철학자들에서 신 개념의 역사』, 37, 26 참조. 그리스인들은 일반적으로 신성에 대한 호메로스의 이 직관을 따랐다. '힘 있는 것은 신으로 숭배된다'고 본 것이다(해크, 『그리스 철학과 神: 소크라테스 이전 철학자들에서 신 개념의 역사』, 26).

52 해크, 『그리스 철학과 神: 소크라테스 이전 철학자들에서 신 개념의 역사』, 21.

53 호메로스, 『일리아스』, 21.

54 조재형, 『그리스-로마 종교와 신약성서』, 195 참조.

55 조재형, 『그리스-로마 종교와 신약성서』, 186.

56 조재형, 『그리스-로마 종교와 신약성서』, 195 참조.

57 조재형, 『그리스-로마 종교와 신약성서』, 191.

58 조재형, 『그리스-로마 종교와 신약성서』, 190.

을 지향하면서도 "신들에 대한 전통적인 신앙을 완전히 배제하지는 않았다."[59] 곧, 플라톤은 "영혼은 신성하고 불멸"하기에,[60] 사람이 죽으면 영혼은 "선(善)과 현명한 신이 존재하고 있는 하데스로" 가서[61] "남은 시간 동안 신들과 함께" 보낸다고 한다.[62] 또한 "평생토록 깨끗하고 절도 있는 생활을 한 영혼들은," 신들이 저승길에 그의 길동무이자 안내자가 되어주리라 믿는다.[63] 이승을 떠나 저세상에 가면, "그곳에는 실제로 신들이 사는 신전(神殿)과 성소(聖所)가 있어, 그곳 사람들은 신들의 음성을 들을 수 있으며 신들과 사귈 수 있다"고도 한다.[64] 이는 플라톤이 호메로스를 비판하지만 호메로스의 신들을 인정한다는 증거가 된다. 여러 신들의 보조적인 역할이 필요했기 때문이다.[65] 곧, 그리스 "철학자들의 종교는 단일신론으로 가는 경향"을 보이지만, 그렇더라도 이러한 현상이 그리스 대중 종교의 멸망을 의미하는 건 아니다. 그리스의 종교는 기본적으로 다신론을 바탕으로 한다.[66]

---

59 조재형, 『그리스-로마 종교와 신약성서』, 52.

60 플라톤, 『파이돈』, 63.

61 플라톤, 『파이돈』, 62.

62 플라톤, 『파이돈』, 63.

63 플라톤, 『파이돈』, 123.

64 플라톤, 『파이돈』, 128.

65 조재형, 『그리스-로마 종교와 신약성서』, 187-188 참조. 플라톤은 "호메로스가 인간의 미덕과 악덕 및 신들에 대한 모든 것을 잘 아는 시인"임을 인정하기도 했다(조재형, 『그리스-로마 종교와 신약성서』, 188; 참조: 플라톤, 『파이돈』, 93).

66 조재형, 『그리스-로마 종교와 신약성서』, 51. 그리스의 대중 종교에 대한 설명은 조재형, 『그리스-로마 종교와 신약성서』, 51-52 참조. 서기전 7세기경에 활동한 그리스 시인 헤시오도스는 그리스의 신들(테오이)을 두 그룹으로 정리했다. 곧, 한 그룹은 "우주 만물의 불변적인 힘들"이고, 또 한 그룹은 "올림포스의 신들인데, 그들의 최고 지배자가 제우스"라고 본 것이다(해크, 『그리스 철학과 神: 소크라테스 이전 철학자들에서 신 개념의 역사』, 47).

2.3.2.2. 그리스 종교에서의 키리오스

그리스 신화에서 '키리오스'가 신들을 가리키기는 한다. 하지만 이때의 '키리오스'는 '물의 신'이나 '불의 신'과 같이 한정된 영역을 다스리는 신에게 바치는 호칭일 뿐, 그 영역을 지배하는 주인으로 묘사되지는 않는다.[67] "모든 시기의 그리스인들은 보통 사람의 수준을 넘어서는," 이른바 신적인 힘을 지니고 있다고 여겨지는 "사람들에게 일정한 신성을 부여했다." 그래서 그리스의 종교는 "영웅들의 종교"라 한다.[68] 이 영웅들에 대한 제의는 "그리스 도시 국가 공동체의 연대성을 강화하는 데 중요한 기능을 담당했다."[69] "신들에게 드리는 제사는 국가가 마땅히 해야 할 일"이었다.[70] 그러기에 그리스의 학생들은 호메로스의 시에 나오는 신이나 영웅들을 "동경하며 자신들의 삶의 모범으로" 삼았을 뿐[71] 신을 주인으로 섬기거나 예배를 드리는 대상으로 생각하지는 않았다.[72] 곧, 그리스인들은 기본적으로 자기네들의 신을 '주인'으로, 자신들을 '종'으로 여기지는 않았다.[73] '키리오스'가 신들을 지칭하는 경우는 외래 용법일 뿐, 이는 신을 숭배하는 제의에서 사용되지도 않는다.[74]

---

67 Foerster, "κύριος," 1047 참조.

68 조재형, 『그리스-로마 종교와 신약성서』, 48. 해크, 『그리스 철학과 神: 소크라테스 이전 철학자들에서 신 개념의 역사』, 32 참조. 해크는 여기에서 '영웅'이라는 칭호는 보통 사람의 지위와 신의 지위 사이의 중간 지위를 가리키는 일반적인 기술 용어라고 밝힌다(32쪽). 그래서 그리스인들은 일반적으로 영웅을 신과 관련시키지 않으면서 그들에게 부분적으로 신적 지위를 부여하는 데 만족했다. 이에 관한 자세한 설명은 33쪽 참조.

69 조재형, 『그리스-로마 종교와 신약성서』, 109.

70 벨, 『신약 시대의 사회와 문화 5(신약의 유대적 배경)』, 51.

71 조재형, 『그리스-로마 종교와 신약성서』, 75.

72 벨, 『신약 시대의 사회와 문화 5(신약의 유대적 배경)』, 51 참조.

73 Foerster, "κύριος," 1047 참조.

74 Foerster, "κύριος," 1050-1051 참조. 이집트나 시리아에서는 신들을 가리키는 데 '키리오스'를 쓰지만, 우리의 논의에 포함시키지 않겠다. 이에 대해서는 Foerster, "κύριος," 1049-

그리스 철학자들이 생각하는 '키리오스'도 제한적이다. 플라톤이 소크라테스의 입을 빌려서 말하기를, 백조가 죽음이 다가오는 것을 느끼게 되면, 주인인 신의 품으로 돌아가게 됨을 기뻐한 나머지 평소보다 더욱 아름답게 노래를 한다고 말한다. 이는 백조가 아폴론 신의 사자로 예견력이 있기 때문이라는 것이다. 소크라테스도 백조와 마찬가지로 아폴론 신의 종이기에 즐거운 마음으로 이 세상을 떠나리라 한다.[75] 곧, 소크라테스(혹은 플라톤)가[76] '신의 종'이라는 표현을 쓰기는 하지만, 이는 특정하게 '아폴론 신의 종'임을 밝힌 것이다. 사실, 플라톤은 인간이 살아가는 우주가 물질세계에 속하기에 최고의 신이 창조한 것이 아니라 물질을 창조한 데미우르고스가 이데아를 모방하여 창조했다고 한다.[77] 그렇다면 우주의 실제 창조자, 곧 주인은 누구인가? 데미우르고스인가? 절대선인 모나드인가? 플라톤이 이에 대해 명확한 답을 제시하지 않았지만[78] 플라톤의 신은 물질세계와는 관계를 맺을 수 없는 초월적 존재인 것만은 사실이다.[79] 곧, 플라톤의 신은 만물과 인간을 다스리는 현실의 주인이 아닌 것이다.[80] 그런 까닭에, 설령 플라톤이 '키리오스'라는 용어를 쓰더

1051; '키리오스'의 어원과 동방에서 사용된 경우에 대해서는 Bousset, *Kyrios Christos*, 14-152을 참조하기 바란다.

75 플라톤, 『파이돈』, 71-72.

76 소크라테스는 생전에 아무런 저술도 남기지 않았으나, 그의 제자인 플라톤이 소크라테스의 사상을 대화 형식으로 남겼다. 이 작품들은 소크라테스가 지인들과 대화하는 형식을 취하고 있기에 어떤 부분이 소크라테스의 사상이고, 또 어떤 부분이 플라톤의 것인지 정확히 구분하기는 어렵다.

77 조재형, 『그리스-로마 종교와 신약성서』, 203 참조.

78 조재형, 『그리스-로마 종교와 신약성서』, 203-204 참조.

79 송혜경, 『영지주의 — 그 민낯과의 만남』, 37 참조. 플라톤의 신 개념은 데미우르고스를 내세우는 "영지주의자들의 최상신 개념과 동일하다"(송혜경, 『영지주의 — 그 민낯과의 만남』, 37).

80 Foerster, "κύριος," 1048 참조.

라도, 이는 칠십인역 성경이 보존하는 '키리오스'와 같다고 말하기는 어렵다.

참고: 그리스 문화의 영향권에 있는 로마 시대의 키리오스

로마의 클라우디우스 황제 시절에 로마인들은 '키리오스' 호칭을 받아들여 공공연히 황제에게 사용하기 시작했다.[81] 이 신격 호칭은 로마 세계에서 황제가 누리던 지위와 힘을 보여준다. 곧, 로마 시대에는 '키리오스'가 다른 통치자나 신들을 가리킬 때도 사용되곤 한다.[82] 하지만, 칠십인역 오경의 번역자들이 살던 시대는 로마 통치 시대가 아니었고 '키리오스'가 신들을 가리키는 낱말로 널리 쓰인 적은 없다.[83]

만약 '키리오스'와 이방 종교가 쓰는 신 호칭 사이에 어떤 연결점이라도 있었다면, 칠십인역 번역자들은 이 낱말을 선택하는 데 망설였을지도 모르겠다. '주인'이라는 이 용어의 의미가 이스라엘 백성에 대한 하느님의 합법적인 권한을 나타내는 데 적절하기는 하지만, 한 분이신 이스라엘의 하느님이 이방 신들과 동일시되는 것이 번역자들에게는 가장 참을 수 없는 일이었을 법하다. '키리오스'라는 낱말이 가진 이러한 특징은 칠십인역 번역자들이 놓칠 수 없는 매력이었을 것이다.

2.4. 소결론

기본적으로, 그리스의 신관은 신화사실설(Euhemerism)에[84] 바탕을 둔 다신론이

81 사도 25,26은 로마 황제를 '호 키리오스'(ὁ κύριος)라 부른다.

82 피츠마이어, 『사도행전 주해』, 1288 참조.

83 Foerster, "κύριος," 1051 참조.

84 그리스 신화의 신들은 뛰어난 업적을 이룩한 태고적의 왕이나 영웅을 신격화 한데서 탄생했다고 보는 유헤메루스의 학설이다.

다. 이와 달리 히브리어 성경은 유일하신 천지의 창조주 하느님에 관한 믿음을 보존하고, 칠십인역 번역자들은 유다교의 성경 이해와 그 신앙 안에서 히브리어 성경이 보존한 유일하신 하느님에 대한 신앙을 그리스어로 옮기는 번역 작업을 했다. 물론, 하느님의 이름을 이처럼 번역하게 된 배경에 그리스 신관만이 영향을 끼친 것은 아닐 것이다. 여러 요인이 번역자들에게 영향을 주었겠지만, 번역자들은 무엇보다 이스라엘의 하느님을 그리스의 신들과 동일시하지 않으려 많은 고심을 한 것으로 보인다. 곧, 하느님의 이름을 테오스, 키리오스, 키리오스 호 테오스 등, 몇 가지로만 단순화하면서 이스라엘의 유일하신 하느님의 정체성을 지키고자 했다.

3. 신약성경의 칠십인역 성경 인용

신약성경의 저자들은 예수께서 구약에 예언된 구원을 이룩하셨다고 전한다. 곧, 구약의 예언과 성취의 도식으로 예수 사건을 풀이한다. 구약성경의 내용을 예수 이야기와 연결한 것이다. 그러다 보니 신약성경에는 자연히 구약의 인용문이 많다. 신약성경의 저자들이 구약성경을 인용할 때 사용한 본문은 현재 우리가 가지고 있는 마소라 본문과 비슷한 히브리어 성경이나 다른 형태의 히브리어 성경, 현재의 칠십인역 성경과 비슷한 형태의 그리스어 성경 혹은 다른 형태의 그리스어 성경이었을 것이다.[85]

85 신약성경의 저자들과 초대 교회 그리스도인이 사용한 1세기의 여러 본문에 대한 설명은 Moyise, *The Old Testament in the New*, 22-24 참조. 본 논고에서 참조한 신약성경 비평본은 *THE GREEK NEW TESTAMENT* (UBS[4th] 1993)다.

신약성경에서 볼 수 있는 구약의 직접 인용문은 "300개" 정도다.[86] 하지만 학자들에 따라 한 문장이나 구문을 두고도 구약성경의 인용문으로 보는가 하면 그렇지 않다고 보는 경우도 있기 때문에 인용문의 수를 명확히 제시하기는 어렵고, 이 숫자는 추정치다. 직접 인용문 가운데 칠십인역 성경에서 온 것으로 볼 수 있는 구절은 대략 146개 정도다.[87] 여기에 신약성경의 저자들이 원용한 구절이나 어휘까지 더한다면, 그 수는 훨씬 많다 하겠다. 그런데 칠십인역 성경이 아닌 히브리어 성경에서 인용/원용했다 하더라도, 신약성경의 저자들이 하나의 히브리어 낱말을 그리스어로 번역하려 할 때 기존의 그리스어 번역문를 참조하고 이를 채택해 사용하는 것은 지극히 당연한 일이겠다. 이렇게 본다면, 칠십인역 성경의 어휘나 구절은 예수님에 관한 기록에 많은 영향을 준 것으로 볼 수 있다.[88] 또한 인용/원용이 아니더라도 칠십인역 성경이 보존하고 있던 낱말들이 신약성경 저자들의 믿음과 사상을 형성하는 데 중요한 역할을 하기도 했다. 그 낱말 가운데 하나가 '키리오스'다.

---

86 Kaiser, *The Uses of the Old Testament in the New*, 3. 이와 비슷하게, 모이세도 신약성경 각 권이 채택한 직접 인용문 수를 기록하는데(Moyise, *The Old Testament in the New*, 6), 이 숫자를 모두 합하면 311개가 된다. 브래쳐(Robert G. Bratcher)는 *Old Testament Quotations in the New Testament*에서 신약성경 각 권이 인용한 구약성경의 직접 인용문과 간접 인용문, 그리고 원용 부분을 자세히 표시해서 적고 있는데, 이 가운데서 직접 인용문만 세어보면 241개 정도가 된다.

87 '146'이라는 수는 브래쳐의 *Old Testament Quotations in the New Testament*에서 칠십인역 성경의 직접 인용문으로 보이는 것만 뽑은 것이다.

88 물론, 신약성경의 저자들이 칠십인역 성경만의 영향을 받은 것은 아니다. 신약성경에서 셈어의 영향을 받은 구절들에 대해서는 이미 많은 학자들이 보여 준 바 있다. 이에 대한 자세한 설명은 피츠마이어 Fitzmyer, *The Semitic Background of the New Testament*, 93-243 참조.

3.1. 바오로 친서에[89] 나타난 키리오스

1코린 1,2을 보면, '그리스도인'이란 "어디에서나 우리 주 예수 그리스도의 이름을 받들어 부르는 모든 이들과 함께 성도로 부르심을 받은" 사람들로 정의된다.[90] 곧, 그리스도인들이 우선 "예수님은 주님"이시라 고백해야만(로마 10,9) "주 예수 그리스도의 이름과 우리 하느님의 영으로"(1코린 6,11) 세례를 받을 수 있고, 세례를 받음으로써 "주님의 식탁"에서 함께 먹을 수 있었기 때문이다(1코린 10,21). 그리스도인들은 이미 그렇게 해오고 있었다.

사실, 사도 바오로가 활동하던 시기에 '키리오스' 호칭은 이미 예수 이름 앞에 자리를 잡은 것으로 보인다. 사도가 이 전통을 그대로 따른 것인지, 아니면 '키리오스'라는 호칭을 예수님의 고유 명사로 만드는 중심에 바오로 사도가 있었는지는 알 수 없다. 다만, 분명한 것은 사도가 자신의 친서에서 하느님을 '테오스'로, 예수님을 '키리오스'로 철저히 구분해서 썼다는 점이다. 다음 쪽의 표를 보면, 이를 확인할 수 있다.

바오로는 일곱 서간에서 415회 걸쳐 하느님을 '테오스'로, 172회나 예수님을 '키리오스'로 불렀다. 하느님을 '키리오스'로 부른 예외가 있기는 하다. 곧, 칠십인역 구약성경을 인용/원용할 때, 하느님을 지칭하는 '키리오스'를 그대로 쓴 경우다(참조: 로마 4,8; 9,28.29; 10,12.13.16; 11,3.34; 12,19; 15,11; 1코린 1,31; 10,26; 14,21; 2

89 신약학계에서는 로마 신자들에게 보낸 서간, 코린토 신자들에게 보낸 첫째 서간, 코린토 신자들에게 보낸 둘째 서간, 갈라티아 신자들에게 보낸 서간, 필리피 신자들에게 보낸 서간, 테살로니카 신자들에게 보낸 첫째 서간, 필레몬에게 보낸 서간, 이 일곱 편을 바오로 사도가 쓴 친서로 본다(참조: 정양모, 「사도 바울로의 생애」, 766).

90 참조: 요엘 3,5 "그때에 주님의 이름을 받들어 부르는 이는 모두 구원을 받으리라." 이때의 "주님"은 '하느님'이다. 로마 10,13 "주님의 이름을 받들어 부르는 이는 모두 구원을 받을 것입니다"에서의 "주님"은 예수 그리스도를 가리킨다.

표 4	하느님 → 테오스	예수님 → 키리오스	기타*
로마서	150회	35회	11회
코린토 1서	100회	63회	4회
코린토 2서	76회	28회	1회
갈라티아서	30회	5회	2회
필리피서	22회	15회	—
테살로니카 1서	37회	26회	—
필레몬서	—	—	—

* '기타'로 분류한 경우는 하느님을 '키리오스'로 부르거나(로마 4,8) 사람 '주인'을 '키리오스'로 쓴 것(로마 14,4)이다. 하느님을 '키리오스'로 부른 예를 들면, 로마 4,8은 칠십인역 시편 31,1-2을 인용하면서 호칭도 그대로 따랐다.

코린 6,18). 또한 '키리오스'가 사람 '주인'을 지칭하거나(로마 14,4), 이방의 '신들과 주들'을 가리키는 경우(1코린 8,5)를 제외하고는 언제나 '테오스'와 '키리오스'를 구분해 '키리오스' 호칭을 예수께 드렸다. 주로 "부활하신 주님을 가리키는" 대목에서 언급되는[91] "우리 주 예수 그리스도"(κύριος ἡμῶν 'Ιησοῦς Χριστός: 1테살 3,11; 2테살 2,16)라는[92] 호칭을 씀으로써, '키리오스'가 예수님을 지칭하는 고유명사가 된 것이다.

바오로 사도가 인용한 구약성경 본문은 현재 우리가 가지고 있는 칠십인역 성경이 아니라, 전승의 초기 단계에 만들어진 본문으로 보기도 한다.[93] 칠

91 Foerster, "κύριος," 1089.

92 이 밖에 "주 예수 그리스도"(κύριος 'Ιησοῦς Χριστός: 1코린 8,6; 필리 2,11), "주 예수님"(κύριος 'Ιησοῦς: 1코린 11,23; 12,3) 등의 표현도 볼 수 있다.

93 Stanley, *Paul and the language of Scripture*, 255.

십인역 성경 가운데 어떤 본문을 인용/원용했든 상관없이 바오로 사도는 칠십인역 성경이 보존해 온 하느님의 이름 '키리오스'를 전해 받았고 이를 예수님께 드리는 호칭으로 자리 잡는 데, 큰 역할을 한 것만은 분명한 듯하다.

바오로 사도는 칠십인역 성경이 '키리오스'를 하느님의 이름으로 보존해서 후대에 전해 준 것을 무척 고맙게 느꼈을 법하다. 이 낱말 하나로도 그리스도인들은 하느님을 가리키던 '키리오스'가 이제 부활하신 예수 그리스도를 나타낸다는 것을 바로 알아들을 수 있었기 때문이다.

3.2. 공관복음서의 키리오스

사도 바오로의 서간 가운데 테살로니카 신자들에게 보낸 첫째 편지는 51년경 작성된 것으로 본다. 이 편지는 사도의 서간들뿐만 아니라 신약성경을 통틀어서도 가장 먼저 쓰여졌다.[94] 공관복음서는 모두 바오로 서간이 나온 뒤에 집필되었기에, '키리오스'는 예수님께 드리는 호칭으로 당연히 인정한 상태에서 복음서가 쓰인 것으로 보인다. 곧, "안티오키아 교회와 다른 헬라계 초대 그리스도 공동체"가 '키리오스' 호칭을 예수님께 드렸다.[95] 부활하신 예수님을 체험한 초대 교회 그리스도인들이 이 호칭을 예수께 드린 것이다. 칠십인역 성경에서 하느님을 의미했던 '키리오스'가 이제 예수님을 가리키는 고유 명사가 된다. 이렇게 예수님을 '키리오스'로 보는 해석은 사도들의 특별한 신학적 숙고로 이루어진 것이 아니라, 신자들 사이에서 자연스럽게 "그리스도 공동체의

94 진 토마스, 「테살로니카인들에게 보낸 첫째 편지」, 1092 참조.

95 Bousset, *Kyrios Christos*, 146 참조.

토대가 되는 신념"이 된 것으로 보인다.[96] 공관복음서는 이를 자연스럽게 받아들였을 법하다.[97]

앞에서 보았듯이, 로마 제국 시대에는 황제 이름에 '키리오스'가 더해져 황제의 절대적 지위를 강조하는 특정 용어가 된다. 이는 정치적 측면이지만, 예수님의 이름에도 '키리오스'가 붙음으로써, 로마 황제와 예수님을 정치적으로 동등하게 보는 오해를 불러일으킬 소지도 있었을 법하다. 그러나 그리스도인들은 설령 박해를 당하더라도 이 호칭을 부활하신 예수님께 드리기에 적절했기에, 결코 포기할 수 없었을 것이다.

4. 끝맺는 말

처음에는 헬레니즘의 영향 아래 있던 디아스포라 유다인들이 칠십인역 성경을 사용했다. 그 뒤 그리스도교가 탄생하면서 이는 그리스도인들의 성경으로 자리 잡는다. 신약성경의 저자들이 구약성경을 인용할 때 칠십인역 성경을 주로 사용한 것이다. "신약성경을 읽으려면 코이네를 알아야 하나, 신약성경을 이해하려면 칠십인역 성경을 알아야 한다는 말"은 결코 헛된 말이 아니다.[98]

---

96 Bousset, *Kyrios Christos*, 136.

97 물론, '키리오스'의 사용에 예외도 많다. 공관복음서에는 키리오스의 호격인 '키리에'(κύριε)가 자주 쓰인다. 종이 주인을 부를 때(마태 13,27; 25,11.20.22.24; 루카 13,8; 14,22; 19,16), 아들이 아버지를 부를 때(마태 21,30), 천상의 존재에 대해(묵시 7,14), 존경받는 사람을 일컬을 때(마르 7,28; 9,24; 요한 11,21; 20,15; 사도 16,30) 등이 그 예다. 또한 주격 ὁ κύριος는 마르 5,19에 한 번 쓰이는데, 이때의 '주님'은 하느님을 가리킨다.

98 Jellicoe, "Septuagint Studies in the Current Century," 199.

특히, 칠십인역 성경의 번역자들이 지킨 하느님의 이름 '키리오스'는 이방 신들의 것과는 구별되어 이스라엘 신앙의 고유함을 드러내는 한편 신약성경의 저자들에게 전해져 예수님이 하느님과 같이 온 세상의 주인이심을 천명했다. 칠십인역 성경에서 '하느님'을 가리키던 '키리오스'가 이제는 '예수 그리스도'를 가리키는 '키리오스'가 된 것이다.

칠십인역 성경이 구약과 신약을 이어주는 가교 역할을 한 덕분에, 오늘 우리도 예수 그리스도를 '주님'으로 부를 수 있다. 마침내 2008년 교황청 경신성사성은 '거룩한 네 글자', 곧 신명사문자를 '주님'(키리오스)으로 읽게 했다.[99]

5. 참고 문헌

BIBLIA HEBRAICA STUTTGARTENSIA, W. Rudolph et H.P. Rüger (ed.) (Stuttgart 1984).

SEPTUAGINTA. Id est Vetus Testamentum graece iuxta LXX interpretes edidit Alfred Rahlfs (Deutcshe Bibelgesellschaft; Stuttgart 1979).

THE GREEK NEW TESTAMENT (UBS^{4th}, Deutsche Bibelgesellschaft German Bible Society; Stuttgart 1993).

Abba, Raymond, "The Divine Name Yahweh," *JBL 80* (1961), 320-328.

Barrett, C.K., *The New Testament Background: Selected Documents* (San

99 [교황청 경신성사성] '하느님의 이름'에 관하여 각국 주교회의에 보내는 서한 (2008년 6월 29일), II. 지침 2.

Francisco 1989).

Bousset, Wilhelm, *Kyrios Christos: A history of the belief in Christ from the beginnings of Christianity to Irenaeus*, John E. Steely(tr.) (Nashville 1970).

Bratcher, Robert G., *Old Testament Quotations in the New Testament* (London 1987).

Brown, Francis, Driver, S.R., Briggs, Charles, A., *The New Brown-Driver-Briggs-Gesenius Hebrew and English Lexicon with an Appendix Containing the Biblical Aramaic* (Peabody 1979).

Fitzmyer, Joseph A. S.J., *The Semitic Background of the New Testament* (Grand Rapids 1974).

Foerster, Werner, "κύριος," G. Kittel (ed.), *Theological Dictionary of the New Testament III* (Grand Rapids 1974), 1041-1058.

Gurtner, Daniel M., *Exodus: A Commentary on the Greek Text of Codex Vaticanus* (Leiden 2013).

Hatch, Edwin, Redpath, Henry A., *A Concordance to the Septuagint and the other Greek Versions of the Old Testament 2-3* (Grand Rapids 1987).

Hengel, Martin, *Judaism and Hellenism*, John Bowden (tr.) (Philadelphia 1981).

Jellicoe, Sidney, "Septuagint Studies in the Current Century," *JBL 88* (1969), 191-199.

____________, "The Occasion and Purpose of the Letter of Aristeas: A Re-examination," *NTS 12* (1965-1966), 144-150.

Jobes, Karen H., Silva, Moisés, *Invitation to the Septuagint* (Grand Rapids

2000).

Kaiser, Walter C. Jr., *The Uses of the Old Testament in the New* (Chicago 2001).

Kleinknecht, Hermann, "θεός," G. Kittel (ed.), *Theological Dictionary of the New Testament III* (Grand Rapids 1974), 67-79.

Kreuzer, Siegfried, The Bible in Greek, Translation, Transmission, and Theology of the Septuagint, *Septuagint and Cognate Studies* (SBL Press 2015).

Marcos, Natalio Fernández, *The Septuagint in Context: Introduction to the Greek Version of the Bible*, Wilfred G.E. Watson (tr.) (Atlanta 2000).

McClellan, Daniel O., *Anti-Anthropomorphism and the Vorlage of the LXX Exodus* (Jerusalem 2010).

Moyise, Steve, *The Old Testament in the New, An Introduction Second Edition: Revised and Expanded* (London 2015).

Stanley, Christopher D., *Paul and the language of Scripture* (Cambridge 1992).

Swete, Henry Barclay, *The Old Testament in Greek According to the Septuagint, vol. I* (London 1887).

Tov, Emanuel, *The Text-Critical Use of the Septuagint in Biblical Research* (Jerusalem 1997).

[교황청 경신성사성] '하느님의 이름'에 관하여 각국 주교회의에 보내는 서한 (2008년 6월 29일).

김정훈, 『칠십인역 입문』(바오로딸, 2009).

_____, 「신명사문자(Tetragrammaton) 번역으로 본 칠십인역 사무엘-열왕기 본문의 형태」, *The Korean Journal of Old Testament Studies 80*

(2021), 76-100.

해크, 로이 케네스, 『그리스 철학과 神: 소크라테스 이전 철학자들에서 신 개념의 역사』, 이신철 옮김(도서출판 b 2022).

라이케, 보, 『신약성서 시대사』 (한국신학연구소 1986).

송혜경, 『구약 외경 1』 (한님성서연구소 2022), 347-440.

______, 『영지주의 — 그 민낯과의 만남』 (한님성서연구소 2014).

벨, 앨버트, 『신약 시대의 사회와 문화 5(신약의 유대적 배경)』 오광만 옮김 (생명의 말씀사 2001).

정양모, 「사도 바울로의 생애」, 『200주년 신약성서 주해』 (분도출판사 2001).

피셔, 알렉산더 아킬레스, 『구약성서 본문: 역사와 본문비평 에른스트 뷔르트바인의 비블리아 헤브라이카 입문서에 대한 새로운 개정』, 김정훈 외 옮김 (대한성서공회 2020).

피츠마이어, 조셉 A., 『사도행전 주해』, 박미경 옮김 (분도출판사 2015).

정태현, 『성경 입문 상권: 성경의 배경과 이스라엘의 역사』 (한님성서연구소 2022).

조재형, 『그리스-로마 종교와 신약성서』 (감은사 2021).

진 토마스, 「테살로니카인들에게 보낸 첫째 편지」, 『200주년 신약성서 주해』 (분도출판사 2001).

千 사무엘, 「야훼」, 『한국 가톨릭 대사전 8』 (분도출판사 2001), 5918-5920.

솅크, 케네스, 『필론 입문』, 송혜경 옮김 (유다·그리스도교 고전 입문 총서 III-5; 바오로딸 2008).

플라톤(Platon), 『파이돈』, 최현 옮김 (범우사 2008).

허종진, 『한국 가톨릭용어큰사전』 (한국그리스도교언어연구소 1994).

호메로스, 『일리아스』, 천병희 옮김 (도서출판 숲 2020).

강지숙

‘이스라엘 땅에 머무르는 이방인(גר)’에 대한 랍비들의 해석과 논쟁

차례

1. 들어가는 말

구약성경에서 이스라엘과 관계를 맺은 이방인들의 종류는 다양하다.[1] 크게 분류하자면 이스라엘 밖의 이민족들과 이스라엘 안에 거주하는 외국인들로 나뉠 것이다. 이 가운데 거주 이방인들인 게르는(גר) 이스라엘 땅에 머물러 살면서 개종자는 아니기 때문에, 다른 이방인들에 비해 이스라엘과 여러 면에서 밀접하게 영향을 주고받을 수밖에 없었다. 그래서인지 모세오경에는 그들과 관련된 규정들이 많은 편이며, 때때로 상충된 내용을 담고 있기도 하다. 이 모순된 성경구절들을 랍비들은 자신들의 방식으로 구분하여 해석하였고, 더 상세한 규정들을 담아 이방인들의 위치를 규명하려고 애썼다.

구약성경에 따르면 이방인들도 이스라엘과는 다른 방식으로 저마다 하느님과 연결되어 있지만, 랍비들은 그것에는 관심이 없고 주로 유다인과 이방인의 관계가 자신들과 하느님과의 관계에 어떤 영향을 미칠지에 관심을 보였다. 그 영향이 긍정적이든 부정적이든 상관없이 실제로 유다인과 관련이 있는 경우에 몰두하여, 그 결과는 대개 이방인에 대한 차별이나 배려의 규정으로 드러난다.

본 논고에서는 모세오경의 이방인 율법에 대한 랍비들의 해석을 분석하고, 여기서 발전한 게르 관련 법규들을 여러 유다교 고대 문헌들을 통해 살

1 노박에 따르면, 이방인들의 범주는 일곱 부류로 구분된다. 곧 아말렉족(탈출 17,8-16; 1사무 15장; 에스 3,1), 가나안족(히타이트족, 아모리족, 가나안족, 프리즈족, 히위족, 여부스족), 세상 민족들(암몬, 모압, 에돔, 이집트), 사마리아인들, 종들, 거주 이방인, 개종자 들이다. 이 순서는 이스라엘과의 긴밀한 정도에 따른 것으로 뒤로 갈수록 그 관계가 밀접하다. 각 범주들에는 그들에 관한 계명들이 존재한다. 예를 들면, 아말렉족: 신명 25,17-19; 가나안족: 신명 20,16-17; 세상 민족들: 신명 23,4-9 등이다. Novak, "Gentlies in Rabbinic thought", 648.

펴보고자 한다. 더 나아가 랍비들의 논쟁과 학파들 간의 관점 차이 등도 다루고자 한다. 연구 범위는 주로 성경 주해인 미드라시, 이와 병행하는 탄나임 문헌(미슈나, 토셉타)이며, 종종 이를 주석한 탈무드(바블리, 예루살미)를 포함시켰다. 주제는 이방인의 소 상해 보상, 이방인의 품삯 착취, 예루살렘에서의 거취 문제, 도피성읍의 권한, 노아 자손들의 일곱 계명과 관련하여 이방인 문제를 다루었다.[2]

2. 구약성경의 이방인(גר)

'이방인'을 가리키는 히브리어에는 '고이 גוי, 노크리 נכרי, 게르 גר'라는 용어들이 있다. 고이는 이방 민족이나 백성을 가리킬 때, 노크리는 외국인을 통칭하는 의미로, 게르는 이스라엘 땅에 머무르는(גור 체류하다) 이방인을 가리킬 때 쓰인다. 특히 게르는 고이이면서 노크리에도 속하기 때문에 성경구절에서 문맥에 따라 고이와 노크리가 게르의 의미로도 사용된다.

구약성경에 92번 언급되는 게르는 모세오경에서 50회 이상 등장한다. 게르의 특징들은 크게 여섯 가지로 나누어 살펴볼 수 있다.[3] 첫째, 게르는 고아나 과부, 레위인처럼 보살핌을 받아야 할 약자로 묘사되는데 주로 신명기에서 그러하다.[4]

2 편의상 주요 용어들과 랍비 문헌들 이름은 히브리어를 그대로 음역하여 사용하였다. 예를 들면 '게르 גר, 고이 גוי, 노크리 נכרי, 게르 체덱 גר צדק, 게르 토샵 גר תושב' 등과 '미슈나 משנה, 토셉타 תוספתא, 메킬타 드리 מכילתא דר"י, 메킬타 라슈비 מכילתא רשב"י, 시프레 드바림 ספרי דברים' 등이다.

3 Kellermann, " גור", 439-449.

둘째, 이스라엘이 자신들과 조상들의 신분을 게르이자(이방인) 토샵으로(거류민 תושב) 소개하는 구절들이 있다.[5] 구약성경에서 '토샵'이라는 말이 13회 언급되는데 8회는 게르와 함께, 3회는 품팔이꾼으로(머슴 שכיר), 한 번은 병행 없이 단독으로 언급된다.[6] 탈출기에서는 게르와 토샵을 구분한다. 토샵에게는 파스카 예물을 먹는 것을 금지하고, 게르에게는 그것이 허용된다.[7]

셋째, 게르에게는 이스라엘에 머무르는 이로서 지켜야 할 계명들이 몇 가지 있다. '파스카 때 누룩 든 빵을 먹어서는 안 된다, 이방신을 섬겨서는 안 된다, 피를 먹어서는 안 된다, 하느님의 이름을 모독해서는 안 된다, 부정으로부터 정결해져야 한다, 금지된 성관계를 멀리해야 한다, 속죄일에 고행을 해야 한다' 등이다.[8]

넷째, 이스라엘 편에서도 게르를 위해 지켜야 할 계명들이 있다. 이웃을

---

4 신명 14,28-29: "너희는 세 해마다 끝에, 그해에 난 소출의 십분의 일을 모두 가져다가 너희 성안에 저장해 두어라. 그러면 너희 성안에서, 너희와 함께 받을 몫도 상속 재산도 없는 레위인과 이방인과 고아와 과부가 와서 배불리 먹게 될 것이다. 그러면 주 너희 하느님께서는 너희가 하는 모든 일에 복을 내리실 것이다." 신명 16,11.14; 24,17.19.20.21; 26,13; 27,19; 18,6; 29,10. 게르는 신명기에서만 22회 등장한다.

5 1역대 29,15: "당신 앞에서 저희는 저희의 모든 조상처럼 이방인이고(גר) 거류민입니다(תושב)."

시편 39,13: "저는 당신 집에 사는 이방인(גר), 제 조상들처럼 거류민일(תושב) 따름입니다."

6 "게르 와토샵"(גר ותושב): 창세 23,4; 레위 25,23.35.47; 민수 35,15; 시편 39,13; 1역대 29,15.

"토샵 웨사키르"(תושב ושכיר): 탈출 12,45; 레위 22,40.

"토샵"(תושב): 레위 25,45.

7 탈출 12,45.48: "거류민과(תושב) 머슴은(שכיר) 파스카 예물을 먹지 못한다. … 네 곁에 머무르는 이방인이(גר) 주님을 위하여 파스카 축제를 지내려면, 남자는 모두 할례를 받아야 한다. 그러면 그는 본토인처럼 파스카 축제를 함께 지낼 수 있다. 할례를 받지 않은 자는 아무도 함께 먹지 못한다."

8 탈출 12,19.45; 레위 16,29; 민수 9,14.

사랑하라는 계명처럼 게르를 자신처럼 사랑해야 하고, 게르를 착취해서는 안 되며, 게르의 권리를 빼앗아서도 안 된다고 명하였다.[9]

다섯째, 저절로 죽은 짐승을(נבילה) 먹는 것과 관련하여 상반된 계명을 게르에게 규정한다.[10] 신명기에서는 게르를 저절로 죽은 것을 먹어도 되는 노크리로 여긴다. 게르에게는 그것을 선물로 주어도 되고 노크리에게는 팔아도 된다. 이와 달리 레위기에서는 게르도 저절로 죽은 것을 먹을 수 없다. 곧 성경은 두 가지 입장을 보이는데, 레위기의 게르는 율법의 의무와 권리를 지닌 게르인 반면, 신명기의 게르는 율법 계명들의 의무에서 벗어나 이전의 정체성을 유지해도 되는 게르이다.

여섯째, 이방인들은 배제한 채 유다인들에게만 명해진 계명들도 더러 있다. 예를 들어, 신명기 17장에서는 임금을 세울 때 반드시 동족이어야 하고, 노크리를 임금으로 세워서는 안 된다. 15장에서는 빚 탕감에서도 동족은 탕감해 주고 노크리에게는 독촉해도 된다. 레위기에 따르면, 외국인 종은 대대로 소유할 수 있으나 동족끼리는 가혹하게 대하지 말라고 한다.[11]

이상의 특징들에서 보면, 게르에게 최소한의 계명을 요구하면서 그들의 정

9 레위 19,33.34: "너희 땅에서 이방인이(גר) 너희와 함께 머무를 경우, 그를 억압해서는 안 된다. 너희와 함께 머무르는 이방인을(גר) 너희 본토인 가운데 한 사람처럼 여겨야 한다. 그를 너 자신처럼 사랑해야 한다. 너희도 이집트 땅에서 이방인이었다. 나는 주 너희 하느님이다." 신명 24,17: "너희는 이방인과(גר) 고아의 권리를 왜곡해서는 안 된다."

10 신명 14,21: "너희는 저절로 죽은 것은(נבילה) 아무것도 먹어서는 안 된다. 너희는 그것을 너희 성안에 있는 이방인에게(גר) 먹으라고 주거나, 외국인에게(נכרי) 팔아야 한다." 레위 17,15: "저절로 죽은 짐승이나 맹수에게 찢겨 죽은 짐승을 먹는 자는 본토인이든 이방인이든(גר) 옷을 빨고 물로 몸을 씻어야 한다."

11 신명 17,15: "반드시 주 너희 하느님께서 선택하시는 사람을 임금으로 세워야 한다. 너희는 너희 동족 가운데에서 임금을 세워야 하며, 너희 동족이 아닌 외국인을(נכרי) 임금으로 삼아서는 안 된다."

체성을 존중하고 사회적 약자로서 보호하려는 입장이 드러난다. 간혹 부당한 대우를 받기도 하지만, 구약성경에 나타난 이방인들에 대한 태도는 현대적 의미의 인종 차별과는 다르다. 호의적이면서도 유다인과 구별된 대우를 받는 게르의 상황에 대해 랍비들은 다른 방식으로 접근하여 이를 해결한다.

3. 랍비 문헌의 이방인, 게르 체덱과(גר צדק) 게르 토샤(גר תושב)

탈무드 시대의 랍비들은 상충된 두 종류의 게르들을 게르 체덱과(גר צדק 의로운 이방인) 게르 토샤으로(גר תושב 거주 이방인) 구분하였다. 이는 유다교에서 이방인의 법적 지위를 가리키는 법적 용어이다. 곧 스스로 개종하고 이스라엘 공동체에 들어와 토라의 계명들을 받아들인 '게르 체덱'과, 개종하지 않고 이스라엘 공동체에 속하지 않으며 토라의 계명에도 자유로운 '게르 토샤'으로 분류하였다. 게르 체덱은 이스라엘 백성에 동화된 이방인이고 게르 토샤은 이스라엘 땅에 머무르는 이방인인 것이다.[12] 레위 19,34에서 게르는 "너희와 함께 머무르는" 이로서, "너희도 이집트 땅에서 이방인이었다(גר)."고 밝히는데, 랍비들의 기준에 따르면 이집트에 머물렀던 이스라엘 백성은 이집트인들에게

신명 15,3: "너희가 외국인에게는(נכרי) 독촉할 수 있지만, 너희 동족이 너희에게 진 빚은 탕감해 주어야 한다."

레위 25,46: "너희는 그들을(너희 곁에 머무르는 거류민의[תושב] 자식들) 너희 자손에게 대대로 물려주어 소유하게 할 수 있다. 너희는 그들을 언제까지나 종으로 부려도 된다. 그러나 너희 형제 이스라엘 자손들끼리는 가혹하게 다스려서는 안 된다."

12 Zevin, "Ger Toshav", 289-290.

동화되지 않은 게르 토샵이었던 셈이다. 물론 이러한 제한과 경계를 뛰어넘는 경우들도 있어서 명확하게 구분되지 않을 때도 있다.

게르 체덱은 이스라엘 백성처럼 율법을 준수하기로 약속했기 때문에 율법에 따라 문제를 해결하면 되는데, 게르 토샵은 율법 밖에 있는 이들이라 그들을 어떻게 대우하고 다루어야 할지가 유다인 공동체의 고민이었다. 이를 두고 랍비들 사이의 의견도 갈라질 수밖에 없었다. 먼저 탈출기와 신명기 본문을 주석한 미드라시들에서 이방인을 무엇으로 해석하는지를 밝히고, 이방인 관련 법규들에 나타난 랍비들의 논쟁을 살펴볼 것이다.

3.1. 이방인의 소 상해 보상(탈출 21,35)

다음 본문은 상해에 관한 법 가운데, 소중한 재산인 소가 상해를 입어 죽은 경우를 다룬다.

> *탈출 21,35:
> 어떤 사람의 소가 이웃의 소를 받아서 죽게 하였을 경우, 살아 있는 소를 팔아서 그 돈을 나누어 가지고, 죽은 소도 나누어 가진다.

이 구절에 따르면, 살아 있는 소와 죽은 소를 피해자와 가해자가 똑같이 몫을 나누는 것으로 피해를 보상한다. 곧 가해자의 살아 있는 소는 팔아서, 피해자의 죽은 소는 고기를 반으로 나눔으로써 문제를 해결한다. 탈출기의 두 미드라시인 랍비 이스마엘의 메킬타와 랍비 시메온 벤 요하이의 메킬타는, 각 소의 주인이 누구인가를 먼저 따진다. 곧 35절의 '어떤 사람'이 누구인지, '이웃'이 누구인지에 따라 위의 계명을 적용할지 말지를 구분한다.

*메킬타 드리(호로비츠 290쪽):

"어떤 사람의 소" - 미성년자의 소가 (받은 경우는) 제외된다.

"어떤 사람의 소" - 다른 사람들의(비유다인) 소가 (받은 경우는) 포함된다.

"그의 이웃의 소" - 미성년자의 소가 (받힌 경우는) 포함된다.

"그의 이웃" - 노크리의 소, 쿠티인의 소, 게르 토샤브의 소가 (받힌 경우는) 제외된다.

*메킬타 드라슈비(앱슈타인 187쪽):

"어떤 사람의 (소)" - 미성년자의 (소가 받은 경우는) 제외된다.

"어떤 사람의 (소)" - 하느님의 (소, 곧 성전의 소가 받은 경우는) 제외된다.

"그의 이웃의 (소)" - 다른 사람들의(비유다인) (소가 받힌 경우는) 제외된다.

"그의 이웃의 (소)" - 게르 토샤브의 (소가 받힌 경우는) 제외된다.

두 탈출기 미드라시 모두 미성년자의(가해자) 소가 이웃의 소를 받은 경우는 배상에서 제외시킨다. 랍비 시메온 벤 요하이의 미드라시는(메킬타 드라슈비) 더 나아가 성전에(가해자) 속한 소의 경우도 배상 책임에서 제외하였다. 한편 랍비 이스마엘의 미드라시는(메킬타 드리) 다른 사람 곧 비유다인의(가해자) 소가 받은 경우까지 이 배상 규정에 포함시켰다. 곧 이방인들 역시 소를 잃은 이웃에게 위와 같이 배상해야 한다는 것이다. 두 미드라시 모두 '그의 이웃'에는 게르 토샤브을 제외시켰다. 게르 토샤브의(피해자) 소가 받힌 경우는 위의 원칙에 따라 배상을 받을 수 없다는 뜻이다. 곧 이스마엘 학파와(메킬타 드리) 아키파 학파(메킬타 라슈비) 모두,[13] 게르 토샤브이 가해자인 경우는 이 규정대로 책임을 지지만 피

13 랍비 이스마엘 학파의 작품: 메킬타 드리(탈출기), 시프레 바미드바르(민수기), 메킬타 드바림(신명기). 랍비 아키바 학파의 작품: 메킬타 라슈비(탈출기), 시프라(레위기), 시프레 주타 바미드바르(민수기), 시프레 드바림(신명기), 시프레 주타 레드바림(신명기): Reizel, *Introduction to the Midrashic Literature*, 30.

해자인 경우는 이 규정의 보호를 받지 못하고 제외된다고 해석한다.

*미슈나 바바카마 4,3:

이스라엘 사람의 소가 이방인의(נכרי) 소를 받은 경우 (소 주인은) 면제된다.

이방인의 소가 이스라엘 사람의 소를 받은 경우 (소 주인은) 피해를 다 배상한다.

미슈나에서는 명확하게, 이방인의 소가 상해를 입었을 때는(피해자) 배상을 받을 수 없고, 이방인의 소가 이스라엘 사람의 소를 해쳤을 때는(가해자) 다 배상해야 한다. 여기서는 외국인(נכרי)에게 이를 적용한다.

한편 미슈나의 이 규정을 해석한 바블리 바바카마 38ㄱ에 따르면, 랍비들은 '이방인의(גוי) 소가(가해자) 이스라엘 사람의 소를 받아도 책임이 면제되고, 이스라엘 사람의 소가(가해자) 이방인의 소를 받아도 책임을 져야 한다.'고 주장한다.[14]

이방인의 상해와 관련하여 미슈나, 미드라시와 같은 탄나임 문헌에서는 게르 토샤브에게 배타적인 태도를 보이는 반면, 아모라임 문헌인 바빌론 탈무드에서는 긍정적인 입장을 보인다.

3.2. 이방인의 하루 품삯(신명 24,14-15)

다음은 이방인 품팔이꾼의 품삯을 착취하는 행위를 금지하는 본문이다.

*신명 24,14-15:

너희는 너희 **동족들** 가운데에서나, 너희 땅, 너희 성안에 있는 **이방인들**(גר) 가운

14 예루살미 바바카마 4ㄴ 4,4; 시프레 드바림 344(핀켈슈타인 400-401쪽) 참조.

데에서, 가난하고 궁핍한 품팔이꾼을 억눌러서는 안 된다(לא תעשק). 그의 품삯은 그날로 주어야 한다. 그는 가난하여 품삯을 애타게 기다리므로, 해가 지기 전에 그에게 품삯을 주어야 한다. 그래야 그가 너희를 거슬러 주님께 호소하지 않을 것이고, 너희에게 죄가 없을 것이다.

*레위 19,13:

너희는 **이웃**을 억눌러서는 안 된다. 이웃의 것을 빼앗아서는 안 된다(לא תגזל). 너희는 품팔이꾼의 품삯을 다음 날 아침까지 가지고 있어서는 안 된다.

두 본문은 공통적으로 '품팔이꾼을 억눌러서는 안 된다.'고 규정한다. 두 본문의 차이는 품팔이꾼의 범주인데, 신명기에서는 '동족이나 이방인들 가운데에서 가난하고 궁핍한 이'라 하였고, 레위기에서는 '너의 이웃'이라고만 하였다. 신명기의 이 구절을 풀이한 신명기 미드라시에서는 이 이방인이 누구인지 밝힌다.

*시프레 드바림 278(핀켈슈타인 295-296쪽):

"가난하고 궁핍한 품팔이꾼을 억눌러서는 안 된다(לא תעשק)." - (레위 19,13에서) "(이웃의 것을) 빼앗아서는 안 된다(אל תגזל)."고 하지 않았나? 왜 "억눌러서는 안 된다."고 하는가? 품팔이꾼의 품삯을 착취하는 자는 누구든 네(다섯) 가지 금령을 위반하였음을 알 수 있기 때문이다. 이는 곧 '억누르지 말 것, 빼앗지 말 것, 품팔이꾼의 품삯을 (아침까지) 묵히지 말 것'(레위 19,13), 그리고 '그의 품삯을 그날, 곧 해가 지기 전에 줄 것'(신명 24,15)이다.[15] …

15 품팔이꾼의 품삯을 착취하는 일이 넷 또는 다섯 가지 금령을 어기는 일이라는 규정과 관련된 병행 본문들은 다음과 같다.
토셉타 바바메치아 1,3: 품팔이꾼을 착취한 이는 다섯 금령을 어긴 것이다. 곧 억누르지 말 것, 빼앗지 말 것, 아침까지 품삯을 묵히지 말 것, 그날에 품삯을 줄 것, 해가 지기 전에 (줄

("가난하고 궁핍한 이") - 이는 가난하고 궁핍한 이만을 말한다. 그럼 다른 이들은 어떤가? 어떤 이든 "억눌러서는 안 된다."고 하였는데, 왜 "가난하고 궁핍한 이"라고 하였나? 다른 사람들보다 가난하고 궁핍한 이에게는 신속하게 보상해야 하기 때문이다.

"너의 동족" - 다른 사람들은(비유다인) 아니다.

"너의 이방인" - 이는 게르 체덱을 가리킨다. (이 경우에는) 두 가지 금령을 위반하는 것이다. (억누르지 말 것, 품삯을 묵히지 말 것이다.) 랍비 요세 벤 랍비 유다가 말하였다. 그는 억누르지 말라는 금령을 어겼다.

"너의 성안" - (예루살렘은 아니다.)

("너의 땅") - 고용된(빌린) 사람의 품삯만을 말한다. 그럼 빌린 짐승의 품삯, 빌린 도구의 품삯은 어떠한가? "너의 땅에 있는 …"이라고 하였으니, 너의 땅에 있는 (빌린) 모든 것이 해당된다.

시프레 드바림은 "너희 성안에 있는 이방인"을 게르 체덱이라고 해석하였다. 억압하지 말아야 할 대상으로 동족과 게르 체덱만을 채택한다. 그리고 동족 품팔이꾼의 품삯을 착취할 경우 넷 또는 다섯 계명을 어긴 것에 해당한다

것)이다. 그가 가난하기 때문이다.

바블리 바바메치아 111ㄱ: 품팔이꾼을 착취한 이는 모두 다섯 금령과 계명 하나를 위반하는 것이다. 곧 네 이웃을 억누르지 말 것, 빼앗지 말 것, 가난한 품팔이꾼을 억누르지 말 것, 묵히지 말 것, 그날 그의 품삯을 줄 것, 해가 지기 전에 (줄 것)이다.

미드라시 탄나임(159쪽): "품팔이꾼을 억눌러서는 안 된다." 이미 (레위 19,13에서) "빼앗아서는 안 된다."라고 하지 않았나? 품팔이꾼을 착취하는 이는 모두 다섯 금령을 위반하는 것이다.

미슈나 바바메치아 9,12: 고용된 사람의 품삯, 빌린 짐승의 품삯, 빌린 도구의 품삯은 모두 '그날 그의 품삯을 주어야 한다.'는 (계명에) 속하고, '아침까지 품팔이꾼의 품삯을 묵혀서는 안 된다.'는 (계명에) 속한다.

고 한 반면, 게르 체덱의 품삯을 착취할 경우 두 가지 금령을 위반하는 일이라고 해석하여 동족에 비해 비중이 적다. 그러나 게르 토샵의 경우에는 하루 품삯과 관련하여 아무 언급이 없다. 게르 토샵의 품삯을 착취하는 것에는 관여하지 않은 듯하다.

한편 시프레 드바림과 달리, 미드라시 탄나임과 토셉타와 미슈나는 신명 24,14-15을 다르게 해석한다.

*시프레 드바림 278(로마 사본):

"너의 동족" - 다른 사람들은(비유다인) 아니다.

"너의 이방인" - 이는 <u>게르 체덱</u>이다. …

"너의 성안" - 예루살렘은 아니다.

*미드라시 탄나임(159):

"너의 동족" - 다른 사람들은(비유다인) 아니다.

"너의 성안에 있는 너의 이방인" - 이는 <u>게르 체덱</u>이다.

"너의 성안에 (있는 이)" - 이는 <u>게르 토샵</u>이다.

(그를 억압한 경우,) 그의 품삯은 그날로 주어야 한다를 (어겼으나, 다른) 금령 위반은 아니다.

*토셉타 바바메치아(10,4: 리베르만):

(<u>게르 토샵</u>을 억압한 경우,) 억누르지 마라와 품삯은 그날로 주어야 한다를 어긴 것이다.

*미슈나 바바메치아 9,12:

<u>게르 토샵</u>을 (억압한 경우,) 품삯은 그날로 주어야 한다를 (어겼으나,) 품팔이꾼의 품삯을 아침까지 묵혀서는 안 된다는 아니다.

미드라시 탄나임은 시프레 드바림과 달리 "너의 성안에" 있는 이를 게르

토샵을 가리킨다고 다르게 해석하면서, 그의 품삯을 착취하면 그날로 품삯을 주어야 한다는 계명만을 어겼다고 규정한다. 토셉타는 게르 토샵의 억압을 다루면서 두 금령을 위반한 것으로 취급하는데 이는 위의 시프레 드바림에서 게르 체덱의 품삯을 가로챘을 경우와 비슷하다. 곧 토셉타는 시프레 드바림보다 덜 차별적이고 더 관용적인 입장인 셈이다.

이로써 몇 가지 점을 유추해 볼 수 있다. 먼저 시프레 드바림의 입장은, 게르 토샵이 토라의 계명들을 받아들이지 않은 이들이라 그들에게 품삯을 주지 않아도 어느 금령에도 저촉되지 않는다고 해석하여, 품팔이꾼의 품삯 규정에서 따로 다루지 않은 것으로 보인다. 한편 토셉타와 미슈나에서 신명기의 위반 사항들을 근거로 게르 토샵의 억압을 다루는 것을 보면, 이미 시프레 드바림의 이 본문을 알고 있으면서 "너의 성안에 있는 너의 이방인"에 게르 토샵을 포함시켰음을 짐작해 볼 수 있다. 미드라시 탄나임은 토셉타의 영향을 받았을 수 있다. 랍비 아키바 학파는 성경 속 게르들을 게르 체덱으로 해석하는 경향이 있는데, 시프레 드바림은 아키바 학파의 작품에 속하므로,[16] 게르 토샵이 품삯을 착취당할 수 있는 상황을 염두에 두지 않았을 법하다.

3.3. 예루살렘과 게르 토샵

위의 시프레 드바림에 따르면, 이방인들이(게르 체덱) 억압 받아서는 안 되는 "너의 성안"(בשעריך)에는 예루살렘이 포함되지 않는다.[17] 곧 예루살렘에서는 게르 토샵은 말할 것도 없고 개종자인 게르 체덱이 착취당해도 어쩔 수 없음을

16 각주 13 참조.

17 이 대목은 핀켈슈타인 편집본에는 빠져 있으나, 여러 사본들 가운데 로마 사본과 베를린 사본에서 이 문장을(ולא בירושלם) 포함시켰다. 곧 예루살렘이 "너희 성안"에는 제외된 것이다.

전제하고 있다. 시프레 드바림을 풀이한 라비누 힐렐은, 시프레 드바림의 이 대목을 다음과 같이 옮겼다.

"다른 사람들" - 이는 이방인들이다(גוי).

"너의 이방인" - 이는 저절로 죽은 것을(נבילה) 먹는 게르이다.

"너의 성안" - 예루살렘은 아니다.

이 본문은 특이하게도 '너의 이방인'을 저절로 죽은 것을 먹는 게르,[18] 곧 게르 토샤브으로 풀이한다. 율법을 지키는 게르 체덱이라면 저절로 죽은 것을 먹지 않기 때문에, 라비누 힐렐의 해석은 게르 토샤브인 품팔이꾼을 억누르지 말라는 뜻이 된다. 그러나 예루살렘에 사는 이방인 품팔이꾼 품삯은 보호받을 수 없음을 재차 확인시켰다.

신명 23,16-17을 주석한 시프레 드바림 259에서도 '주인에게서 피신한 종'에 관하여 다루면서 예루살렘의 경우를 언급한다.

*신명 23,16-17:

너희는 제 주인에게서 <u>피신해 온 종</u>을 주인에게 넘겨서는 안 된다. 그가 마음에 들어 선택하는 <u>성의 한 곳</u>에서, 너희와 함께, 너희 가운데에서 살게 하고 그를 구박해서는 안 된다.

*시프레 드바림 259(핀켈슈타인 282쪽):

"종을 주인에게 넘겨서는 안 된다." - … 어떤 이가 자기 종을 우상숭배자나(이방인) 이스라엘 땅 밖으로 팔았다면, 그는 자유다.

"제 주인에게서 (너에게로) 피신해 온 (이)" - <u>게르 토샤브</u>이 포함된다.

---

18 신명 14,21; 레위 17,15 참조.

(그가 이방인들을 떠나 이스라엘로 돌아오면 돌려보내서는 안 되고) "너와 함께 살게 해야 한다."

"너희 가운데에서 (살게 하고)" - 멀리 떨어진 곳에서 (살게 해서는) 안 된다.

"그가 선택하는 곳에서 (살게 하고)" - 그가 생업을 찾을 만한 곳에서 (살게 한다).

"너의 성의 한 곳에서 (살게 하고)" - '너의 성'은 예루살렘은 아니다. …

"그를 구박해서는 안 된다." - 이는 언어적 억압이다. …

신명기에서 말한 '주인에게서 피신해 온 종'을, 신명기 미드라시는 주인이 종을 이방인들에게 팔았다가 다시 이스라엘로 피신해 돌아온 종이자 게르 토샵으로 풀이한다. 그를 주인한테나 이방인 지역으로 돌려보내서는 안 되며, 그를 멀리 떨어진 외딴 곳이 아닌 생업을 찾을 만한 곳에서 함께 살게 해야 하지만, 단 예루살렘은 예외라는 규정이다. 게르 토샵을 보호하면서도 예루살렘만큼은 그를 보호할 장소에서 제외시킨 것이다.

이처럼 예루살렘은 성전과 성전산 때문에 특별한 거룩함이 있는 장소이므로 여러 율법들에서 특별하게 다뤄진다.[19] 토셉타 느가임에서는 예루살렘에서 일어나서는 안 되는 일들을 규정한다.

*토셉타 느가임 6,2:

(예루살렘에) … 목이 부러진 송아지를 데려와서는 안 된다. (예루살렘은) 이방신 숭배에 빠진 성읍이(신명 13,13-19) 되어서는 안 된다.

랍비 나탄이 말하였다. "말을 듣지 않는 아들과 (관련된 규정도) 여기서는 적용

19 나탄의 피르케 아봇, 토셉타, 바블리 등 여러 본문에서 예루살렘 규정들을 다루는데, 예루살렘 성전이(제2성전) 파괴되기 전에 이러한 법규들이 만들어졌을 법하다: Kahana, "To understand the creation of the Laws of Jerusalem", 183.

되지 않는다. '그들은 그를 붙잡고 그가 사는 성읍의 성문으로 원로들에게 데리고 간다.'(신명 21,19)고 하였으나, 이스라엘에 속한 예루살렘은 예외다."

(예루살렘에서) 밤새 시체를 묵혀서는(보관) 안 된다. 사람의 뼈를 (예루살렘) 안으로 옮겨서는 안 된다. … 게르 토샵에게 장소를 제공해서는 안 된다. 무덤을 세워서는 안 된다. 다윗의 무덤과 전기 예언자들 시대 때부터 있었던 여예언자 훌다의 무덤은 예외다. …

토셉타에 따르면, 예루살렘에서는 몇 가지를 할 수 없다. 목이 부러진 송아지를 데려 올 수 없고 또한 죽은 이를 성안에서 밤을 지새우게 하지 못하며, 사람의 뼈가 성안을 지나갈 수 없고, 무덤을 만들 수도 없다.[20] 예루살렘의 거룩함을 지키고 부정을 멀리하려는 의도를 담은 일련의 규정들인데, 게르 토샵도 그런 의미에서 여기에 포함되어 예루살렘에 머무를 수 없다.

그러나 다음 본문에 따르면 예루살렘에 외국인들이 정착하는 것을 막을 수는 없었던 것 같다.

*미슈나 스켈림 8,1:

"예루살렘에서 발견되는 침은 모두 정결하다. 그러나 윗마을 시장에서 발견되는 것은 예외다. 이는 랍비 메이르의 말이다."

---

20 토셉타 바바바트라 1,11에서도 예루살렘의 임금 무덤과 예언자 무덤을 두고 언급하였다. "임금의 무덤과 예언자의 무덤을 제외한 모든 무덤을 비워야 한다. 랍비 아키바는 임금의 무덤과 예언자의 무덤도 비워야 한다고 바꾸었다. 그들이 그에게 말하였다. '다윗의 집과 여예언자 훌다의 무덤은 예루살렘에 있지 않나, 한 번도 사람들이 그것을 손댄 적이 없지 않나?' (아키바가) 그들에게 말하였다. '무슨 근거로 그렇게 말하는가? 그것들에는 굴이(통로) 있어 와디 키드론으로 부정을 내보낸다.'" 곧 무덤들을 비우거나 옮겨서 예루살렘 성을 넓히고 더 거룩히 지키려고 하는데, 임금의 무덤과 예언자들의 무덤은 어떻게 할지를 몰라 랍비들 간에 벌인 논쟁으로 보인다.

*예루살미 스켈림 8,1 51ㄱ:

'예루살렘에서 발견되는 침'에 관하여 랍비 아빈이 랍비 여호수아 벤 레위의 이름으로 말하였다. 그곳에(윗마을) 이방인들의 요새가 있어서 (예외다.)

원칙적으로는 부정한 자와 이방인이 예루살렘에 머무를 수는 없으나 윗마을(또는 그 시장)에서는 예외인 듯하다. 그곳에는 이방인들의 요새가 있고 그곳에 몸담은 이방인들이 거주했기 때문이다. 그것이 누구의 타액이든 예루살렘에서는 당연히 부정하지 않다는 정결 추정 원칙이 적용되지만, 예루살렘에 이방인들의 요새가 있었던 시대적 상황 상 상부 도시와 그 시장에서 발견되는 타액은 제외시킬 수밖에 없었을 것이다.[21]

이상 예루살렘에 관한 율법들에서 드러나듯이 특별한 시대적 상황을 제외하고는, 이방인들은 거룩한 도시를 위협하는 분명한 부정의 요인이었다. 그래서 신명기 미드라시는 이방인 품삯의 착취 금지와 피신해 온 이방인의 보호 문제에서 예루살렘을 예외로 둔 원칙을 고수하는 것으로 보인다.

3.4. 도피 성읍과 게르 토샵

*민수 35,11-15:

너희가 요르단 강을 건너 가나안 땅에 들어가거든, 몇몇 성읍을 선정하여 도피 성읍으로 삼아, <u>실수로 사람을 쳐 죽인 살인자</u>가 그곳으로 피신할 수 있게 하여라. 너희는 이 성읍들을 보복자를 피하는 도피처로 삼아, 살인자가 재판받으려

21 예루살렘의 게르 토샵 문제는 하스몬 시대에 있었던 대규모 개종 운동과 관련하여 일어난 일시적 현상이라는 견해도 있다: Kahana, "To understand the creation of the Laws of Jerusalem", 191-192.

고 공동체 앞에 서기 전에 죽는 일이 없게 해야 한다. 너희는 이렇게 여섯 성읍을 정하여 도피 성읍으로 삼아라. 세 성읍은 요르단 건너편에 정하고 세 성읍은 가나안 땅에 정하여, 도피 성읍이 되게 하여라. 이 여섯 성읍은 이스라엘 자손들뿐 아니라 이방인이나(גר), 그들 가운데에 머무르는 거류민에게도(תושב) 도피처가 되어, 실수로 사람을 쳐 죽인 자는 모두 그곳으로 피신할 수 있게 하여라.

민수기에 따르면, 도피 성읍은 게르와 토샤브에게도 기회가 주어진 곳이다. 실수로 살인을 한 경우 이스라엘 사람들처럼 그들도 일단 도피 성읍으로 피신할 수 있다. 게르와 토샤브을 따로 언급하고 있는데 랍비들의 분류에 따라 ‘게르’는 ‘게르 체덱’으로, ‘토샤브’은 ‘게르 토샤브’으로 이해할 수 있다. 곧 게르 체덱뿐 아니라 게르 토샤브에게도 실수로 살인을 한 경우 도피처로 피신할 수 있다는 것이 민수기의 입장이다. 랍비 문헌들에서는 사례를 더 세분하여 다루었다.

*미슈나 마콧 2,3:
아버지는 아들을 (실수로 살해한 경우) 피신할 수 있고, 아들은 아버지를 (실수로 살해한 경우) 피신할 수 있다. 누구든 이스라엘 사람을 (실수로 살해한 경우) 피신할 수 있고, 이스라엘 사람은 그들 누구든 (실수로 살해한 경우) 피신할 수 있다. 단 게르 토샤브은 예외다. 게르 토샤브은 오로지 게르 토샤브을 (실수로 살해한 경우에만) 피신할 수 있다.
*토셉타 마콧 2,7:
누구든 이스라엘 사람을 (실수로 살해한 경우) 피신할 수 있고, 이스라엘 사람은 그들 누구든 (실수로 살해한 경우) 피신할 수 있다. 단 게르 토샤브은 예외다.
*시프레 바미드바르 96(로마 사본):
“도피 성읍으로 삼아라.” - 이는 그 땅에서 (살해한 이들에게만) 도피처이다. ···
“이스라엘 자손들을 위하여” - 이는 이스라엘 사람들에게만 (도피처를 제공한다는 말이다.)

그럼 게르에게는 어떠한가? 게르에게도 (도피처를 제공한다고 하였다.)

토샵에게는 어떠한가? 그들 가운데에 있는 게르와 토샵에게도 (도피처를 제공한다고 하였다.)

토샵이 이스라엘 사람을 (실수로 살해하여) 피신할 수 있듯이 이스라엘 사람도 토샵을 (실수로 살해한 경우) 피신할 수 있다.

그런데 이스라엘 사람이 (토샵을) (고의로) 살해한 경우 (사형선고는) 면제이다. 그러니 실수로 토샵을 살해한 경우 당연히 피신할 필요가 없다. 그러나 (토샵이) 이스라엘 사람을 살해한 경우 그는 죽어야 한다.

*시프레 주타 바미드바르 35,14:

도피 성읍은 이스라엘 사람들과 게르와 토샵을 위한 것이다.

*시프레 드바림 181:

"이웃을 실수로 죽인 자는 (피신할 수 있다.)" - … 게르 토샵은 (이웃에서) 제외된다.

미슈나 마콧에 따르면, 게르 토샵의 경우는 게르 토샵끼리 서로 실수로 살해한 상황일 때만 도피처를 이용할 수 있고, 게르 토샵이 이스라엘 사람을 살해한 경우에는 해당되지 않는다. 토셉타에서도 게르 토샵은 예외다.

한편 민수기 미드라시인 시프레 바미드바르에서는 미슈나와 달리 게르와 토샵 모두에게 도피처를 제공한다. 민수기 시프레 주타에서도 도피 성읍이 게르와 토샵에게도 제공된다고 규정한다. 곧 미슈나와 토셉타보다 민수기 미드라시에서 좀 더 보편적이고 평등한 규정들을 담고 있다. 다만 이스라엘 사람이 고의로 토샵을 살해한 경우에도 사형선고가 면제되는데 실수로 살해한 걸 가지고 뭐하러 굳이 도피 성읍으로 피신하겠냐는 표현은, 이스라엘 사람과 이방인 사이의 또 다른 차별을 보여준다.

그런데 신명기 미드라시인 시프레 드바림에서는 실수로 죽인 이웃에 게르 토샤이 포함되지 않는다. 이는 이스라엘 사람이 실수로 게르 토샤을 살해한 경우 도피 성읍으로 피신할 필요가 없다는 뜻이다. 민수기 미드라시의 뒷부분 해석과 비슷하다. 어쨌든 도피 성읍의 기회를 게르 토샤에게 열어 준 것 자체로는 민수기 미드라시들이 미슈나와 토셉타의 규정에 비해 평등한 편이다.

3.5. 노아 자손들의 일곱 계명과 게르 토샤

누가 게르 토샤인지, 게르 토샤이 지켜야 할 최소한의 의무는 무엇인지를 두고도 랍비들 사이에 의견이 분분하였다.

> *바블리 산헤드린 64ㄴ:
>
> 누가 게르 토샤인가?
>
> 세 사람 앞에서 이방신 숭배를 하지 않겠다고 받아들인 이다. 이는 랍비 메이르의 말이다.
>
> 현인들이 말하였다. 노아의 자손들에게 주어진 일곱 계명을 받아들인 이다.
>
> 다른 이들이 말하였다. 이들은 게르 토샤에 속하지 않는다.
>
> 그럼 누가 게르 토샤인가?
>
> (율법에 따라 도살되지 않고) 저절로 죽은 짐승을(נבילה) 먹는 이다. 그러나 이 사체 금령을 빼고는 토라에 언급된 모든 계명을 준수하기로 받아들인 이다.

랍비 메이르에 따르면, 이스라엘 땅에 살도록 허용된 게르 토샤에게 요구한 계명은 '이방신 숭배 금지'이다. 이 계명의 근거는 탈출 23,33(가나안 땅 입주에 관한 약속과 경고)에 기초한다.[22] 탈출기의 문맥은 가나안 땅에 진입하여 맞게 될 가나안 사람들의 이방신 숭배의 위험을 경고하는 내용이지만, 랍비 메이르와 그의 제자들은 이방신 숭배자들인 이방인들과 어울려 사는 것을 염려하여 이방신 숭배 금지를 이스라엘 땅에 사는 게르의 기본 조건이자 기준으로 내세운다. 곧 탈출 23,33에 따라 이방신 숭배를 하지 않기로 한 이방인은 이스라엘을 죄짓게 할 위험이 없으므로, 그를 이스라엘 땅에 머무를 수 있는 게르 토샵으로 여겼다. 오로지 이방신 숭배 금지만 충족시키면 되는 보다 관용적인 태도이다. 토라의 의무를 이행할 의무가 없는 대신 아무 몫과 상속재산이 없이 이스라엘 땅에 머무르는 것만 허용되는 것이다.

이와 달리, 다른 이들은 딱 한 계명만[23] 빼고 토라의 모든 계명을 준수하는, 거의 이스라엘 사람들 사이에서 동화된 이들이라야 한다는 조건을 내세운다. 랍비 메이르의 견해보다 훨씬 더 엄격할 뿐더러 게르 토샵에게 게르 체덱이 될 것을 요구하고 있다.

한편 중도의 길을 택하는 온건한 랍비들도(본문에서 '현인들') 있다. 게르 체덱에게만 모든 계명에 대한 의무를 요구하고, 게르 토샵에게는 이스라엘 땅에 머무르는 최소한의 조건으로, 노아 자손들에게 주어진 일곱 계명을 지키도록 요구한다. 랍비 메이르처럼 하나의 계명도 아니고, 다른 이들처럼 하나를 뺀 모든 계명도 아니다.

이스라엘에 머무르는 게르 토샵이 어떤 지위에서 어떤 권리를 누리면서 어떤 의무들을 이행해야 했는지를 밝히기 위해서는 노아 자손들의 일곱 계명과의 연관성은 물론, 일곱 계명을 둘러싼 랍비들의 해석과 논쟁들을 추적해 보아야 한다. 이 일곱 계명이 무엇인지를 다룬 가장 이른 버전은 토셉타 아보다

22 탈출 23,33: "그들이 너희 땅에 살아서는 안 된다. 그러면 그들이 너희를 유혹하여 나에게 죄를 짓게 할 것이다. 너희가 그들의 신들을 섬길 경우, 그것이 너희에게 덫이 되고 말 것이다."

23 신명 14,21: "너희는 저절로 죽은 것은 아무것도 먹어서는 안 된다. 너희는 그것을 너희 성 안에 있는 이방인에게 먹으라고 주거나, 외국인에게 팔아야 한다."

자라 본문이다.

*토셉타 아보다자라 8,4:
노아의 자손들은 일곱 계명들을 받았다. 곧 재판(דינין), 이방신 숭배, 하느님 모독, 근친상간, 살인, 절도, 산 짐승 먹기이다.
*바블리 산헤드린 56ㄴ:
이스라엘에게 마라에서 열 계명이 명해졌다. 노아의 자손들도 일곱 계명을 받았다. 하느님께서 그들에게 재판과 안식일과 부모 공경을 덧붙이셨다. … 이스라엘이 각 지방과 도시마다 법원을 세우듯이 노아의 자손들도 각 지방과 도시마다 법원을 세워야 한다. … 므나쎄 학파가 가르쳤다. 노아의 자손들에게 일곱 계명이 명해졌는데 이는 이방신 숭배, 근친상간, 살인, 절도, 산 짐승 먹기, 거세, 다른 종류끼리 섞는 것 금지이다.

토셉타의 일곱 계명이 널리 인정된 노아 자손의 일곱 계명이다. 이 일곱 계명은, 여섯 가지의 금령과 이 금령들을 집행하는 재판(דינין) 규정을 담고 있다. 탈무드는 조금 다른 내용의 계명들을 전하는데, 각 지방과 도시에 법원을 세우라는 규정은 재판 계명을 특히 강조하는 듯하다. 두 본문에서 종교적 계명인 이방신 숭배와 하느님 모독 금지 조항을 뺀 나머지 계명들은 모두 도덕적 규범에 속한다. 유다인들은 이 일곱 계명을 하느님께서 이방인들에게 명하신, 하느님의 피조물로서 꼭 지켜야 할 최소한의 계명으로 이해했을 것이다. 그러나 객관적으로 봤을 때 이 계명들은 인간이 인간다움과 품위를 유지할 수 있게 하는 보편적이고 기본적인 윤리 규범이기도 하다.

랍비들은 이 일곱 계명이 모세의 육백열세 계명에서 파생한 일곱 계명인지, 아니면 모세와 상관없이 세상 모든 이에게 주어진 독립된 계명 체계인지를 두고 논쟁하였다. 곧 토라의 일부일지 아니면 별도의 보편적 규범일지를 두고 고민한 것이다. 그 기원에 대해 언급된 본문들은 찾아볼 수 없으나, 토라 연구와 관련하여 노아 자손들에게 주어진 계명들이 무엇인지를 두고 논쟁한 랍비들의 견해가 전한다.

*바블리 산헤드린 59ㄱ:

랍비 요하난이 말하였다. 토라에 종사하는(연구하는) 이방신 숭배자는(이방인) 죽어야 한다. '모세가 우리에게 율법을 명령하여 소유로 주었다.'(신명 33,4)고 한 대로 우리에게 소유로 준 것이지 (이방인들에게는) 아니다. ···

랍비 메이르가 말하였다. 토라에 종사하는(연구하는) 이방인조차 대사제처럼 (여겨야 하는데) 이는 어디에서 나왔나? "너희는 내 규칙들과 내 법규들을 지켜야 한다. 그것들을 실천하는 사람은 그것들로 살 것이다."(레위 18,5)에서다. 사제나 레위인이나 이스라엘 사람들이라 하지 않고 (평범한) '사람'이라고 하였기 때문이다. 그래서 토라에 종사하는(연구하는 이는) 이방신 숭배자조차 대사제처럼 (여겨야 한다는) 것이다. ···

랍비 요시 벤 랍비 하니나가 말하였다. 노아의 자손들에게 명하고 시나이에서 다시 명해진 모든 계명은 이들과 저들에게(이방인과 유다인들에게 다) 명한 것이다.

랍비들의 견해가 상반된다. 랍비 요하난은 이방인들이 토라 공부하는 것을 금지한다. 반대로 랍비 메이르는 토라를 연구하는 이방인을 대사제처럼 존중해야 한다고 극찬한다. 곧 이는 이방인에게도 토라 공부를 허용할 수 있다는 뜻으로, 레위 18,5에서 하느님의 규칙과 법규를 지키는 사람 모두(특정인이 아닌 일반인)에게 토라가 열려 있다고 한 것에서 근거를 찾는다. 곧 토라가 원칙적으로는 모든 사람을 위해 생겨났고, 이방인도 토라를 공부하고 더 나아가 준수해야 한다는 것이다. 본디 세상 민족들에게 주어진 토라를 그들이 거부하여 결국 이스라엘에게 주어졌다는 해석을 유추해볼 수 있다. 랍비 요시 역시 토라의 계명들이 노아의 자손들에게 부과되었고 이방인과 유다인들 모두에게 모든 계명이 명해졌다고 여긴다. 이는 랍비 메이르를 포함한 랍비 이스마엘 학파의 원칙으로 보인다.[24]

반대로 토라가 궁극적으로 이스라엘에게만 주어졌다고 주장하는 랍비 요하난의 견해는, 랍비 아키바 학파의 입장으로서 노아의 자손들에게는 일곱 계명만이 별도로 주어졌으며, 그나마 이것을 지키지 않고 거부하였다고 여긴다.[25] 아마도 자신들과 다른, 세상 민족들의 도덕적 행실에 대한 랍비들의 현실적 판단으로 보인다.

다음 탈무드 본문에서는 노아의 자손들에게 일곱 계명만이 주어졌음을 보여준다.

> *바블리 바바카마 38ㄱ:
>
> 랍비 아바후가 말하였다. "그분께서 멈추시고 땅을 흔드시며 그분께서 보시고 민족들을(גוי) 떨게(ויתר: נתר의 히필, 펄쩍 뛰게) 하신다."(하바 3,6) 이는 그분께서 노아의 자손들이 (지키겠다고) 받아들인 일곱 계명을 지키지 않고 있음을 보셨다는 뜻이다. 그래서 그분께서 일어나 이스라엘에게 그들의 재물을 (넘겨주는 것을) 허용하셨다(התיר).

바빌론 탈무드의 랍비들은 일곱 계명과 그에 따른 보상을 연결시켰다. 곧 일곱 계명마저 지키지 않는 이민족들에게 일곱 계명 자체를 취소하시지는 않되, 계명들을 지킴으로써 주어질 보상을 그들에게서 이스라엘에게로 넘겨주

24 Reizel, *Introduction to the Midrashic Literature*, 26-31.

25 Reizel, *Introduction to the Midrashic Literature*, 26-31.

셨다는 해석이다. 보상은 빼앗길지언정 계명 자체는 무효가 아니니, 이방인들에게 주어진 이 최소한의 일곱 계명들은 꼭 지키지 않아도 되는 셈이고, 그렇다면 노아 자손들의 일곱 계명은 타율적인 강제 계명이라기보다는 자율적인 도덕법인 셈이 된다.

결국 노아의 일곱 계명과 연관된 게르 토샵의 지위는 두 학파의 해석 사이에 놓여 있다. 곧 랍비 이스마엘 학파의 주장대로라면 모세의 토라에서 파생된 계명들로서 일곱 계명들의 의무를 져야 하고, 랍비 아키바 학파의 주장대로라면 인류의 조상인 노아와 그 자손들에게 주어진 지침으로서 이해하여 강제성이 없는 것이다. 이는 랍비들이 이방인을 바라보는 관점과도 연결되어, 이스라엘 중심의 민족주의적 접근과 보편주의적 접근으로 갈라진다. 랍비들은 이스라엘 공동체의 정체성을 지킬지 이방인들과 더불어 함께 살 길을 모색할지를 고민하였을 것이다.

4. 결론

비유다인, 곧 이방인 문제가 초기 랍비 문헌 저자의 관심을 사로잡은 주요 주제는 아니어서 미드라시와 미슈나, 토셉타 등에서 차지하는 비중은 그다지 크지 않은 편이다.[26] 일단 이스라엘 땅에 대한 주권이 이스라엘에게 있을 때 이방인을 통제할 수 있는 규정도 다양할 수 있는데, 제2성전 시대가 끝난 뒤 팔레스티나의 상황이 여의치 못했기 때문이다. 그래서 랍비들은 주로 구약성경

26 Porton, *Goyim : Gentiles and Israelites in Mishnah-Tosefta*, 14.

과 관련된 이방인 주제를 당시 공동체의 상황에 비추어 해석하고 적용하였다. 이 논고에서는 그 가운데 다섯 가지 주제에 집중하여 게르 토샵의 여러 사례들을 살펴보았다. 곧 이방인의 소 상해 보상, 이방인의 하루 품삯 착취, 이방인의 예루살렘 거주, 이방인의 도피 성읍 이용 자격, 아울러 노아 자손의 일곱 계명과 이방인의 연관성을 다루었다.

일반적으로 미드라시들에서는 '너의 이방인'을 게르 체덱으로 이해하였다. 게르 체덱은 엄밀한 의미에서 이방인이라기보다는 거의 유다인에 가깝기에, 그들은 유다인 공동체에 어울려 사는 것이 별 문제가 되지 않았다. 그러나 이스라엘 땅에 살도록 허용은 됐으나 개종하지 않은 게르 토샵의 상황은 달랐다. 탄나임 랍비들은 게르 토샵의 신분과 지위, 의무와 권리 등을 규정하려고 고민하였고, 결과적으로는 성경의 배려와 달리 게르 토샵을 차별하였다. 게르 토샵은 소중한 재산인 소를 잃고도 합당한 배상을 받지 못했고, 정당한 노동의 대가를 받는 것에서도 권리를 주장하기 어려웠다. 법정에서 사형 처벌을 받기 전에 주어지는 유보의 기회도(도피 성읍) 제한적이었다. 예루살렘에서는 상황이 더욱 불리했다.

반면에 그들에게 요구하는 최소한의 계명을 두고는 견해들이 달랐다. 이는 노아의 일곱 계명이 어디에서 비롯하는지에 따른 랍비들의 해석의 차이이기도 하다. 곧 이스라엘 중심의 민족주의적 입장에서 일곱 계명을 토라의 일부로 보는 주장과, 보편주의적 관점에 따른 세상 인류에게 주어진 도덕적 규범이라는 해석으로 나뉜다. 또한 구약성경 속의 게르를 모두 게르 체덱으로 해석한 랍비 아키바 학파와, 게르 토샵으로 해석한 랍비 이스마엘 학파의 견해 차이가 미드라시 할라카들과 미슈나 등에서 드러났다.

게르 토샵들은 이러한 서로 다른 관점과 변화의 과정에 놓여 있으면서, 때로는 혜택을 누리기도 하고 때로는 불리한 입장에 처하기도 했을 것이다. 그들은 자신의 선택이든 유다인 공동체의 배척이든 게르 체덱의 길을 걷지 않았기 때문에, 게르 토샵의 입장에서도 공동체 입장에서도 서로 난감하고 불편할 수밖에 없었다.

여러 랍비 문헌들에서 살펴보았듯이, 이방인을 배려하는 입장과 배척하는 입장이 고르게 나타나 있으며 상반된 둘 사이의 긴장들을 엿볼 수 있었다. 랍비들이 하나의 일관된 태도를 보이지 않는 것은 자연스러운 결과다. 이방인의 존재에 대한 관용과 합법화, 또는 공동체를 위협하는 존재로서의 적대감과 불평등이, 구약성경을 연구하고 해석한 고대 랍비 문헌들에서 복잡하고 심도 있게 다뤄지고 있음을 관찰할 수 있었다.

5. 참고 문헌

Albeck, H., *Shisha Sidrei Mishnah* (Jerusalem 2008). (in Hebrew)

Epstein, I.N., *Introduction to the Tannaim Literature* (Jerusalem 1957). (in Hebrew)

__________, *Mekhilta de-Rabbi Shimeon ben Yohai* (Jerusalem 1956). (in Hebrew)

Finkelstein, A., *Sifrei al Sefer Devarim* (New York 1969). (in Hebrew)

Horovits, H.S., *Mekhilta de-Rabbi Ishmael* (Frankfurt 1966). (in Hebrew)

__________, *Sifrei de-vi Rab* (Jerusalem 1966). (in Hebrew)

Kahana, M.I., "The Attitude towards Gentiles during the Tannaim and Amoraim period", *Et Hadaat 3* (2000), 22-36. (in Hebrew)

Kahana, T., "To understand the creation of the Laws of Jerusalem", *Beit Miqra 22* (Jerusalem 1976), 182-192. (in Hebrew)

Kellermann, D., "גור", *TDOT II* (Grand Rapids 1977), 439-449.

Liebermann, S., *Tosefta Kifshutah 9* (jerusalem 1988). (in Hebrew)

Novak, D., "Gentlies in Rabbinic Thought", *The Cambridge History of Judaism* (2006), 647-662.

Porton, G.G., *Goyim : Gentiles and Israelites in Mishinah-Tosefta* (Rhode Island 2020).

Reizel, A., *Introduction to the Midrashic Literature* (Gush Etsion 2011). (in Hebrew)

Staalduine-Sulman, E., "Not for Gentiles? The Covenant in Mekhilta de-Rabbi Ishmael", H. Burger et al. (eds.), *Covenant : A Vital Elemant of Reformed Theology* (Leiden 2022).

Zevin, S.Y., (ed.), "Ger Toshav", *Encyclopedia Talmudit 1* (Jerusalem 1979[4]), 289-304. (in Hebrew)

Zuckermandl, M.S., *Tosefta* (Jerusalem 1963).

https://www.daat.ac.il/encyclopedia/value.asp?id1=368

https://daf-yomi.com/DYItemDetails.aspx?itemId=2020

김선영

정결과 부정에서 죄와 치유로: 시리아 저자들의 레위 13—14장 해석

1. 들어가는 말: 레위 13—14장의 구조와 내용

다양한 형태의 부정들에 대한 규정들을 다루는 레위기 본문들에서 레위 12—15장은 제의적 부정 또는 육체적 부정에 관해 언급한다. 해당 규정들에 적용되는 사람은 성소에 접근할 수 없었고 경신례에도 참여할 수 없었기 때문에, 이전부터 학자들은 레위 12—15장에서 언급되는 부정을 이후 18—20장에서 제시되는 '도덕적 부정'과 대비되는 '제의적 부정(liturgical impurity)'이라고 불렀다. 하지만 니한이 지적했듯, '도덕적 부정'을 다룰 때도 제의적 측면이 중요하게 여겨지기에 레위 12—15장의 부정을 '제의적 부정'으로 한계짓는 것은 적절하지 않은 듯하다.[1] 그러므로 여기에서 그의 의견을 받아들여 '제의적 부정' 대신 '물리적 부정(physical impurity)'으로 언급하기로 한다.

먼저 레위 13—14장의 구조와 내용을 간단히 살펴보자. 레위 13—14장은 구조상 물리적 부정을 다루는 레위 12—15장의 한 부분이다. 여기에서 제시되는 물리적 부정은 크게 두 가지로 나눌 수 있다. 먼저 레위기 저자는 '성적 측면'에서의 부정을 다루는데, 이는 출산, 월경, 성생활과 관련된 것이다(12; 15장). 12장과 15장 사이에 '악성 피부병' 또는 직물이나 건물 벽에 생기는 '곰팡이'와 관련된 규정을 언급하는 13—14장이 배치되어 있다. 여기에서 악성 피부병 또는 곰팡이를 지칭하기 위해 사용된 단어는 צָרַוּעַ인데, 문맥에 따라 "악성 피부병" 또는 "곰팡이"로 번역할 수 있다.[2] 13장에서는 악성 피부병 또

1 이 견해에 관해서는 Nihan, "Forms and Functions of Purity in Leviticus", 321을 보라. 다만 클라완스(Klawans)가 사제계 전승에서 도덕적 부정 역시 제의적 맥락에서 중요하기는 하지만, 이것이 제의 참여를 막는 요소는 아니었다는 사실을 지적했다는 점도 염두에 둘 만하다(Klawans, *Purity, Sacrifice, and the Temple*, 56).

2 이는 『성경』(cbck)을 따른 것이다. 『성경』에서 같은 단어가 "나병"으로 번역된 경우도 있다(2

는 직물에 생기는 곰팡이를 다루는데 다양한 증상을 바탕으로 사제가 이를 어떻게 진단해야 하는가를 알려 주는 자세한 지시문들로 구성되어 있다. 14장에서는 악성 피부병에서 회복된 사람이 바쳐야 하는 정결례 규정이 언급된다. 이때 정결례를 위한 준비물들과 과정이 자세하게 다루어진다. 가난한 이들을 위한 대체품들 역시 제시된다. 14장의 뒷부분은 건물에 생기는 곰팡이의 처리 방법과 곰팡이가 생긴 집을 정화하는 예식이 포함된다. 곰팡이가 생긴 집을 정화하는 예식은 악성 피부병에서 벗어난 사람의 정결례와 비슷하다.

레위 13—14장에서 언급되는 사람의 피부에 생기는 악성 피부병, 또는 직물이나 벽에 생기는 곰팡이는 신학적으로 어떻게 이해해야 하는가? 피부병과 곰팡이는 환자의 죄, 또는 징벌과 같은 신적 의지 결과물인가, 아니면 인간의 삶에서 언제든 일어날 수 있는 자연 현상인가? 피부병 환자와 곰팡이가 생긴 집을 위한 정결례가 필요한 이유는 무엇인가? 정결례의 도구들과 희생 제물들은 신학적으로 어떤 의미가 있는가? 이 질문들은 צָרַעַת뿐만 아니라 나병을 비롯하여 다양한 피부질환이 등장하는 구약성경 본문들의 해석과도 관련된다. 오래 전부터 수많은 저자들이 구약성경의 '피부병'을 신학적으로 어떻게 해석해야 하는가에 대해 논의해 왔다. 뿐만 아니라 여러 해석학적 방법론들이 발전한 오늘날에도 여전히 학자들은 이 문제에 대한 다양한 견해들을 제시한다. 특히 레위 13—14장에서 언급되는 צָרַעַת의 경우, 이 질환이 구약성경에서 가장 자주 등장하는 병증 중 하나였기 때문에, 이에 대한 다양한 해석이 이루어졌다.[3]

열왕 5,1 참조).

3 바덴과 모스는 자신들의 연구에서 다양한 고대 및 현대 저자들의 해석들을 제시한다. 이에 대해서는 Baden/Moss, "Origin and Interpretation of *Ṣāraʿat*"을 참조하라. 여기서는 이 문제와 관련된 연구들을 다루지 않는다. 이 연구의 목적은 시리아 저자들의 '피부병'에 대한 시각을 이들의 레위 13—14장 해석과 다른 문헌들을 통해 살펴보는 것이기 때문이다.

고대 후기에서 중세에 이르기까지 그리스도교 저자들도 레위 13—14장을 자신들의 신학적 시각에 따라 읽었다. 특히 이들은 구약성경 본문을 그리스도교적 관점에서 '예형적'으로 해석하는데, 피부병과 곰팡이, 정결례를 다루는 본문들 역시 예외가 아니었다. 이들의 견해에 따르면, 레위 13—14장에서 언급되는 피부병이나 곰팡이는 단순한 자연 현상이나 질환이 아니다. 이는 명확하게 인간의 죄를 가리키는 것으로 해석되고, 병의 치유는 속죄 예식을 통해 이루어져야 하는 것으로 여겨진다. 특히 이는 시리아 저자들의 작품에서 더 명확하게 드러난다. 시리아 저자들은 죄와 참회를 묘사할 때, '피부병자의 치유'라는 은유를 즐겨 사용하며, 피부병과 곰팡이를 다루는 레위 13—14장 역시 같은 시각에서 해석했다. 아래 본문들을 통해 이를 자세히 살펴보겠다.

2. 『세베루스의 카테나』의 레위 13—14장 주해

2.1. 작품 소개

가장 먼저 살펴볼 작품은 9세기에 시리아 저자 세베루스가 저술했다고 여겨지는 『세베루스의 카테나』(이하 『카테나』)다. '카테나'는 라틴어로 '사슬'이라는 의미로, 이 작품은 성경 구절들을 순서대로 따라가면서 어려운 대목들에 대한 기존 저자들의 성경 주해를 모아 하나로 제시한 일종의 주해 선집이다.

먼저 『카테나』를 간단히 소개하겠다. 이 작품의 저자 세베루스는 에데사 근처 성 바르바라 수도원의 수사로, 861년에 에프렘과 에데사의 야고보의 구약성경 주해, 요한 크리소스토무스의 신약성경 주해 등을 모아 성경 주해집을 펴냈다.[4] 여기에는 에데사의 야고보의 『팔경 주해(*Ochtateuch*)』[5]와 알렉산드리아의 키릴루스의 이사야서 주해의 시리아어역도 포함되어 있다.[6] 이후 필사자 시메온 히슨 만수르가 『카테나』를 필사하면서 다른 저자들의 주해들도 여백에 포함시켰다.[7] 그러므로 『카테나』는 9세기에 이르기까지 시리아어로 저술되었거나 번역된 기존 저자들의 '구약성경 주해를 담고 있다고 할 수 있다. 이 작품의 구성을 고려할 때 엄밀한 의미에서 『카테나』가 아니라는 견해가 일반적이지만,[8] 이 연구에서는 관례상 『카테나』라고 칭한다.

『카테나』는 현재 다섯 필사본을 통해 전해지고 있는데, 필사본들에 따라 포함된 부분들과 그 내용이 다르다.[9] 이 작품의 연구를 위해서 보통 Ms. Vat. Syr. 103이 사용되는데, 이 필사본이 가장 오래되었을 뿐만 아니라, 『카테나』를 가장 잘 보존하고 있기 때문이다. 이 연구에서도 이 필사본의 디지털 버전을 사용했다. 『카테나』 내용은 상당히 오래 전에 알려졌다. 아세마니 형제는 자신들의 필사본 목록(catalogue)에서 이 필사본에 포함된 내용들을 자세하

4 Assemani, *Bibliothecae Apostolicae Vaticanae codicum manuscriptorum catalogus in tres partes distributus, vol.3*, 7, 17, 26 참조.

5 Kruisheer, "Ephrem Jacob of Edessa, and the Monk Severus: An Analysis of Ms. Vat. Syr. 103, ff. 1-72", 599-603, esp. 600-601.

6 Ter Har Romeny, "The Peshitta of Isaiah", 155.

7 새로운 내용들을 본문에 추가하지 않고 여백에 기록한 것은 필사자로서 상당히 신중했음을 보여 준다. 이는 시메온 자신의 언급에서도 확인할 수 있다(Ter Har Romeny, "The Peshitta of Isaiah", 155 참조).

8 Ter Har Romeny, "The Peshitta of Isaiah", 154-155; idem, "Ephrem and Jacob of Edessa in the Commentary of the Monk Severus", 541; Kruisheer, "Ephrem Jacob of Edessa, and the Monk Severus: An Analysis of Ms. Vat. Syr. 103, ff. 1-72", 601.

9 이 필사본들에 대한 정보는 Minov, "Reception of the Greek Story of Melchizedek in Syriac Christian tradition", 113을 보라.

게 소개한다.[10] 또 이 작품은 무바라크에 의해 라틴어 번역과 함께 출판되었고,[11] 이후 라미가 무바라크가 출판하지 않은 부분들을 포함하여 본문 일부를 출판했다.[12]

이 연구의 주요 목적은『카테나』에 실린 시리아 저자들의 레위 13—14장의 주해를 살펴보는 것이다. 그렇다면 다음과 같은 의문을 제기할 수 있다.『카테나』에서 언급되는 저자들의 주해는 해당 저자들에게로 소급되는가? 에프렘의 경우 이와 관련하여 여러 논의가 있었다. 무바라크나 아세마니 형제는『카테나』에 포함된 에프렘의 주해가 진본이라고 여긴 듯하지만, 오늘날 학자들은 이에 대해 대부분 회의적 견해를 보인다. 예를 들면, 브록은『카테나』의 본문들 중에서 에프렘의 이름으로 전해지는 본문들이 실제 에프렘의 작품은 아니라고 본다.[13] 이는 기존 학자들의 관심 대상이 된 에프렘의 창세기 주해뿐만 아니라, 레위기의 경우도 마찬가지다.[14]

---

10 Assemani, *Bibliothecae Apostolicae Vaticanae codicum manuscriptorum catalogus in tres partes distributus, vol.3*, 7-28. 레위기 주해에 대한 소개는 p.11을 보라.

11 Benedictus, *Sancti Patris Nostri Ephraem Syri Poera Omnia quae Exstant vol 2.1.*

12 이사야서 후반부와 예레미야서를 포함하여 예언서들의 경우는 Lamy, *Sacnti Ephraem Syri Hymni et Sermones 2*, 103-310로도 출판되었다. 이때 사용된 필사본은 BL.Add. 12144다 (Lamy, ibid., 103-104). 이 판본에 레위기 주해는 포함되어 있지 않다.

13 Brock, *Singer of the Word of God*, 305. 비슷하게 이수민,『낙원의 찬가』, 71쪽에서도『카테나』가 에프렘에게 소급되지 않는다고 본다.

14 『카테나』 이외에 에프렘의 레위기 주해는 아르메니아어역으로 전해진다(Matthews, *The Armenian Commentaries on Exodus-Deteronomy Attributed to Ephrem the Syrian*). 하지만『카테나』와 아르메니아어로 남겨진 에프렘의 레위기 주해는 내용상 상이하며, 이 역시 에프렘의 작품이 아닐 가능성이 크다. 사실 아르메니아어역으로 남겨진 에프렘의 저작들의 수는 매우 많으며, 이중에는 시리아어본으로는 존재하지 않는 작품들도 있다. 하지만 대부분의 경우 에프렘의 이름을 빌려 지어진 것에 불과하다. 에프렘에게 소급된다고 여겨지고 있는 Ms. Vat. Syr. 110은 창세기와 탈출기 주해만을 포함하고 있다.

이 연구에서는 『카테나』에 포함된 시리아 저자들의 레위 13—14장의 주해를 모두 다룬다. 이 연구의 목적은 각 주해가 실제 저자들에게 소급되는가의 여부를 밝히는 것이 아니라, 『카테나』에 실린 시리아 저자들의 레위 13—14장 주해를 통해 시리아 그리스도교 전통 안에서 레위 13—14장에 대한 이해를 살펴보는 것이기 때문이다. 그러므로 이 본문들의 실제 저자가 누구인가는 중요하지 않다. 또 여기서는 편의상 본문에서 에프렘 또는 야고보에게 소급되는 해석들은 모두 에프렘과 야고보의 해석이라고 칭한다. 하지만 이것이 실제 주해가 에프렘과 야고보에게로 소급된다고 보는 것은 아니다. 앞서 말했듯, 이를 위해서는 보다 세밀한 조사가 필요할 것이다.[15]

이제 『카테나』의 본문을 살펴보겠다. 레위기 주해는 fols. 72-76에 해당하며, 그 가운데 레위 13—14장 주해는 74r-74v에 포함되어 있다.[16]

2.2. 에프렘의 레위 13—14장 주해

에프렘의 레위 13—14장 주해는 두 부분에서 발견된다. 72v에서 에프렘의 이름이 언급된 이후, 그의 주해가 계속해서 74r까지 이어지는데, 첫 번째 주해는 그 안에 포함된다. 본문을 살펴보면 다음과 같다:[17]

15 아마도 이를 위해서 에프렘이나 야고보의 작품들 전체를 『카테나』와 비교하는 작업이 필요할 것이다. 물론 이 경우에도 세베루스가 사용한 본문이 에프렘이나 야고보에게 직접적으로 소급되는지, 이들의 영향을 받은 다른 저자에 의해 쓰인 것인지 구분하기 어려울 것이다.

16 해당 필사본은 https://digi.vatlib.it/view/MSS_Vat.sir.103.pt.1에서 열람할 수 있다. 이 연구에서 다루는 레위 13—14장 주해는 74r와 74v에 해당된다. 또한 무바라크의 본문 역시 참조하였다. 해당 본문은 Mubarrak, *Sancti Patris nostri Ephraem Syri Opera omnia quae extant, vol. 2.1*, 242-244을 보라(Mubarrak의 책은 Benedictus라는 이름으로 출판되었다). 레위기 주해 전체는 해당 책의 236-249에 해당한다.

17 이 연구에서 사용된 『카테나』 본문은 모두 필자가 MS. Vat. Syr. 103에서 번역한 것이다.

74r:17

만일 사람의 살갗에 부스럼이나 흰 얼룩이 생기거나, 병든 자리의 털이 하얗게 변하면, 그 병은 전염성이 있는 나병이다. 사제는 이를 살펴보고 그가 부정하다고 선언한다. 누군가 나병에 걸렸거나 그에게 전염성이 있는 나병의 병증이 있다면, 이는 하느님 앞에서 영혼이 발가벗겨진 상태라는 것을 가리킵니다. 영혼이 죄를 지어 타락하면, 그것은 벌거벗은 상태가 됩니다. 또 악한 자에게[18] 사로잡힌 자들의 확신 역시 사라집니다. **누구든 나병에 걸린 사람은 자기 옷을 찢고 머리를 민다. 그리고 자기 입술을 가린다.** 악한 자들이 자기들 입술로 하는 변명은 아무런 소용이 없고, 그들의 입은 재갈로 묶여 자유롭게 말할 수 없습니다.

인용된 구절은 레위 13,1-11이다. 페쉬타는『성경』(cbck)이 "악성 피부병"으로 번역한 צָרַעַת를 나병을 의미하는 ܓܪܒܐ로 옮기는데,『카테나』는 페쉬타 구절을 그대로 인용한다. 그러므로 이 연구에서도 곰팡이 대신 나병으로 이 단어를 번역한다. 에프렘은 이 구절에서 말하는 나병은 단순한 질병이 아니라 하느님 앞에서 벌거벗은 죄인의 상태를 가리킨다고 설명한다. 죄인이 하느님 앞에서 태초의 아름다움이 벗겨져 벌거벗는 상태나 다름없다는 생각은 에프렘의 다른 작품과 시리아 저자들의 저술들에서 자주 찾아볼 수 있다.[19] 이어

편의를 위해 성경 인용구는 굵게 표기한다. 시리아어 본문에서는 인용된 성경 구절과 주해를 구분하지 않는다. recto(앞면)나 verso(뒷면) 뒤의 숫자는 위에서부터 센 줄 수를 나타낸다(예를 들면, 74r:17은 74 recto의 위에서 열일곱 번째 줄에 해당한다). 에프렘과 야고보의 이름은 본문 안에서 붉은 잉크로 쓰여 다른 부분들과 구별된다.

18 시리아 저자들은 사탄을 종종 '악한 자' 또는 '원수'로 불렀다. 이 단어들은 '사탄'보다 훨씬 자주 사용된다.

19 시리아 저자들은 이 '의복의 은유'를 자주 사용한다. 이는 인간이 타락 이전에는 '빛의 의복'을 입고 있었고, 죄를 지었을 때 그것이 벗겨졌으며, 그 잃어버린 영광스러운 의복을 되찾는 것이 바로 구원이라는 생각은 시리아 문헌들에서 쉽게 찾아볼 수 있다. 이는 유다 전

레위 12,45을 인용하며, 나병에 걸린 환자는 옷을 찢고 머리를 밀고 입술을 가려야 한다고 말하는데, 이때에도 이러한 조치들이 죄인의 내적 상태를 말하는 것처럼 묘사된다. 다양한 피부병, 곧 화상, 종기, 백선, 백반, 대머리 등을 언급하는 구절들은 언급되지 않는다.

이어 에프렘은 나병 환자의 정결례를 다루는 14장으로 넘어간다. 그는 이 정결례를 그리스도의 십자가 죽음의 예형으로 해석한다.

74r:25

사제는 살아 있는 정결한 참새[20] 두 마리와 향백나무와 다홍으로 물들인 [실]과 우슬초를 가져오게 한다. 그는 참새 한 마리를 잡는다. 그리고 그것들과 살아 있는 참새를 생수[21] 위에서 잡힌 참새의 피에 적셨다가 [그 피를] 정결해진 사람 위에 뿌리도록 한다. 나병에 걸린 이는 참새 두 마리를 통해 정결해졌는데, 이것들은 버려진 회당의 예형입니다. 생수 위에서 죽임을 당한 참새는 정결의 샘인 십자가를 통해 죽임을 당한 회당의 신비입니다. 참새의 피는 마치 핏줄의 피처럼 민족들 사이로 퍼져나가 섞인 임마누엘의 육화의 신비입니다. 자기 짝의 피로 적셔진 채 날아간 [참새]는 거룩한 신부입니다. 그것이 내려와서 물 가운데서 피의 의복을 입고, [다시] 하늘로 날아갔기 때문입니다. 이는 치유자께 영

승에 바탕을 두고 있는데, 당시 유다인들과 시리아 그리스도인들에게는 매우 친숙한 주제였을 것이다(자세한 내용은 Brock, "The Robe of Glory: A Biblical Image in the Syriac Tradition"을 보라). 이러한 생각은 에프렘뿐만 아니라 아프라하트를 비롯한 여러 시리아 저자들의 작품들에서 인간의 타락, 세례, 죄와 참회, 부활 등의 여러 맥락 안에서 다양하게 변주되어 나타난다.

20 여기에서 "참새"로 번역한 시리아어는 ܨܦܪܐ다. 이 단어는 '새'로 번역할 수도 있지만, 그보다 종종 구체적으로 '참새'를 가리키기도 한다.

21 샘물 또는 생수를 말하는 듯하다.

예가 드러지기 위해서였습니다. [환자]의 나병의 치유는 결코 하찮은 일이 아니기 때문입니다.

레위 14,4-7은 참새와 향백나무, 우슬초, 다홍색으로 물들인 실 등으로 치러지는 정결례 규정을 설명한다. 이 정결례에서 가장 중요한 역할을 하는 것은 바로 두 마리의 참새로, 참새 한 마리의 죽음이 결정적인 역할을 한다. 사제는 참새 한 마리를 생수 위에서 잡는다. 그리고 그 피로 나머지 참새와 향백나무, 우슬초, 다홍색 실을 적신 후에 이를 나병에 걸렸던 이에게 뿌린다. 그 후에 산 참새는 날려보낸다.

에프렘은 이 정결례를 그리스도의 십자가 죽음과 세례의 예형으로 해석했다. 여기서 참새는 여러 가지를 가리킨다. 우선 정결례에서 사용되는 두 마리의 참새는 각각 다른 두 집단, 곧 유다인들과 그리스도인들을 상징한다. 죽은 참새는 유다인들의 회당을, 살아 있는 참새는 거룩한 신부, 곧 교회를 의미한다. 또 교회는 죽임을 당한 참새의 피로 적셔져 날아가는데, 이 죽임을 당한 참새의 피는 그리스도를 상징한다. 또 참새의 피로 적셔진 교회는 '피의 의복'을 '입는다'라고 언급되는데, 이는 세례의 예형으로 해석된다.

에프렘의 주해는 다시 74v에서 이어진다. 여기에서는 직물이나 건물의 외벽에 생기는 곰팡이에 관한 레위 13,47-50과 14,33-48을 다룬다.

74v:16-23

만일 나병이 모직으로 된 겉옷이나 아마포나 모직으로 된 직물이나 편물에 생기거나, 나병 환자가 사는 집에 생기면, 이는 이를 통해 [하느님] 섬기는 것이 민족들 가운데서 행해지고 있는 우상을 섬기는 것보다 훨씬 더 훌륭하다는 것을 보이기 위함입니다. 나병이 생긴 집과 나병으로 가득한 돌들은 이스라엘 민족의

> 집을 가리킵니다.[22] 악한 돌들은 [그분을] 십자가에 못박은 자들을 [가리킵니다]. 나병에 걸린 이의 정결해짐을 통해 민족들의 정결해짐의 신비가 선명하게 그려집니다. 한 참새가 죽임을 당함으로써 다른 [참새]가 죄사함을 받고 들판으로 날아간 것처럼, 민족들의 몸도 살아 계신 분의 몸의 죽음으로 죄를 용서받았고, 살아나, 참새가 들판으로 [날아간] 것처럼 낙원으로 날아갔습니다.

앞서 나병이 하느님 앞에서 죄를 지은 사람의 상태를 보여 주는 것으로 해석되었다면, 이제 직물이나 편물, 건물에 생기는 나병은 우상 숭배자들, 그리스도를 받아들이지 않는 이스라엘 민족의 상징으로 그려진다. 또 나병에 걸린 돌들(레위 13,40 참조)은 그리스도를 십자가에 못박은 자들을 가리킨다. 나병이 생겼다가 나아진 집을 정화하는 과정은 앞서 나병에 걸렸다가 회복된 사람의 정화 과정과 같다. 에프렘은 앞서와 마찬가지로 이 과정을 그리스도의 십자가 죽음의 예형으로 설명했다. 앞서 살아 있는 참새가 교회의 예형으로 해석되었다면, 여기에서는 죽은 참새인 그리스도의 피로 정결해진 '민족들'로 해석된다. 시리아 저자들의 작품에서 '민족들'이라는 표현은 '민족' 또는 '그 민족'으로 불리는 이스라엘 민족과 대비되는 '그리스도인들'을 가리키기 위해 사용된다.

성경에는 나병에 걸렸다가 나은 이를 위한 정결례와 곰팡이균에 감염된 집이나 직물 등의 정결에 관한 규정 사이에 '보상제물'에 대한 긴 본문이 들어 있다(레위 14,10-32). 『카테나』에는 이 부분에 대한 주해는 포함되어 있지 않다. 아마도 이는 해당 본문이 시리아 저자들의 관심사와는 거리가 멀었기 때문일 것이다.

22 직역하면, "그립니다."

2.3. 사룩의 야고보의 레위 13—14장 주해

에프렘에게로 소급되는 주해들 가운데 사룩의 야고보를 출전으로 명시하는 단락이 삽입되어 있다. 에프렘과 마찬가지로 그의 이름은 본문 안에서 붉은 잉크로 표시된다. 여기서 야고보는 "우리의 교사, 거룩한 마르 야고보"라고 불린다. 사룩의 야고보의 레위기 주해는 지금까지는 『카테나』에 포함된 발췌문만이 알려져 있다.

야고보 역시 에프렘처럼 레위 13—14장을 예형적으로 해석한다. 특히 14,4-8은 그리스도의 죽음의 신비를 보여 주는 것으로 이해되었다.

74r:35-74v:15

사람이 나병에서 정결하게 될 때, 모세가 명하였다: 두 마리의 살아 있는 참새를 [정결하게 되는 이]의 정결을 위해 희생 제물로 바치도록 가져와야 한다. 향백나무와 우슬초와 다홍색으로 염색한 [실]도 그러하다. 사제는 살아 있는 참새 한 마리를 물 위에서 잡도록 지시한다. 그리고 그 잡은 참새의 피를 생수 위에서 짜낸다. 살아 있는 [참새]와 다홍색으로 염색한 [실]에 [병이 전염된다]. 사제는 향백나무와 우슬초와 잡지 않은 참새를 잡은 참새의 피에 찍어, 이를 나병으로부터 정결해진 이에게 뿌린다. 그리고 살아 있는 새를 들판으로 날려보낸다.

여기에서 우리 주님의 죽음과 그분의 십자가에 못박히심이 그려집니다. 그분께서는 희생 제물이 되셨습니다. 그분께서는 죽을 운명의 존재이자 죽지 않는 존재이시며, 속죄를 위한 하나의 예물을 통해 죽임당한 것과 살아 있는 것이 [하나가] 되었습니다. 우리 주님께서 돌아가셨지만, 그분의 십자가에 못박히심을 통해 [죽은 이들을] 살리신 것처럼 말입니다. 그분께서는 죽임당하신 희생 제물이자 살아 있는 [희생 제물]이십니다. 그분께서는 한 분이십니다. 그분께서는 물 위에서 죽임을 당하셨지만, [또한] 그분을 낳으신 분을 향해 하늘로 날아가셨습니다.

모세가 여러 가지 모양으로 제시한 모든 신비들 가운데서 이보다 더 명백한 표상은 없습니다. 그분께서는 신비가 보여 주는 대로, 자기 자신의 피를 흘린 희생 제물이십니다. 또 그분께서는 사시어 날아가셨습니다. 이는 죽임을 당한 위대한 분의 예형(Tuphso)을 그리기 위해서였습니다. 우리 주님께서 육적으로는 돌아가셨지만, 그분의 아버지 안에서는 사신 것처럼 말입니다. 그분께서는 그분 자신 안에서 사셨고, 높은 곳에서 그분을 낳으신 분 곁에 앉으셨습니다. 우리 가운데서는 돌아가셨지만, 셔올 깊은 곳의 죽은 이들에게 찾아가셨습니다. 그리고 피로 물 위에 세례를 새기셨습니다. 이 때문에, 그가 물 가까이에서 희생 제물을 바친 것입니다.

그 [단락]에서 [모세]는 피와 물을 통해 세례를 그렸습니다. 다홍색으로 물든 [실]을 통해 [그리스도의] 십자가에 못박히심의 예형을 선포하였습니다. 향백나무를 통해 물 위에 십자가 나무를 고정하였습니다. 우슬초는 정결해진 이의 흉터 위로 기울여지고, 그것에 피를 묻힙니다. 이는 부정으로부터 그가 정결해짐을 [보여 주는] 신비입니다. 참새 [한 마리]는 생수 위에서 잡히고, 한 마리는 날아갑니다. 이는 두 [참새]를 통해 우리 주님의 신비가 앞서 그려지기 위해서였습니다. 그분께서는 그들을 정결하게 하시려고, 그분 자신의 희생 제사의 피가 묻은 상태로 죽음에서 오르셨습니다. 그리고 부정한 이들 위에 [피를] 뿌리시고는 하늘로 날아가셨습니다.

모세가 참새의 피에 담근 그 나무를 대신하여 [하느님의] 아드님의 십자가가 결백한 피로 흠뻑 적셔졌습니다. 그리고 이 희생 제사를 통해 나병에 걸린 세상이 정결하게 되었습니다. 이를 통해 참새들의 희생 제사는 폐지되었고, 더는 아무런 소용이 없게 되었습니다.

야고보의 해석은 에프렘과 거의 같지만, 성경의 표상들이 좀 더 구체적으로 제시된다. 야고보에 따르면 모세가 제시한 여러 신비들 가운데서 그리스도의 십자가 죽음의 신비를 레위 14,4-8과 14,49-53보다 더 잘 보여주는 예시는 없다. 그의 해석에서는 죽은 참새와 산 참새가 모두 십자가에서 죽었지만 살아나 다시 승천한 그리스도를 상징한다. 정결례를 위해 한 참새가 죽임을 당했듯, 그리스도 역시 십자가에서 죽음을 맞았다. 다홍색으로 물든 실은 그리스도의 피를, 향백나무는 십자가를 상징한다. 살아서 들판으로 날아간 다른 참새는 부활하여 "그분을 낳으신 분" 곁으로 돌아간 그리스도를 가리킨다. 그리고 죽은 참새의 몸에서 흘러나와 물에 섞인 참새의 피는 세례의 예형이다. 바로 이 그리스도의 희생 제사를 통해 나병에 걸린 세상은 정결해졌고, 더는 참새의 희생 제사가 필요하지 않게 되었다.

에프렘과 마찬가지로 사룩의 야고보 역시 나병과 관련된 본문만을 주해할 뿐 다양한 피부질환들에 대해서는 언급하지 않는다. 또 정결하게 된 이가 바쳐야 하는 '보상 제물'에 관한 규정들 역시 다루지 않는다.

2.4. 레위 13—14의 예형적 성경 해석: 참새와 그리스도, 정결례와 십자가 죽음과 세례

위의 주해들을 살펴보면, 시리아 저자들이 같은 사건을 같은 관점에서 해석하고 있다는 것을 알 수 있다. 이들의 해석은 세부 사항들에서는 약간 다르지만, 나병을 죄와 연결시키는 점과 참새의 정결례를 그리스도의 십자가 죽음의 예형으로 보는 것은 모두 같다. 에프렘은 죽은 참새를 유다인들에, 살아 날아간 참새를 그리스도인들에 비견하기도 한다. 하지만, 죽은 참새의 피를 '임마누엘'의 육화의 신비로 본 점에서 그 역시 야고보와 비슷한 시각을 보여 준다.

여기에서 사용되는 시각적 심상과 해석 도식은 단순하면서도 직관적이다. 정결례에서 가장 중요한 역할을 수행하는 것은 두 마리의 참새들로, 죽임을 당한 참새는 자신의 죽음으로 인간의 죄를 속죄한 예수 그리스도를 상징한다. 나병 환자를 깨끗하게 하는 참새의 피는 십자가에서 흘린 그리스도의 피의 예형이다. '다홍색으로 염색된 실' 역시 그 색을 통해 피의 시각적 심상을 제공한다. 참새의 피가 묻은 우슬초 가지와 향백나무는 그리스도가 못박힌 '십자가 나무'를, 피가 섞인 물은 세례를 상징하는데, 이는 정결례 전체가 죽은 참새의 피로 완성되듯, 인간의 구원 역시 그리스도의 죽음으로 이루어지는 것을 보여 준다. 하지만 그리스도는 죽지 않고 부활하여 '하늘로' 올라갔다. 마찬가지로 나머지 한 마리의 참새는 죽지 않고 '하늘로' 날아간다. 『카테나』의 해당 본문들은 시리아 저자들이 레위 13—14장을 제의적 측면에서 정결과 부정을 다루는 유다 전통 안에서가 아니라 그리스도교적 관점에서 어떻게 해석했는가를 보여 준다.

2.5. 시리아 저자들의 레위 13—14장 주해의 독특성

그렇다면 새로운 의문이 제기될 수도 있다. 레위 13—14장의 예형적 해석은 시리아 저자들의 작품에서만 찾아볼 수 있는가? 예형적 해석은 교부들의 저술에서 찾아볼 수 있는 공통된 성경 주해 방식이며, 다른 교부들, 특히 서방 교부들 역시 이를 비슷하게 해석했을 수 있다. 이에 대해서는 그리스·라틴 저자들의 레위 13—14장 주해를 전반적으로 살펴본 이후에 대답할 수 있을 것이다. 현재로서 제시할 수 있는 몇 가지 관찰만을 제시하겠다.

필자가 아는 한, 그리스·라틴 저자들은 레위 13—14장에 큰 관심을 기울이지 않았던 것으로 보인다. 이들은 레위기의 여러 본문들을 자주 인용했지만, 이들이 주로 인용한 본문들은 죄를 지은 이후에 바치는 속죄 제물을 다루는 4—5장과 '도덕적 정결'을 다루는 후반부에 집중된다.[23]

또한 이들이 레위 13—14장을 주해하며 피부병과 곰팡이를 죄의 상징으로 이해하기는 하지만, 정결례를 그리스도의 십자가 죽음이나 그리스도교 관습에 직접적으로 연결하지는 않는 듯하다. 먼저 테르툴리아누스는 『정덕』에서 레위 13,13의 온몸이 희어진 사람은 믿음으로 "완전히 새롭게 된" 사람을 가리킨다고 보았다. 또 그는 14,44-47의 곰팡이를 한 번 제거했는데도 다시 곰팡이가 번진 집이 세례 이후 죄를 지은 사람을 가리킨다고 해석했다.[24] 비슷하게 파테리우스의 구약성경 해석에서도 곰팡이병은 참회 이후에 다시 짓는 죄라고 언급된다.[25] 예외는 카시오도루스와 순교자 유스티누스다. 카시오도루스는 우슬초에 적셔져 악성 피부병 환자의 몸에 뿌려지는 참새의 피는 그리스도의 피라고 해석했다. 순교자 유스티누스는 정결례에 요구되는 곡식 제물이 성찬례의 예표라고 보았다.[26] 이외에 유스티누스가 정결례를 그리스도의 십자가 죽음과 세례의 원형으로 해석했다고 여겨지는 글이 부분적으로 남아 있지만, 이 파편의 저자 문제에 대해서는 여전히 논쟁의 여지가 있다.[27]

그러므로 위에서 살펴본 예시들은 레위 13—14장을 십자가 죽음과 세례의 예형으로 해석하는 것이 시리아 저자들의 독특한 견해를 보여 준다고 볼 수 있을 것이다.

---

23 그리스·라틴 교부들의 레위기 인용에 관한 참고 목록은 https://sites.google.com/site/aquinasstudybible/home/leviticus/patristic-citations-of-leviticus을 보라.

24 리나드/롬슨/오든 (엮음), 『레위기·탈출기·민수기·신명기』, 298과 302를 보라. 이외에 그는 하느님과 구약성경의 율법과 관련하여 마르키온을 반박하는 과정에서 레위 13—14장을 암시하기는 하지만, 지나가듯 언급할 뿐 이 본문들에 대한 자세한 해석은 제시하지 않는다 (ANF III, 407, 480).

25 리나드/롬슨/오든 (엮음), 『레위기·탈출기·민수기·신명기』, 299-300.

26 카시오도루스와 유스티누스의 주해는 리나드/롬슨/오든 (엮음), 『레위기·탈출기·민수기·신명기』, 300-301을 보라.

27 이 파편이 유스티누스의 작품이라고 여기는 학자들도 있지만, 반대 의견을 제시하는 이들도 있다(ANF I, 161. 해당 본문은 같은 책의 300을 보라).

3. 정결과 부정에서 죄와 치유로: 피부병의 은유

레위 13—14장 주해에서처럼 피부병을 죄의 은유로 사용하는 것은 여러 시리아 저자들의 작품에서도 찾아볼 수 있다. 이들의 작품들에서 병과 치유는 구원과 관련하여 가장 자주 사용되는 은유 중 하나지만, 여러 질병 중에서도 피부병은 특히 자주 등장한다. 몇몇 본문들을 간단히 살펴보겠다.

아프라하트는 「통회자들에 관한 논증」에서 독신적 금욕생활을 사탄에게 대항하는 영적 전쟁의 이미지를 사용해 묘사한다. 이에 따르면, 독신적 금욕생활을 서약한 '계약의 자녀들'은 전투에 참가한 병사들이다. 그리고 전투에서 입을 수 있는 부상은 피부병과 관련된 언어로 표현된다.

> 3장. … 그러니 사탄이 부상을 입힌 사람은 자기 어리석음을 고백하고 그것에서 벗어나기를 부끄러워하지 말아야 합니다. 그리고 회개라는 약을 청해야 합니다. 누구든 자기 종기를 내보이기를 부끄러워하는 사람은, [종기가] 악성 종양으로 [악화]되어 몸 전체에 해를 입힙니다. 반면 부끄러워하지 않는 사람은 그의 종기가 나아 다시 투쟁하러 돌아갑니다. 하지만 악성 종양이 생긴 사람은 다시 낫지 못하고 자기가 벗어둔 갑옷을 입을 수도 없게 될 것입니다.[28]
>
> 5장. … 또 다친 이들이 자기들의 상처를 숨기려 하면 그들은 더는 갑옷을 입지 못하게 될 것입니다. 몸 전체에 악성 종양이 생기기 때문입니다. 만일 악성 종양이 생겼는데도 무리하게 갑옷을 입는다면, 그들이 투쟁하러 갔을 때 갑옷이 그것들을 달아오르게 만들어,[29] 종기가 썩고 부패하여 죽고 말 것입니다.[30]

28 Parisot, *Aphraatis Sapientis Persae Demonstrationes I*, 317:5-15.

29 피부의 종기 위에 갑옷이 닿아 쓸려 열이 오르는 것을 말한다.

6장. 자기 종기를 내보이고 나은 이도 나은 자리를 두 번 맞지 않도록 주의해야 합니다. 아무리 유능한 의사라도 [같은 자리를] 두 번 맞은 사람을 치료하기는 어렵기 때문입니다. 흉터 위에 생긴 모든 상처가 다 나을 수는 없습니다. 또 [상처가] 다 낫는다고 해서 다시 갑옷을 입을 수 있는 것도 아닙니다. 무리해서 갑옷을 입으려 한다면 그는 으레 패하고 말 것입니다.[31]

위 본문에서 가장 많이 사용된 단어는 '종기'로 번역한 ܫܘܚܢܐ다. 이는 사탄이나 그의 수하들에게 일격을 받았을 때 생기는데, 피부에 종기가 생겼다는 것은 바로 죄를 지었다는 의미다. 이 종기는 적절한 시기에 치료하면 나을 수 있지만, 내버려 둔다면 악화하여 악성 종양(ܐܟܠܬܐ)이 되고, 이를 방치할 경우 결국 죽음에 이르게 된다. 또 종기에 걸렸다 나았더라도 흉터(ܫܘܡܬܐ)가[32] 남을 수 있다.

비슷하게 사룩의 야고보 역시 자신의 운문 강론들에서 피부병을 죄나 우상숭배, 올바른 믿음의 부재 등의 은유로 사용한다. 먼저 『세상 창조에 관한 운문 강론』에서 야고보는 모세가 창세기의 창조 이야기를 저술한 이유를 다음과 같이 설명한다.

모세는 이 약을 시나이산으로부터 가지고 내려왔네 /
그것으로 세상을 감염시킨 종기를 치유할 수 있도록 //
그는 세상에 그것이 생겨나기 전까지는 존재하지 않았다는 사실과 /

30 Parisot, *Aphraatis Sapientis Persae Demonstrationes I*, 320:20-27

31 Parisot, *Aphraatis Sapientis Persae Demonstrationes I*, 321:7-15.

32 ܫܘܡܬܐ는 상처, 피부병, 맞은 자국, 흉터 등을 의미한다(Payne Smith, *Syriac Dictionary*, 566 참조). 페쉬타 1베드 2,24에서는 그리스어 μώλωψ를 ܫܘܡܬܐ로 옮겼다.

생겨난 세상이 존재하지 않았던 때가 있었다는 것을 보여 주었네 // [33]

위 단락에 따르면, 세상은 자신의 창조자에 대해 알지 못하고, '무지한 상태'에 머물러 있다. 야고보는 이를 세상이 '종기(ܫܘܚܢܐ)에 감염된 것'으로 이해한다. 이 종기를 치유하는 약(ܣܡܐ)은 세상의 창조와 창조주에 대한 바른 지식을 얻는 것으로, 모세가 창세기를 저술한 이유이기도 하다.

야고보는 『죄를 지은 여인에 대한 운문 강론』에서도 루카 복음에서 등장하는 죄를 지은 여인의 영적 상태를 피부병의 이미지를 사용해 묘사한다. 이는 죄를 지은 영혼의 상태를 설명하는 단락에서 언급된다.

참회에 다가갔을 때, 영혼은 밝아졌고, /
그는 타락한, 자신의 이전의 아름다움을 잡으려고 달려가네. //
후회와 눈물이 그로부터 쏟아졌네, /
자신이 [악]을 가까이 했을 때, 악이 자신 안에 만들어 낸 그 오점들을 [그 영혼]이 기억했을 때. //
[영혼]은 마음속으로 쓰게 신음하였는데, /
이는 그가 자기 안에 많아진 악의 종기들을 보았기 때문이라네. //
그러므로, [성경에] 기록되어 있는 대로, "행복하여라, 우는 이들!"[34] /
자기 상처를 본 이라야만 울 수 있으니. //
창녀는 자신의 상처가 많은 것을 보고는 울었다네, /
그녀의 영혼은 [실상을] 이해하였고, 그녀의 타락 때문에 두려움이 그녀를 사로잡았네. //[35]

33 Matthews, *Fashioning of Creation*, 65의 165-168행에서 번역.

34 마태 5,4 참조.

. . .

그녀는 혐오스러운 죄악으로 망가져 버린 자신의 모습을 보았고, /

의사 위로 눈물을 흘렸네, 그분이 자신의 종기들을 치유하시도록. //[36]

이 작품에서 죄를 지은 여인은 죄를 지은 영혼을 대표한다. 그녀의 영혼은 자신이 '종기(ܫܘܚܢܐ)들로 가득한 상태'라는 것을 인지하고, 상처(ܫܘܡܬܐ)가 가득한 자신의 모습에 눈물을 흘린다. 그리고 종기(ܫܘܚܢܐ)들의 치유를 위해 의사에게로 나아가 눈물을 흘린다. 이 의사는 바로 예수 그리스도다.

에프렘의 작품들 역시 다양한 치유의 은유들로 가득하다.[37] 하지만 에프렘은 아프라하트나 야고보만큼 '피부병'에 대해 관심을 기울이지는 않았던 듯하다. 셰무카쇼(Shemukasho)는 에프렘의 작품 전체에서 나타나는 '치유의 언어들'을 조사했는데, 이에 따르면 에프렘이 피부병과 관련된 언어들을 사용한 경우는 매우 드물다. 셰무카쇼의 조사를 간단히 요약하면 다음과 같다: 에프렘은 『교회의 찬가』에서 ܫܘܚܢܐ를 치유자이신 예수님의 치유 대상으로 언급했다. 또 ܫܚܝܢܬܐ는 『너찌빈의 찬가』에서 언급되는데, 이때 ܫܚܝܢܬܐ는 완전히 치유될 수 없는, 치유해도 재발하는 종류의 질환으로 묘사되었다. '피부질환의 흔적 또는 흉터'를 의미하는 ܫܘܡܬܐ 역시 『동정의 찬가』와 『신앙의 찬가』에서 각각 한 번씩 언급되는데, 세례 이후에 지은 죄, 곧 용서받은 후에도 그 흔적이 남을 수밖에 없는 죄를 언급할 때 사용되었다.[38] 에프렘은 아프라하트

35 Johnson, *Jacob of Sarug's Homily on the Sinful Woman*, 51, 231-240행에서 번역.

36 Johnson, *Jacob of Sarug's Homily on the Sinful Woman*, 53, 249-250행에서 번역.

37 에프렘의 치유 은유에 대한 광범위한 조사는 Shemukasho, *Healing in the Theology of Saint Ephrem*을 보라.

38 이 단어들의 용례는 Shemukasho, *Healing in the Theology of Saint Ephrem*, 115에서 인용했다. 아프라하트 역시 용서받을 수 있어도 흔적이 남는 죄를 언급하는데, 그의 경우는 독

나 야고보만큼 피부와 관련된 병들의 이미지들을 자주 사용하지는 않았다. 하지만 각 단어의 용례를 살펴볼 때, 그 역시 이 이미지들과 관련하여 아프라하트나 야고보와 같은 견해를 가졌음을 알 수 있다.

마지막으로 살펴볼 저자는 동방 시리아 교회에서 활동한 나르사이다. 그는 야고보와 동시대 인물로, 에데사의 페르시아 주해 학원에서 활동했고, 에프렘으로부터 신학적 영향을 받았다.[39] 나르사이 역시 치유의 이미지를 종종 사용했는데, 이때 죄인은 마음의 병과 악성 종양(festering sores)에 시달리는 환자에 비유된다. 이 병을 위한 치료약은 바로 그리스도의 몸과 피로, 그는 독자들에게 믿음을 가지고 이를 통해 자기의 종기(sore)를 치유하라고 권고한다. 사제들은 병을 고치는 의사에 비유되고, 그리스도는 "높은 곳에 계신 의사"로 불린다.[40]

이 작품들은 아프라하트와 에프렘, 사룩의 야고보, 그리고 나르사이가 인간의 죄와 구원을 피부병과 치유의 이미지들을 통해 표현하려 했음을 알 수 있다. 이때 피부는 개인의 내적 상태를 보여 주는 지표이며, 피부병은 죄를 은유한다. 물론 피부병이 유일하게 사용되는 질병의 이미지는 아니다. 하지만 피부병이 무지, 죄, 오류 등의 맥락에서 매우 자주 사용된다는 사실 역시 쉽게 관찰할 수 있다. 『카테나』에 포함된 주해를 저술한 저자들도 아프라하트와 에

신적 금욕서약의 위반과 같은 '성과 관련된 잘못들'과 관련하여 이를 사용했다(이에 대해서는 Lehto, *Demonstrations*, 202-203, n.11를 보라). 에프렘과 아프라하트 모두 구체적 맥락은 약간 다르지만 모두 돌이킬 수 없는 죄, 용서받은 후에도 되돌릴 수 없는 죄를 '흉터'로 표현한다.

39 나르사이에 대한 에프렘의 영향에 관한 연구들은 Butts, "Narsai's Life and Works", 4, n. 14의 서지 정보를 참조하라.

40 나르사이의 작품에 대한 언급은 모두 Connolly, *The Liturgical Homilies of Narsai*, 29, 61, 73에서 인용했다.

프렘, 사룩의 야고보와 나르사이와 같은 신학적 전통 안에서 레위 13—14장을 이해했을 것이다.

그렇다면 어째서 피부병이 시리아 저자들의 작품들에서 다른 질병들보다도 죄의 은유로 더욱 자주 사용되었을까? 같은 질문은 성경에서 피부병이 가장 자주 등장하는 질병이라는 사실을 두고 제기될 수 있을 것이다. 아마도 이는 피부병이나 곰팡이 관련 증상들이 생활 속에서 흔히 발생하고, 특별한 의학적 지식 없이도 누구나 피부질환을 쉽게 알아볼 수 있다는 점, 많은 경우 죽음에 이를 정도로 심각하지는 않지만, 환자의 일상생활에 지장을 줄 뿐만 아니라 공동생활을 영위하기 위해서는 반드시 치료가 필요한 병이었다는 점에서 그 이유를 찾아볼 수 있을 것이다. 또 피부질환이 다른 물리적 부상과는 달리 뚜렷한 원인이나 치료 방법을 알 수 없다는 점은 이를 내면의 죄, 또는 신적 징벌의 결과로 이해하게 했을 것이다.

4. 나가는 말

지금까지 『세베루스의 카테나』를 비롯하여 여러 시리아 문헌들을 통해 시리아 저자들이 피부병을 어떤 의미로 이해했고, 피부병과 관련된 규정들을 다루는 레위 13—14장을 어떻게 해석했는지 살펴보았다. 이 본문들은 시리아 저자들이 '피부병' 또는 '곰팡이 증상' 등 일상생활에서 흔히 접할 수 있는 증상들을 신학적으로 어떻게 바라보고 해석했는가를 보여 준다. 시리아 저자들은 '질병들' 그 중에서도 '피부병'을 죄의 은유로, '피부병의 치유'를 구원의 은유로 종종 사용한다. 또 이들은 피부병과 곰팡이균의 진단과 처리를 다루는 레위 13—14장에 새로운 신학적 의미를 부여하여, 해당 본문들이 그리스도의 십자가 죽음을 통한 인류의 속죄 예식을 예형적으로 보여 준다고 해석한다. 이 본문들은 시리아 저자들의 '예형적, 형상적' 성경 해석과 이들이 즐겨 사용한 '시각적 은유'를 보여 주는 좋은 예시라고 할 수 있을 것이다. 이 본문들을 통해 우리는 정결과 부정을 가르는 요소 중 하나였던 피부병과 이를 위한 정결례가 시리아 저자들에 의해 죄와 치유의 이미지로 전환되는 것을 볼 수 있다.

5. 참고 문헌

Assemani JS., *Bibliothecae Apostolicae Vaticanae codicum manuscriptorum catalogus in tres partes distributus : in quarum prima Orientales, in altera Graeci in tertia Latini Italici aliorumque Europaeorum idiomatum codices, vol. 3* (Paris 1759).

Baden, J., Moss, C., "Origin and Interpretation of *Ṣāraʿat*", *JBL 130* (2011), 643-662.

Benedictus, P., *Sancti Patris Nostri Ephraem Syri Poera Omnia quae Exstant Vol 2.1* (Rome 1737).

Brock, S., *Singer of the Word of God: Ephrem the Syrian and his Significance in Late Antiquity* (Piscataway, NJ 2020).

________, "The Robe of Glory: A Biblical Image in the Syriac Tradition", *The Way 39* (1999), 247-259.

Butts, A., "Narsai's Life and Work", Butts/Heal/Kitchen (eds.), *Narsai: Rethinking His Work and His World* (Tübingen 2020), 1-8.

Cleveland Coxe, A., "Introductory note to the First Apology of Justin

Martyr", *The Apostolic Fathers with Justin Martyr and Irenaeus* (ANF I), 159-161.

Connolly, R., *The Liturgical Homilies of Narsai: Tanslated into English with an Introduction* (Cambridge 1909).

Ter Har Romeny, B., "The Peshitta of Isaiah: Evidence from the Syriac Fathers", W. Peursen and B. Ter Haar Romeny (eds.), *Text, Translation, and Tradition* (Leiden 2006), 149-164.

________________, "Ephrem and Jacob of Edessa in the Commentary of the Monk Severus", G. Kiraz (ed.), *Malphono w-Rabo d-Malphone: Studies in Honor of Sebastian P. Brock* (Piscataway, NJ 2008), 535-558.

Homes, P., "Tertullian: Part Second", *Latin Chrsitianity: Its Founder, Tertullian* (ANF III).

Johnson, S., *Jacob of Sarug's Homily on the Sinful Woman* (Piscataway, NJ 2013).

Klawans, J., *Purity, Sacrifice, and the Temple: Symbolism and Supersessionism in the Study of Ancient Judaism* (Oxford 2006).

Kruisheer, D., "Ephrem Jacob of Edessa, and the Monk Severus: An Analysis of Ms. Vat. Syr. 103, ff. 1-72", R. Lavennant (ed.), *Symposium Syriacum VII* (Rome 1998), 599-605.

Lamy, T., *Sacnti Ephraem Syri Hymni et Sermones 2* (Mechelen 1886).

Lehto, A., *The Demonstrations of Aphrahat, the Persian Sage* (Piscataway, NJ 2010).

Matthews, E., *Jacob of Sarug's Homily on the Fashioning of Creation* (Piscataway, NJ 2021).

__________, *The Armenian Commentaries on Exodus-Deteronomy Attributed to Ephrem the Syrian 2 vols.* (CSOC 587, 588).

Minov, S., "Reception of the Greek Story of Melchizedek in Syriac Christian tradition", *Journal for the Study of Pseudepigrapha 26* (2016), 108-143.

Nihan, C., "Forms and Functions of Purity in Leviticus", C. Frevel and C. Nihan (eds.), *Purity and the Forming of Religious Traditions in the Ancient Mediterranean World and Ancient Judaism* (Leiden 2012), 311-367.

Parisot, J., *Aphraatis Sapientis Persae Demonstrationes I* (Paris 1894).

Payne Smith, J., *A Compendious Syriac Dictionary: Founded upon the Thesaurus Syriacus of R. Payne Smith* (Oxford 1998).

Roberts, A., "Other Fragments from the Lost Writings of Justin", *The Apostolic Fathers with Justin Martyr and Irenaeus* (ANF I), 300-302.

Shemukasho, A., *Healing in the Theology of Saint Ephrem* (Piscataway, NJ 2004).

리나드, 조지프 T., 롬슨, 로니 J., 오든, 토머스 C. (엮음), 『레위기·탈출기·민수기·신명기』, 강선남 옮김 (교부들의 성경 주해 구약성경 III; 분도출판사 2015).

이수민, 『낙원의 찬가』 (한님성서연구소 2010).

https://digi.vatlib.it/view/MSS_Vat.sir.103.pt.1.

https://sites.google.com/site/aquinasstudybible/home/leviticus/patristic-citations-of-leviticus.

김명숙

산헤립의 침공과 예루살렘의 구원을 기적사화로 묘사한 배경

1. 논제 제기

기원전 701년 유다 왕국은 아시리아 산헤립 임금의 침공을 받는다. 이에 대한 서술이 산헤립의 연대기와 성경에 모두 나온다.[1] 산헤립의 연대기에서는[2] 산헤립이 유다 성읍 46개를 정복하고 히즈키야 임금의 항복을 받았다고 말한다. 수도 예루살렘은 함락하지 못한 것으로 암시된다. 이에 대해 성경에서는 천사가 개입해 예루살렘이 구원받은 것이라고 전한다(2열왕 19,35-36 // 이사 37,36-37).

성경에서 예루살렘이 함락당하지 않은 일을 기적사화로 묘사하며 드높인 배경에는 여러 요인이 영향을 준 듯하다. ① 하나는 타드모르(Tadmor)와 갈릴(Galil) 등이[3] 지적한 바 있듯이(코간Cogan도 참조),[4] 유다와 함께 반란을 일으킨 페니키아와 필리스티아의 임금은 아시리아에 의해 폐위되고 수도(시돈, 에크론, 아스클론)도 정복당한다. 하지만 유다 왕국에서는 아시리아가 히즈키야를 폐위하지도, 도성 예루살렘을 함락하지도 못했다는 점으로 보인다. 이 점이 일종의 승리처럼 여겨져 그 공을 하느님께 돌리며 천사 개입 사화가 형성되었을 수 있다.

② 아시리아 패권 시대에 유다 왕국을 다스린 히즈키야와 선왕 아하즈의 차이를 부각시키며, 히즈키야가 보인 충심에 따라 어떤 구원이 일어났는지 강

1 유다 성읍 라키스의 발굴 결과와 산헤립의 궁전에 장식되었던 라키스 점령 장면 세공물 역시 이 사건과 관계되는 자료 가운데 하나다. Ussishkin, "Excavations at Tel Lachish 1978-1983", 137-146 등 참조.

2 이 연대기의 구체적 내용에 대해서는 Cogan, "Sennacherib's Siege of Jerusalem (2.119B)," 302-303; ANET 287-288; 『고대 근동 문학 선집』, 532-534 등을 참조하라.

3 Tadmor, "Sennacherib's Campaign", 80; Galil, "Sennacherib Versus Hezekiah", 12.

4 Cogan, "Judah under Assyrian Hegemony", 406.

조하려던 의도가 작용했을 가능성도 꼽을 수 있다. 두 임금과 관련된 열왕기/이사야서의 대목에서 드러나는 유사점과 대조점에 대해서는 라아베(Raabe), 툴(Tull), 브루게만(Brueggemann), 라아토(Laato) 등이 주목한 바 있다.[5] 이 가운데 라아토는 두 대목의 유사점과 대조점에 기초하여 아하즈에 대비되는 히즈키야의 믿음을 기적사화의 등장 배경으로 지목하였다. 본고에서는 이에 대해 더 구체적으로 살을 붙여 풀어보려 한다.

한편, 클레멘츠(Clements)는 기적사화의 등장 배경으로 이사 38장에 기록된 히즈키야의 투병과 회복이 예루살렘의 운명에 대한 표징 구실을 하였다는 점(5-6절 참조)을 꼽았다.[6] 이는 이사 38—39장이 36—37장보다 앞선 본문임을 전제하는 해석인데, 이에 대해서도 아래에서 짧게 다루어 볼 것이다.

그리고 위의 요인들뿐 아니라 예루살렘의 구원을 기적사화로 묘사한 배경에는 요인 하나가 더 작용한 듯하다. 이에 대해서는 아직 인식한 이가 없어 보이는데, 엘리사 시대에 북왕국의 수도 사마리아에서 일어난 구원이 이사야 시대에 일어난 예루살렘의 구원 묘사에 영향을 주었을 가능성이다. 이 논고에서는 산헤립의 침공 사건을 서술하고 편집한 이들이 예루살렘의 구원을 사마리아 구원 사건을 떠올리게 하는 모티프와 어휘로 묘사하면서도, 사마리아를 능가하는 기적이 예루살렘에서 일어났음을 암시하려 하였음을 보여 줄 것이다. 이를 위해 여러 학자들이 지적한 ①과 ② 관련 요인을 상세하게 논한 뒤, 사마리아와 예루살렘의 구원 사건이 보여 주는 병행점과 차이점을 부각하며 ③의 가능성을 또한 증명하고자 한다.

---

5 Raabe, "King Hezekiah in Isaiah", 67-81; Tull, *Isaiah 1—39*; Brueggemann, *Isaiah 1—39*, 282, 284-285; Laato, *Message and Composition*, 38.

6 Clements, *Jerusalem and the Nations*, 115-118.

2. 예루살렘의 구원을 기적사화로 묘사한 배경

2.1. 아시리아군의 철수에 대한 신학적 해석

2열왕 19,35-36 // 이사 37,36-37에서는 천사의 개입으로 아시리아군이 패한 듯 서술되지만, 산헤립의 침공은 아시리아의 패배로 끝나지 않았다. 산헤립의 연대기에서는 히즈키야가 항복하고 조공을 크게 하였음을 부각하며 끝맺고, 2열왕 18,13-16에서도[7] 그와 거의 일치된 내용을 전한다. 만약 2열왕 19,35-36 // 이사 37,36-37의 서술처럼 주님의 개입으로 산헤립이 패하여 돌아갔다면, 유다 왕국이 이후에도 계속 아시리아에 복속되었던 상황을 설명할 수 없다. 히즈키야의 아들 므나쎄는 통치 내내 아시리아의 충실한 신하로 살았다.[8]

그럼에도 천사 개입 사화로 이를 이스라엘 측의 승리처럼 묘사한 것은, 아시리아군이 예루살렘을 함락하지 못하고 물러난 일을 기적처럼 느끼고 이를 기리려 했기 때문으로 보인다. 만약 도성 예루살렘마저 산헤립에게 빼앗겼다면 '유다인이라는 개념 자체가 역사에서 사라졌을 법한 위기'[9]였던 까닭이다.

7 "아시리아 임금 산헤립이 유다의 모든 요새 성읍으로 올라와서 그곳들을 점령하였다. 유다 임금 히즈키야는 라키스로 아시리아 임금에게 전갈을 보냈다. '제가 잘못하였습니다. 돌아가 주십시오. 그러면 임금님께서 부과하시는 것을 그대로 받아들이겠습니다.' 그러자 아시리아 임금은 유다 임금 히즈키야에게 은 삼백 탈렌트와 금 서른 탈렌트를 요구하였다. 히즈키야는 그에게 주님의 집과 왕궁의 창고에 있는 은을 모두 내주었다 …."

8 Galil, "Sennacherib Versus Hezekiah", 5; Fritz, *1&2 Kings*, 363; Stavrakopoulou, *King Manasseh and Child Sacrifice* 등.

9 Tadmor, "Sennacherib's Campaign", 80.

아시리아는 정복민을 다른 지역으로 유배함으로써 경제적 효과(빈 땅을 개간하게 하는 등)를 노렸고 고향과 연을 끊게 만들어 자기 왕국에 잘 동화될 수 있도록 정책을 펼쳤다. 2열왕 18,32에 따르면,[10] 산헤립이 예루살렘으로 파견한 사절단도 주민들의 항복을 유도하며 유배를 예고하였다. 북왕국이 망하여 역사에서 사라진 이유도 이와 관계 있다. 하지만 예루살렘과 유다 왕국은 극적으로 구원받았고 오히려 '이후(기원전 7세기 후반)에는 아시리아의 멸망을 목도하게 되었으니,'[11] 이 역시 승리처럼 여겨졌을 법하다(어쩌면 기원전 7세기 후반 아시리아가 바빌론·메디아 연합군에 패하여 망한 일을 기적사화로 히즈키야 대목에 뒤늦게 반영하였을 수도 있다). 브루게만도 지적하듯이[12] 이런 일은 하느님만 하실 수 있다고 여겨 천사 개입 사화가 형성된 듯하다. 그리고 이런 구원을 드높이려고 갈대 바다(홍해)의 기적에 버금가는 사건으로 서술하였다.[13] 곧 주님께서 파라오의 군대를 갈대 바다에서 전멸시키신 것처럼 산헤립의 침공 때도 주님의 천사가 개입해 아시리아군을 기적적으로 멸한 사건으로 윤색한 것 같다. 이에 대해서는 두 기적 사건에 대해 기록한 탈출 14,30; 2열왕 19,35을 비교하여 확인해 보자.

탈출 14,30:

"그날 주님께서는 이렇게 이스라엘을 이집트인들의 손에서 구해 주셨고, 이스라엘은 바닷가에 죽어 있는 이집트인들을 보게 되었다."

---

10 "내가 와서 너희를 너희 땅과 다름없는 땅으로, 곧 곡식과 새 포도주의 땅, … 새 올리브 기름과 꿀이 나는 땅으로 너희를 데려가겠다. … 히즈키야가 '주님께서 우리를 구해 내신다.' 하면서 너희를 부추길 때, 그의 말을 듣지 마라."

11 Tadmor, "Sennacherib's Campaign", 80.

12 Brueggemann, *Isaiah 1—39*, 300.

13 Tull, *Isaiah 1—39*, 537; Aubin, *Rescue*, 217; Park, "Egypt or God?", 61.

2열왕 19,35:

“그날 밤 주님의 천사가 나아가 아시리아 진영에서 십팔만 오천 명을 쳤다. 아침에 일어나 보니 그들이 모두 죽어 주검뿐이었다.”

더구나 2열왕 19,24에는 “내 발바닥으로 이집트의 모든 강을 말려 버렸다”라는, 갈대 바다의 기적을 떠올리게 하는 어휘로 산헤립이 제 능력에 대해 떠벌린 일을 가상한 구절도 실려 있다. 실로 북왕국에 이어 남왕국까지, 건국 이래 처음 이스라엘이 완전히 망할 위기에 놓였다가 구원받았으니 이는 파라오에게 쫓기던 이스라엘의 눈앞에서 갈대 바다가 갈라진 옛 일만큼 놀라운 반전이었을 것이다. 이런 구원을 기리려고 2열왕 19,9 // 이사 37,9에서는 산헤립이 사신(말-아크 מַלְאָךְ)을 보내어 예루살렘을 위협하고 하느님을 모욕하였듯이, 하느님께서는 아시리아 군대에게 천사(말-아크 מַלְאָךְ)를 파견하여 벌하신 것(2열왕 19,35 // 이사 37,36)으로 서술하였을 것이다.[14] 이사 37,29에서는 “너(산헤립)의 소란이 내 귀에까지 올라왔으니”라는, 탈출 2,23(“고역에 짓눌려 도움을 청하는 그들의 소리가 하느님께 올라갔다”; 참조: 창세 18,21의 “나에게 들려온 그 원성”)을 상기시키는 표현을 썼다.

14 Tadmor, “Sennacherib's Campaign”, 79; Cogan/Tadmor, *2Kings*, 239. Tull, *Isaiah 1–39*, 536. 이처럼 아시리아의 침공을 극복한 일을 기적사화로 묘사한 예가 헤로도토스의 『역사』(2,141)에도 존재한다(이는 이후 요세푸스의 『유다 고대사』 10,18-19에 비슷하게 인용된다). 거기서는 산헤립이 이집트를 침공해 이집트의 관문인 펠루시온까지 가지만, 신이 쥐 떼를 보내어 아시리아의 무기를 갉아먹게 함으로써 패주시킨 것으로 나온다. Tadmor, “Sennacherib's Campaign”, 80; Gallagher, *Sennacherib's Campaign to Judah*, 17. 타드모르는 예루살렘에서 일어난 기적 같은 이야기를 헤로도토스가 전해 듣고 그 영향을 받은 것으로 추정하였다.

2.2. 유다 임금 아하즈와 히즈키야의 대비

예루살렘의 구원을 기적사화로써 드높인 배경에는 히즈키야를 선왕 아하즈와 대조하여 메시지를 전하려는 의도도 있었던 듯하다. 두 임금 대목에서 드러나는 관계성에 대해서는 라아베(Raabe)와 툴(Tull), 브루게만(Brueggemann), 라아토(Laato) 등이 다음과 같이 지적한 바 있다.[15] 두 임금은 아시리아와 관련된 위기를 겪는다는 공통점을 지니지만 서로 대비되는 점도 여럿 보여 준다는 것이다. 두 임금 대목에서 드러나는 공통점은 이러하다.

① 아하즈 시대를 배경으로 하는 이사 7장에서는 이사야 예언자가 3인칭으로 등장하는 특징을 보인다. 그런데 이사야의 이런 등장은 히즈키야 배경인 36—39장에서도 되풀이된다.[16]
② 두 대목의 서두도 아래와 같이 비슷하게 시작한다.[17]

이사 7,1:
"우찌야의 손자이며 요탐의 아들인 유다 임금 아하즈 시대에, 아람 임금 르친과 르말야의 아들인 이스라엘 임금 페카가 예루살렘을 치러 올라왔지만 정복하지는 못하였다."
이사 36,1:
"히즈키야 임금 제십사년에, 아시리아 임금 산헤립이 유다의 모든 요새 성읍으로 올라와서 그곳들을 점령하였다."

15 Raabe, "King Hezekiah in Isaiah", 67-81; Tull, *Isaiah 1—39*, 157; Brueggemann, *Isaiah 1—39*, 282, 284-285; Seitz, *Joel*, 69; Laato, *Message and Composition*, 38.
16 Tull, *Isaiah 1—39*, 157.
17 Tull, *Isaiah 1—39*, 158.

③ 마침 구절 역시 유사점을 보인다.[18] 아하즈 대목에서 히즈키야의 탄생과 관련된 내용으로 추정되는 단락(이사 9,1-6)의 끝 구절, 이사 9,6: "만군의 주님의 열정이 이를 이루시리이다"(קִנְאַת יְהוָה צְבָאוֹת תַּעֲשֶׂה־זֹּאת)가 히즈키야 시대 산헤립의 침공 대목을 마무리하는 37,32: "만군의 주님의 열정이 이를 이루리라"(קִנְאַת יְהוָה צְבָאוֹת תַּעֲשֶׂה־זֹּאת)에서 똑같이 되풀이된다. 더불어 주님께서 아하즈에게 주신 "임마누엘"의 탄생 표징(7,14)이 히즈키야의 탄생 예고로 추정된다는 점에도 주목할 필요가 있다.

④ 두 임금이 메시지를 전달받는 방식도 유사한 구조로 서술된다. 7장에서는 아하즈가 하느님의 사절인 이사야를 통해 주님의 메시지를 전달받고 36장에서는 히즈키야가 아시리아 임금의 사절인 랍 사케를 통해 산헤립의 메시지를 전달받는다.[19] 내용만 대조된다. 아하즈는 하느님에 대한 믿음을 북돋우는 신탁을, 히즈키야는 그가 주님께 둔 신뢰를 조롱당하는 메시지를 전달받는다.[20]

⑤ 두 임금이 메시지를 전달받은 위치도 같게 보고된다.[21] 두 경우 모두 '마전장이 밭에 이르는 길가 윗저수지의 수로'에서다(이사 7,3; 36,2).

⑤ '두려워하지 말라'(אַל־תִּירָא)는 신탁도 두 임금에게 공통적으로 주어지며(이사 7,4; 37,6),[22] 하느님이 다윗에게 하신 약속 역시 두 대목(9,6; 37,35)에 모두 암시된다.

---

18 Tull, *Isaiah 1—39*, 536; Brueggemann, *Isaiah 1—39*, 299; Laato, *Message and Composition*, 43.

19 Telfer, "Toward a Historical Reconstruction of Sennacherib's Invasion of Judah", 8; Tull, *Isaiah 1—39*, 527.

20 Tull, *Isaiah 1—39*, 158.

21 Raabe, "King Hezekiah in Isaiah", 68; Telfer, "Toward a Historical Reconstruction of Sennacherib's Invasion of Judah", 8; Tull, *Isaiah 1—39*, 524; Brueggemann, *Isaiah 1—39*, 284-285; Laato, *Message and Composition*, 38 등.

하지만 둘의 대처 방식은 상반된다. 아하즈는 하느님을 신뢰하지 못하였고 히즈키야는 그 반대의 이미지로 부각된다.[23] 아하즈는 주님 대신 아시리아에 의지하려고 자진해서 아시리아에 조공하였지만(2열왕 16,7-8), 2열왕 18,7에 따르면 히즈키야는 조공을 과감히 거부하였다. 산헤립의 사절단이 예루살렘에서 하느님의 힘을 깎아내리며 심리전을 펼칠 때도(2열왕 18,33-35 // 이사 36,18-20) 히즈키야는 성전에 들어가 기도하고 이사야의 중재 기도를 청하려고 대신들을 보낸 것으로 나온다(2열왕 19,1-2.14-28 // 이사 37,1-2.14-29). 이는 예언자의 중재 기도와 그가 전하는 말씀의 힘을 히즈키야가 믿었음을 드러낸다.[24] 이때 응답으로 내려진 신탁이 구원 메시지라는 점(2열왕 19,6-7.20-34 // 이사 37,6-7.21-35)은, 하느님이 히즈키야를 지원하고 계심을 알려 준다(남왕국의 마지막 임금 치드키야의 경우에는 예언자 예레미야에게 중재 기도를 청하지만 구원 신탁이 주어지지 않았다. 예레 21,1-10 등 참조).

그에 비해 주님의 명령으로 이사야가 아하즈를 만나러 갔을 때 아하즈는 저수지에 있었는데(이사 7,3), 반아시리아 동맹으로 뭉친 북왕국-아람에게 예루살렘이 공격당하면 농성(籠城)에 물이 필수적이었기 때문인 듯하다.[25] 이는 아하즈가 전쟁에 대비하려고 인위적 수단에 의지하려 하였음을 시사한다(어쩌면 이 때문에 히즈키야와 관련된 열왕기 // 이사야서의 본문에서 아시리아의 침공에 대비한 히즈키야

---

22 Oswalt, *The Book of Isaiah*, 647; Raabe, "King Hezekiah in Isaiah", 70; Tull, *Isaiah 1—39*, 531. 이사야서에서 임금에게 '두려워하지 말라'(אַל־תִּירָא)는 신탁이 주어진 예는 위의 두 대목뿐이다.

23 Oswalt, *The Book of Isaiah*, 631; Telfer, "Toward a Historical Reconstruction of Sennacherib's Invasion of Judah", 8; Laato, *Message and Composition*, 38.

24 Brueggemann, *Isaiah 1—39*, 290.

25 안소근, 『이사야 1—39장』, 132-133; Oswalt, *The Book of Isaiah*, 198; Goldingay, *The Theology of the Book of Isaiah*, 24 등.

의 수로 공사에 대해 거의 언급하지 않은 것 같다. 오히려 수로 공사에 대한 암시가 책망 신탁 안에 포함된 이사 22,9.11을 참조하라.[26] 이사야서에서는 히즈키야가 산헤립에게 항복하고 조공한 일에 대해서도 보고하지 않는다. 2열왕 18,13-16; 비교: 이사 36,1). 이사야는 이런 아하즈에게 하느님의 힘을 믿어야 한다고 역설하고 표징도 전달하였다(이사 7,10-14). 하지만 아하즈는 표징을 거부하였고 결국 재앙 신탁(7,17)을 전달받는다. 그에 비해 히즈키야의 경우는 우상숭배를 철폐한 그의 종교개혁 행보(2열왕 18,5)에서 충심이 증명되며, 이사야가 전달한 표징도 믿었다(이사 37,30; 38,5-8),[27] 바로 이런 믿음 덕분에 히즈키야는 예루살렘을 보호해 주시겠다는 주님의 약속을 받게 되었고(37,6-7)[28] 그 약속대로 주님께서 아시리아 진영에 천사를 보내어 그들을 물러가게 하신 것으로, 그가 받은 구원을 극적으로 표현한 것 같다(37,36).[29] 이로써 이후의 독자들에게도 히즈키야와 같은 믿음을 지니면 그런 구원을 받을 수 있다고 가르칠 수 있다.

히즈키야와 예루살렘이 산헤립의 봉쇄에도 구원받은 일은 또한 아하즈 대목에 포함된 이사 8,9-10의 신탁("민족들아, 발악해 보아라. 그러나 질겁하고 말리라. 세상의 먼 나라들아, … 계획을 의논해 보아라. 그러나 깨져 버리리라. 결의를 말해 보아라. 그러나 성사

26 이사 22,9.11: "(너희는) 다윗 성에 균열이 많음을 살펴 알았으며 아랫저수지에 물을 모아들였다."; "옛 저수지의 물을 받아 놓으려고 두 성벽 사이에 저장소를 만들었다. 그러나 너희는 이 모든 것을 이루신 분을 … 살펴보지 않았다." 이를 수로 공사에 대한 책망으로 풀이한 안소근, 『이사야 1—39장』, 291-292; Goldingay, *The Theology of the Book of Isaiah*, 43 등 참조.

27 Tull, *Isaiah 1—39*, 535; Brueggemann, *Isaiah 1—39*, 298.

28 "이사야가 그들에게 말하였다. '… 주님께서 이렇게 말씀하십니다. '너는 아시리아 임금의 종들이 나를 모욕한 그 말을 듣고 두려워하지 마라. 보라, 내가 영 하나를 그에게 내려 보내면, 그는 뜬소문을 듣고 자기 나라로 돌아갈 것이다. 그리고 나는 그가 자기 나라에서 칼에 맞아 쓰러지게 하겠다.'"

29 라아토 역시 같은 의견을 제시하였음을 Laato, *Message and Composition*, 38에서 확인하였다.

되지 못하리라. 하느님께서는 우리와 함께 계시다")을 확인해 주는 의미도 지니므로(이사 37,26과 비교)[30] 두 대목 사이의 연결성을 다시금 엿볼 수 있다.

곧 성경에서는, 특히 이사야서에서는 아시리아 임금 앞에서 히즈키야는 아하즈와 다르게 행동해 바람직한 임금상을 세웠음을 부각하려 한 것 같다. 그에 대한 상급처럼 하느님이 개입하심으로써 산헤립은 예루살렘 점령에 실패하였고 오히려 자기 신을 섬기던(그래서 가장 '안전하다고 여겼을'[31]) 신전에서 죽는 말로를 맞아야 했다는 것이다. 그래서 20년의 간극은 있지만 예루살렘과 히즈키야의 구원(기원전 701년)은 2열왕 19장 // 이사 37장에서 산헤립의 말로(기원전 681년)와 나란히 배치되어 서로 대비해 주는 효과도 낼 수 있었다.[32]

한편, 클레멘츠는 이에 대해 조금 다른 방향으로 풀이하였다. 그는 이사 38장에 서술된 히즈키야의 투병과 기적적인 회복이 예루살렘의 운명에 대한 표징 구실을 하였다는 점(5-6절 참조)을[33] 기적사화의 등장 배경으로 꼽는다(이사 38—39장이 36—37장보다 앞 시대 본문이라는 추정에 대해서는 아래 각주를 확인하라).[34] 클

30 "너는 듣지 못하였느냐? 내가 오래전에 그것을 결정하고 옛날에 그것을 계획하여 이제 실행에 옮겼음을. 그래서 네가 요새 성읍들을 파괴시켜 무너져 내린 돌무더기로 만들 수 있었다."

31 Park, "Egypt or God?", 63.

32 Tadmor, "Sennacherib's Campaign", 79; Raabe, "King Hezekiah in Isaiah", 71-72.

33 "히즈키야에게 말하여라. '너의 조상 다윗의 하느님인 주님이 이렇게 말한다. 나는 네 기도를 들었고 네 눈물을 보았다. 자, 내가 너의 수명에다 열다섯 해를 더해 주겠다. 그리고 아시리아 임금의 손아귀에서 너와 이 도성을 구해 내고 이 도성을 보호해 주겠다.'"

34 이사 38—39장을 36—37장보다 앞선 본문으로 보는 이유는 이러하다. 39장의 바빌론 사절단이 히즈키야 위문 겸 예루살렘을 방문한 원래 목적은 반아시리아 동맹 도모로 추정된다는 점이다(Tull, *Isaiah 1—39*, 555; Luckenbill, *The Annals of Sennacherib*, 10 등). 이사 39,1에 언급된 "바빌론 임금 므로닥 발아단"이 아시리아 반란을 활발히 꾀한 사람으로서 사르곤 2세(기원전 722년-705년)와 산헤립 시대(705-681년)에 아시리아의 적이었다. 므로닥 발아단은 기원전 705년 사르곤 2세가 아나톨리아에서 예기치 않게 전사하자 703년에 반란을 일으켰다가 산헤립에게 패한다. 그 뒤 701년에 산헤립이 유다 왕국을 비롯한 지중

레멘츠에 따르면, 히즈키야가 아시리아에 반란을 일으켜 유다 왕국과 예루살렘을 위기에 몰아넣은 일은 히즈키야의 투병과 대응한다. 하지만 그는 이사야에게 자기 병의 치명성을 전해 들었을 때 그 선고에 순종하면서도 자신이 한 모든 좋은 일을 기억해 달라며 하느님께 기도하고 매달렸다. 그 덕에 회복을 예고받고 수명도 15년 늘어나게 되었듯이, 예루살렘과 다윗 왕실의 수명도 천사의 개입으로 늘어나게 되었다는 것이다.[35] 요컨대, 클레멘츠는 히즈키야의 기적 같은 회복이 예루살렘이 받게 될 기적 같은 구원의 표징으로 주어졌다고 보았다. 이 일은 또한 라아토의 주장처럼[36] 히즈키야가 주님 앞에서 충실한 임금이었음을 드러내 준다.

클레멘츠는 더 나아가 다음과 같은 점도 지적하였다. 히즈키야가 수명을 연장받을 때 해시계에 일어나는 놀라운 변화를 표징으로 받은 점이, 해와 달을 멈추게 하는 기적으로 하느님께서 이스라엘 백성에게 승리를 안겨 주신 여호 10장의 일을 떠올려 준다는 점이다. 더구나 여호수아 시대에도 신적 존재가 나타나 이스라엘을 위해 싸워 준 예가 존재한다. 예리코 정복 직전 주님 군대의 장수가 출현하였다(여호 5장).[37] 곧 천체와 관련되는 기적이 일어난 점과 신적 존재의 출현이 공통되며, 주님의 천사가 예루살렘을 구한 일은 여호수아 시대에 주님께서 해와 달을 멈추게 하심으로써 이스라엘을 위해 싸워 주신 일을 상기시킨다는 점을 지적하였다.

해 연안 나라들의 반란을 진압하기 위해 발길을 돌린 것이다. 그렇다면, 이사 38장에 실린 히즈키야의 투병 대목도 산헤립의 침공 이전으로 볼 수 있다(Raabe, "King Hezekiah in Isaiah", 67; Tull, *Isaiah 1—39*, 546 등).

35 Clements, *Jerusalem and the Nations*, 115.

36 Laato, *Message and Composition*, 38.

37 Clements, *Jerusalem and the Nations*, 119; '주님 군대의 장수'에 대한 자세한 설명은 김명숙, 「쉽게 이해하는 구약: 고대에서 현대까지 37 — 주님 군대의 장수」, 25-29을 참조하라.

2.3. 사마리아 구원과 예루살렘 구원의 대비

예루살렘의 구원을 기적사화로 발전시키는 데 영향을 준 또 다른 요인으로는 사마리아와 엘리사의 전승도 꼽을 수 있을 듯하다. 왜냐하면, 남북 왕국의 수도인 사마리아와 예루살렘에서 일어난 사건과 그 경위 묘사가 병행하면서도 차이를 보이기 때문이다. 병행점은 아래와 같다.

① 2열왕 6,24-25; 7,3-20에는 북왕국의 수도 사마리아를 포위한 적군이 '기적적으로' 물러간 일이 실려 있다.[38] 당시 사마리아를 포위한 적은 아람군이다. 이들이 갑자기 철수한 배경도, 예루살렘을 봉쇄했던 아시리아군이 물러가게 된 배경과 비슷하게 나온다. 하느님께서 '헛것을 듣게' 하신 것이다. 이에 대해서는 2열왕 7,6-7과 19,7에서 확인해 보자.

2열왕 7,6-7:

"주님께서 아람군 진영에 병거 소리와 군마 소리와 대군이 쳐들어오는 소리가 **들리게**(הִשְׁמִיעַ) 하셨던 것이다. 그리하여 아람군은 서로 '이스라엘 임금이 히타이트의 임금들과 이집트 임금들을 고용하여 우리에게 쳐들어오는구나!' 하며, 해 질 녘에 일어나 천막과 군마와 나귀들을 버리고 진영을 그대로 둔 채, 목숨을 구하려고 도망쳤던 것이다."

---

38 이 사건의 경위는 다음과 같다. 아람군이 사마리아 성을 포위해 성안의 양식이 떨어지자, 굶주리던 나병환자 넷이 성안에 들어가도 먹을거리가 없으니 차라리 적에게 항복하여 양식을 구하자고 결단한다. 하지만 곧 그들은 적진의 아람군이 모든 걸 팽개치고 진영을 떠난 것을 알게 된다.

2열왕 19,7:

"보라, 내가 그(산헤립)에게 영을 보내면, 그는 뜬소문을 **듣고**(שָׁמַע) 자기 나라로 돌아갈 것이다."

② 신적 존재의 등장도 공통된다. 아람군의 사마리아 침공 사건과 관련해서는 2열왕 6,8-23에 서술된다. 거기서는 주님의 군대가 "군마와 불 병거"의 형태로 등장하며, 주님께서 아람군을 쳐서 눈을 멀게 하시는 것으로 나온다. 이에 대해서는 15-18절에서 확인해 보겠다.

2열왕 6,15-18:

"하느님의 사람의 시종이 아침 일찍 일어나서 밖에 나갔다가, 군마와 병거를 거느린 (아람군의) 부대가 성읍을 둘러싸고 있는 것을 보았다. 그 종이 엘리사에게 "아이고, 주인님! 이걸 어찌하면 좋습니까?" 하고 물었다. 엘리사는 "두려워하지 마라. 우리 편이 그들 편보다 많다." 하고서는, 이렇게 기도하였다. '주님, 저 아이의 눈을 여시어 보게 해 주십시오.' 그러자 주님께서 그 종의 눈을 열어 주셨다. 그가 보니 군마와 불 병거가 엘리사를 둘러싸고 온 산에 가득하였다. 아람 군대가 엘리사에게 내려올 때, 엘리사는 주님께 '저 민족을 치시어 눈이 멀게 해 주십시오.' 하고 기도하였다. 그러자 주님께서는 엘리사의 말대로 그들을 치시어 눈이 멀게 하셨다."

③ 사마리아에서는 아람군의 기적적인 철수로 엘리사의 예언(2열왕 7,1.16)이 실현되었듯이, 예루살렘에서는 아시리아군이 철수하여(2열왕 19,35-37) 이사야의 예언, 곧 2열왕 19,6-7 // 이사 37,6-7(이사 37,29 참조)이 실현된다. 이에 대해서도 아래에서 확인해 보자.

예언	실현 보고
2열왕 7,1 "엘리사가 말하였다. '… 주님께서 이렇게 말씀하셨습니다. '내일 이맘때에 사마리아 성문에서 고운 밀가루 한 스아가 한 세켈, 보리 두 스아가 한 세켈 할 것이다.'"	2열왕 7,16 "백성은 나가서 아람군 진영을 털었다. 그리하여 주님의 말씀대로 고운 밀가루 한 스아가 한 세켈, 보리 두 스아가 한 세켈 하였다."
2열왕 19,6 "이사야가 그들에게 말하였다. '… 주님께서 이렇게 말씀하십니다. '너는 아시리아 임금의 종들이 나를 모욕한 그 말을 듣고 두려워하지 마라. 7 보라, 내가 그에게 영을 보내면, 그는 뜬소문을 듣고 자기 나라로 돌아갈 것이다. 그리고 나는 그가 자기 나라에서 칼에 맞아 쓰러지게 하겠다.'"	2열왕 19,35 "그날 밤 주님의 천사가 나아가 아시리아 진영에서 십팔만 오천 명을 쳤다. 아침에 일어나 보니 그들이 모두 죽어 주검뿐이었다. 36 아시리아 임금 산헤립은 그곳을 떠나 되돌아가서 니네베에 머물렀다. 37 그런데 그가 그의 신 니스록의 신전에서 예배드리고 있을 때, 그의 두 아들 아드람멜렉과 사르에체르가 그를 칼로 쳐 죽이고는 아라랏 땅으로 도망쳤다. …"

'산헤립이 돌아가리라'는 이사야의 예언은 천사가 아시리아 진영을 휩쓴 뒤 산헤립이 본국으로 돌아가게 된 일(2열왕 19,35 // 이사 37,36)에서, 산헤립이 자기 나라에서 칼에 맞아 쓰러지리라는 예고는 2열왕 19,37 // 이사 37,38에서 실현된 것으로 보고된다. 곧 성경에서는 이런 기적사화로써 과거 사마리아에서 엘리사의 예언이 놀라운 방법으로 이루어졌듯이 이사야의 예언도 그러하였다고 암시하려 한 것 같다.

④ 엘리사와 이사야는 이름의 뜻도 같다. 엘리사(אֱלִישָׁע)는 '하느님께서 구원하시다'이고, 이사야(יְשַׁעְיָהוּ)는 '**주님**께서 구원하시다'라는 의미를 지닌다. 엘리사가 기적을 자주 일으킨 예언자이듯이(2열왕 2,19-25; 4장 등 참조) 이사야가 등장하는 히즈키야 대목에서도 기적이 두 번 일어난다. 천사가 아시리아 진영을 친 일과 투병 중이던 히즈키야에게 전달된 회복의 표징(2열왕

20,6-11 // 이사 38,5-8)이 그것이다. 히즈키야에게는 수명이 열다섯 해 늘어나리라는 예고의 표징으로 해시계에 드리워졌던 해 그림자가 열 칸 뒤로 돌아가는 기적이 일어난다.

더구나 천사의 개입으로 예루살렘이 구원받은 것으로 묘사된 이 사건은, 갈대 바다가 갈라졌다가 다시 덮임으로써 이스라엘을 쫓던 파라오의 군대가 패한 기적(탈출 14,30)에 버금가는 일로 드높여지며 사마리아 구원을 능가한다. 오빈(Aubin)과 박(Park)이 보여 주듯,[39] 예루살렘 구원에 등장하는 천사는 탈출 12,23의[40] "파괴자"와 비슷한 구실을 하므로 아시리아군의 파멸은 이집트에 내린 맏배의 재앙을 비슷하게 되풀이하는 의미를 또한 지닌다. 그 재앙 속에서 이스라엘 백성의 집만 무사하였듯이, 이번에는 산헤립의 군대와 달리 히즈키야와 예루살렘 백성은 무사할 수 있었다.[41]

이런 식으로 남북 왕국의 수도에서 일어난 구원을 대조하려는 의도는 2열왕 18장의 사건 배치 구조에서도 엿보인다. 엘리사 시대에는 구원받은 사마리아의 멸망(9-12절)이 예루살렘 구원 대목 바로 앞에 서술된다. 더구나 코간과 타드모르가 지적하듯이[42] 2열왕 18장의 맨 앞에 언급된, 히즈키야가 종교개혁을 단행하여 우상숭배를 없앤 일이 북왕국의 멸망을 반면교사로 삼은 행보일 가능성을 고려하면 그 연결성은 더욱 커진다. 이로써 주님의 말씀을 실천하지 않아 아시리아에 망하고 유배길에 오른 사마리아를, 같은 나라의 침공을 받고도 구원받은 예루살렘과 극적으로 대조할 수 있었다.

---

39 Aubin, *Rescue*, 218-219; Park, "Egypt or God?", 61.

40 "주님께서 이집트인들을 치러 지나시다가, 두 문설주와 상인방에 바른 피를 보시면, 그 문은 거르고 지나가시고 파괴자가 너희 집을 치러 들어가지 못하게 하실 것이다."

41 Park, "Egypt or God?", 64-68.

42 Cogan/Tadmor, *II Kings*, 220.

3. 결론

본고에서는 산헤립의 침공에서 예루살렘이 구원 받은 일을 성경에서 기적사화로 드높여 기린 배경을 크게 세 가지로 추정하여 살펴보았다. 첫째, 아시리아 임금이 히즈키야를 폐위하지도, 도성 예루살렘을 함락하지도 못하고 철수한 점을 일종의 승리로 보고 그 공을 하느님께 돌리려 했을 가능성을 꼽았다. 둘째, 히즈키야를 선왕 아하즈와 대비하여 히즈키야의 충심이 얼마나 놀라운 구원을 가져왔는지 보여 주려던 목적도 꼽을 수 있다. 셋째, 예루살렘의 구원을 사마리아 구원 사건을 떠올리게 하면서도 그 일을 능가하는 사건으로 묘사하여 강조하려던 목적도 포함할 수 있다.

이 사건의 중심에 서 있는 히즈키야는, 강국 아시리아에 복종해 위기를 넘긴 아하즈와 달리 무리한 반란을 고집하여 백성 다수를 죽게 하거나 포로로 잡히게 하고 영토도 줄어들게 하였다는, 세상의 잣대로는 부정적 평가를 받을 수 있다.[43] 산헤립의 연대기에 따르면 아시리아는 유다 백성 이십만여 명을 유배하였고, 아시리아가 정복한 유다의 성읍들은 아스돗 임금 미틴티, 에크론 임금 파디, 가자 임금 찔비-벨에게 주어졌다. 아시리아의 멍에도 강화되는 결과를 가져온 듯하다. 히즈키야의 아들 므나쎄는 재위 내내 아시리아의 충실한 신하로 살았다.[44] 하지만 성경은 하느님의 영광을 드러내고 당신께서 택하

43 Tull, *Isaiah 1—39*, 538; Clements, *Jerusalem and the Nations*, 117. 기원전 722년 북왕국이 망한 뒤 피난민들이 내려오면서 남왕국은 번영하였는데, 이런 번영이 히즈키야의 무모함 때문에 멈추었다고 평가할 수 있다. 당시의 번영은 고고학 발굴 결과에서도 확인된 바 있다. Stavrakopoulou, *King Manasseh and Child Sacrifice*, 92-93. 히즈키야가 아시리아 반란을 도모할 수 있었던 배경에도 이런 번영이 일조하였을 것이다.

44 Stavrakopoulou, *King Manasseh and Child Sacrifice*, 95-96.

신 백성 이스라엘의 역사를 어떻게 이끌어 가시는지 보여 주는 데 초점을 맞추므로, 히즈키야가 동맹군이나 요새 예루살렘의 힘보다 하느님께 의지하였다는 점을 부각하며 모범 임금으로 평가하였다. 더구나 남왕국보다 크고 번영했던 북왕국은 아시리아에 망해 흩어졌지만 히즈키야의 유다 왕국은 같은 나라의 침공을 받고도 건재하였으니 이를 기적처럼 느끼게 되었을 것이다. 이렇게 남왕국이 절체절명의 위기를 넘겨 유다인이 존속하고 그 뿌리에서 그리스도교가 또한 싹텄으니, 이는 성경의 역사상 가장 중요한 사건 가운데 하나로 손꼽힐 수 있을 것이다.

4. 참고 문헌

Aubin, H.T., *The Rescue of Jerusalem: The Alliance between Hebrews and Africans in 701 BC* (New York 2002).

Brueggemann, W., *Isaiah 1—39* (Louisville 1998).

Clements, R.E., *Jerusalem and the Nations; Studies in the Book of Isaiah* (Sheffield 2011).

Cogan, M., "Judah under Assyrian Hegemony: A Reexamination of Imperialism and Religion," *JBL 112/113* (1993), 403-414.

__________, "Sennacherib's Siege of Jerusalem (2.119B)," W.W. Hallo (ed.), *The Context of Scripture* (Leiden 2000), 302-303.

Cogan, M., Tadmor, H., *2Kings* (USA 1988).

Fritz, V., *1&2 Kings* (Minneapolis 2003).

Galil, G., "Sennacherib Versus Hezekiah: A New Look at the Assyrian

Campaign to the West in 701 BC", *Zion 53* (1988), 1-12.

Gallagher, W.R., *Sennacherib's Campaign to Judah: New Studies* (Leiden 1999).

Goldingay, J., *The Theology of the Book of Isaiah* (Illinois 2014).

Flavius Josephus, *Jewish Antiquities, Books IX-XI*, R. Marcus (tr.) (Cambrige 1990).

Laato, A., *Message and Composition of the Book of Isaiah* (Boston 2022).

Luckenbill, D.D., *The Annals of Sennacherib* (Illinois 1924).

Oswalt, J.N., *The Book of Isaiah* (Michigan 1986).

Park, S.S., "Egypt or God?: Who Saved Judah From The Assyrian Attack In 701 BCE?", A.O. Bellis (ed.), *Jerusalem's Survival, Sennacherib's Departure, and the Kushaite Role in 701 BCE* (2020), 55-74.

Pritchard, J.B. (ed.), *Ancient Near Eastern Texts: Relating to the Old Testament* (New Jersey [3]1969).

Raabe, P.R., "King Hezekiah in Isaiah," *JBTS 4.1* (2019), 67-81.

Seitz, C.R., *Joel* (London 2016).

Stavrakopoulou, F., *King Manasseh and Child Sacrifice: Biblical Distortions of Historical Realities* (New York 2004).

Tadmor, H., "Sennacherib's Campaign to Judah: Historical and Historiographical Considerations," *Zion 50* (1985), 65-80.

Telfer, C.K., "Toward a Historical Reconstruction of Sennacherib's Invasion of Judah in 701 B.C.", *MAJT 22* (2011), 7-17.

Tull, P.K., *Isaiah 1—39* (Georgia 2010).

Ussishkin, D., "Excavations at Tel Lachish 1978-1983: Second Preliminary Report", *Tel-Aviv X* (1983), 137-146.

김명숙, 「쉽게 이해하는 구약: 고대에서 현대까지 37 — 주님의 군대 장수」, 『말씀터』 128 (한님성서연구소 2020.1-2), 25-29.

안소근, 『이사야서 1—39장』 (거룩한 독서를 위한 구약성경 주해 29-1; 바오로딸 2016).

제임스 B. 프리처드, 『고대 근동 문학 선집』 주원준 외 옮김 (기독교문서선교회 2016).

헤로도토스, 『역사』, 천병희 옮김 (도서출판 숲 2009).

송혜경

초대 그리스도교 '성性 금욕주의'

I. 도입: 연구의 목적과 방법론

근자들어 인문학자들과 신학자들 사이에 금욕주의에 대한 관심이 늘면서 초대 그리스도교 금욕주의도 새로운 조명을 받고 있다. 기존 연구는 금욕주의의 기원과 동기에 집중되었지만 요즘에는 연구 범위도 넓어지고 주제도 다양해졌다. 특히 '성 금욕주의'는 성, 젠더, 페미니즘 이슈 등과 맞물리면서 학자들의 특별한 관심을 받고 있다.[1] '성의 포기' 또는 '혼인과 출산'의 포기가 '성 및 젠더 문제'와 긴밀히 연결되어 있기 때문이다.[2]

그리스도교 금욕주의 연구사를 개관하는 글에서 윌스(Wills)는, 1997년 미셸 푸코의 책『성의 역사』(*The History of Sexuality*)가 출간된 이후 금욕주의 연구 방향에 일대전환이 일어났다고 평가한다.[3] 그 전에는 연구 초점이 극도의 고행이나 극기와 같은 외형적 수련에 맞춰져 있었지만 푸코 이후부터 금욕의 내적 의미를 살피는 연구들이 부상했다는 것이다. 그리하여 푸코 이후 학자들은 금욕을, 무언가를 억제하고 금지하는 식의 부정적 활동이 아니라 자신을 변화시키고 재창조하는 긍정적 활동으로 정의한다. 금욕이 "자신의 재창조 수단(a means of remaking the self)", "자신의 탈-중심화(decentering the self)", "자신을 변화시

1 예를 들어, Wills, "Ascetic Theology Before Asceticism?", 902-925 특히 909-910. Shaw, "Sex and Sexual Renunciation I", 355-371; Castelli, "Sex and Sexual Renunciation II: Developments in Research since 2000", 372-384.

2 가령 클라크는 고대 후기 여성의 성 금욕주의를 지위 및 젠더의 포기라는 관점에서 고찰한다: Clark, "Women and Asceticism in Late Antiquity", 33-48.

3 그리스도교 금욕주의 연구의 역사와 현황은 Wills, "Ascetic Theology Before Asceticism?", 902-906; Finn, *Asceticism In The Graeco-Roman World*, 1-6; Clark, *Reading Renunciation*, 14-49을 보라. 금욕주의 연구 서지 정보는 Finn, "Asceticism"(온라인 논문, 페이지 없음, 검색일: 2023.2.1)도 참조.

키는 작업(transformative work on the self)"이라는 것이다.[4]

이렇게 금욕주의의 정의가 달라지면서 그리스도교 성 금욕주의에 새로운 눈으로 접근하는 학자들이 생겨났다. 이들은 성 금욕주의의 시작점을 3세기 고행자들, 가령 오리게네스나 사막 교부 안토니오가 아니라 그보다 앞선 시대에서 찾기 시작했다. 사실 푸코 이전의 학자들은 대부분 그리스도교 성 금욕주의가 3세기 이후에 발현했다는 입장이었다. 3세기 이후 교회에 신-플라톤적 이원론이 유입되면서 육체와 성, 혼인과 출산을 부정하는 '절대적 금욕주의'가 교회 안에 부상했다는 것이다.[5] 그러나 금욕주의를 '자기 변화'와 같은 긍정적 의미로 이해할 때, 그리스도교 성 금욕주의는 신약성경에 뿌리를 두고 있으며 1세기 말-3세기 초에 만들어진 신약 외경이나 교부들의 저서에서 그 정신이 강화·계승되었다고 볼 수 있다. 이를 입증하기 위해 본 논문은 '성 금욕주의'를 표방 또는 암시하는 초대 교회 본문들을 제시하려 한다.[6] 금욕주의

---

4 Wills, "Ascetic Theology Before Asceticism", 902-906. "a means of remaking the self"는 푸코(M. Foucault)의 정의(1997), "decentering the self"는 윌스 자신의 정의다. 금욕을 "transformative work on the self"라고 표현한 사람은 카스텔리(E. Castelli, 2004)다: Wills, 앞의 글, 903에서 재인용. 금욕주의 정의에 대해서는 Krawiec, "Asceticism", 764-785.

5 Wills, "Ascetic Theology Before Asceticism?", 903-906. 클락에 따르면 마르틴 루터가 혼인의 가치를 격상시킨 이후 성 금욕주의를 교회 외부적 요소로, 다시 말해 "그리스도교의 헬레니즘화" 결과로 여기는 경향이 강해졌다고 한다: Clark, *Reading Renunciation: Asceticism and Scripture in Early Christianity*, 19-20. 사실 플라톤의 이원론에서 파생된 극도의 성 금욕주의(Encratism)는 4세기 필립보 행전과 같은 본격적 영지주의 작품에서 나타난다.

6 성 금욕주의가 반영된 콥트어 본문들과 시리아어 본문들이 현대어로 완역되면서 이 본문들도 연구에 활용할 수 있게 되었다. 전자는 1945년 이집트 나그 함마디에서 발견된 콥트어 본문들이다. 이 논문에서 인용하는 토마 복음도 그 가운데 하나다. 후자는 4세기 시리아 교부 아프라하트의 『논증』으로서 2011년에 영어로 완역·출간되었다(Valavanolickal (ed.), *Aphrahat Demonstrations Vols. 1-2*). 이 문헌들의 번역과 출간 덕분에 초대 그리스도교 성 금욕주의를 지리적·시대적·문화적 관점에서 다각도로 조망하는 일이 비교적 수월해졌다.

의 모든 측면을 다루지는 않으며 '성의 포기'(Sexual Renunciation) 또는 '성의 금욕'에만 집중할 것이다.[7] 연구와 관련하여 다음 사항을 미리 밝혀둔다.

첫째, 본 연구는 초대 교회 '본문'을 통한 연구로서 신약 외경 및 초대 교부 문헌을 주 자료로 사용한다. 많은 학자들이 그리스도교 금욕주의의 시작으로 여기는 3세기 오리게네스(185-253년)를 기준으로 그 이전 문헌들에 한정한다. 방점은 신약 외경에 주어질 것이다. 초대 교회 연구에서 신약 외경이 활용되는 경우는 드문 편이고 그리스도교 금욕주의 연구에서도 대개 논외로 취급되거나 초대 교회 금욕주의와는 별개의 것인 양 다루어졌다.[8] 하지만 신약 외경은 초세기 교회의 또 다른 측면을 반영하는 것이지 교회 외적 현상을 담은 것이 아니다. 신약 외경과 교부 문헌을 함께 살핀다면 초대 교회의 모습을 보다 폭넓게 조망할 수 있을 것이다. 초대 교회 신학과 역사 연구에서 신약 외경을 예외적 일탈로 다루는 태도는 초대 교회 안에서 성 금욕주의가 차지하는 비중을 평가 절하하는 결과로 이어질 수 있다. 그러므로 본 연구에서는 신약 외경을 포함하여 1세기 말부터 3세기 초에 저술된 그리스도교 문헌들을 종합적으로 살필 것이다. 편의상 신약 외경과 교부 문헌으로 나누어 살피겠으나 특정 작품을 '이단'이나 '정통'으로서 다루지는 않겠다. 여기서 다루는 시기는 이런 개념들이 아직 정립되지 않은 때였기 때문이다.

둘째, 성의 금욕과 관련된 '본문'들을 제시하고 그 의미를 파악하는 데 역

---

7 금욕주의는 음식, 술, 성(정결·독신), 가족관계, 소유, 힘과 권력, 명예 등 사적 삶과 사회적 삶의 다양한 측면을 아우르는 개념이다. 삶의 이 다양한 측면들은 긴밀히 연결되어 있어서 어느 하나만 따로 분리해서 조망하기는 쉽지 않다. 이 한계점을 인정하면서 본 논문은 '성의 포기와 금욕' 문제에 초점을 맞출 것이다.

8 신약 외경의 금욕주의는 대개 정통 교회와 '다른' 전통을 반영하는 것으로 취급되었다. 이를테면, Hartenstein, "Encratism, Asceticism, and the Construction of Gender and Sexual Identity in Apocryphal Gospels", 389-406 참조.

점을 둘 것이다. 따라서 본문에 대한 역사비평적 분석은 하지 않는다. 당대 저자들의 시선을 왜곡 없이 전달하는 데 초점을 맞추고 관련 본문을 인용 또는 요약 소개할 것이다. 본 논문에 제시된 인용문은 모두 그리스어, 콥트어, 시리아어 원문에서 필자가 직접 우리말로 옮긴 것이다.

셋째, 본 논문은 1부와 2부로 나누어 진행된다. 1부에서는 초대 그리스도교 문헌, 곧 신약 외경과 교부 문헌에서 금욕주의가 어떤 식으로 발현되는지 알아볼 것이다. 신약 외경은 토마 복음서와 외경 행전들이,[9] 초대 교부들로는 순교자 유스티누스, 헤르마스, 테르툴리아누스, 타티아누스, 알렉산드리아의 클레멘스 등이 중심이 될 것이다. 이를 통해 이미 1-2세기부터 성 금욕주의가 그리스도 교회의 보편적 현상, 또는 보편적 이상理想으로 자리매김했음을 확인할 것이다.

2부에서는 초대 교회에서 성 금욕이 보편적 현상이 된 배경을 살펴볼 것이다. 먼저 학자들이 그리스도교 금욕주의의 바탕으로 추정하는 그리스-로마의 철학적 금욕주의, 헬레니즘 유다교 금욕주의, 1-2세기 지중해 세계의 시대적 분위기에 대해 살펴볼 것이다. 이로써 그리스도교 성 금욕주의가 그리스-로마 시대의 금욕주의 물결 한가운데 있었음을 확인할 것이다. 그런 다음 그리스도교 성 금욕주의의 차별성과 고유성을 살펴보고 그러한 차별성의 기원을

9 신약 외경 가운데 영지주의가 확고한 작품은 논외로 한다. 이 세상의 창조주와 그가 만든 세상과 육신의 가치를 부정하는 영지주의 세계관은 성경의 세계관과 확연한 차이를 보이기 때문이다. 영지주의자들은 플라톤의 형이상학적 이원론을 따르면서 이데아 세계와 물질 세계, 천상과 지상, 영혼과 육신을 엄격히 구분한다. 이들은 육신을 악신 창조주의 작품으로 여기면서 완전한 성의 포기, 곧 혼인과 출산의 영구적 포기를 가르쳤다고 한다(알렉산드리아의 클레멘스, 『잡록』 3.3.12). 영지주의자들이 혼인과 출산을 지양한 것은 그것이 영을 육신에 가두는 일로 여겼기 때문이다. 초대 그리스도교 금욕주의는 영지주의 금욕주의와 본질적으로 다르다.

추적할 것이다. 곧 그리스도교 성 금욕주의가 다른 종교나 철학의 금욕주의와 다른 모습-이를테면, 성의 완전한 포기-을 띤 것은, 그것이 교회 외적 요인보다는 교회 내적 동인에 의해 발달했기 때문임을 밝힐 것이다. 그리스도교 성 금욕주의는 3세기 그리스 철학의 영향으로 뒤늦게 생겨난 것이 아니라 1-2세기 교회 저자들로부터 시작된, 그리스도 메시지에 대한 특별한 '해석'에서 비롯했다는 것이다. 그리스도교 성 금욕주의의 차별성은, 하느님과 그 나라를 그 무엇보다 우위에 두라는 예수 그리스도의 가르침을 '성 포기'의 맥락에서 해석한 결과라는 뜻이다.

II. 초대 그리스도교 문헌에 나타난 '성 금욕주의'

앞에서 밝힌 대로, 학자들은 그리스도교 성 금욕주의의 시작을 대부분 3세기 초 오리게네스나 3세기 사막 교부 안토니오에게서 찾는다. 그러나 그리스도교 성 금욕주의는 1세기 말-3세기 초에 만들어진 신약 외경과 교부들의 저서에서 먼저 나타난다.

1. 신약 외경

신약 외경 가운데 절대적 성 금욕과 관련된 본문들이 적지 않다. 이 본문들은 대개 신약성경 본문들에 바탕을 두고 있으며 강도만 세어졌을 따름 그 기본 정신은 같다. 곧 신약성경의 가르침을 당시 상황에 맞게 재해석한 결과물이 신약 외경에 반영되어 있다. 여기서는 토마 복음서와 다섯 외경 행전을 중심으로 외경의 성 금욕주의를 살펴보겠다.

1.1. 토마 복음

토마 복음은 1세기 말-2세기 중반에 동부 시리아 에데사에서 최종 편집된 것으로 추정된다. 동부 시리아 교회 금욕주의를 반영하는 이 복음서는, 성性을 뛰어 넘는 영구 독신(ⲙⲟⲛⲁⲭⲟⲥ)의 삶을 통해 아담이 누리던 태초의 영광을 회복할 것을 촉구한다. 토마 복음은 구원을, 인간의 성(性)이 구분되기 이전의 태초의 상태로 되돌아가는 것으로 표현한다(토마 22).

> **토마 22,1** 예수님께서 젖을 빨고 있는 아기들을(ⲕⲟⲩⲉⲓ) 보시고 제자들에게 말씀하셨다. "젖을 빨고 있는 이 아기들은 하늘 나라에 들어가는 사람들과 같다." **2** 그들이 그분께 말하였다. "그렇다면 우리는 아기가 되어야 하늘 나라에 들어가겠습니까?" **3** 예수님께서 그들에게 말씀하셨다. "너희가 … 남자와 여자를 오직 하나(ⲟⲩⲁ ⲟⲩⲱⲧ)로 만들어 남자를 남자가 아니게 하고 여자를 여자가 아니게 한다면(ⲛⲉⲫⲟⲟⲩⲧ ⲣ̄ ϩⲟⲟⲩⲧ ⲛ̄ⲧⲉⲧⲥϩⲓⲙⲉ ⲣ̄ ⲥϩⲓⲙⲉ), … 그때 너희는 하늘 나라에 들어갈 것이다."

여기서 하늘 나라에 들어간다고 하는 '어린 아기'와 같은 사람, 또는 '남자도 여자도 아니게 된 사람'은 성의 구별이 없는 사람 또는 성을 초월한 사람을 가리킨다.[10] 굳이 둘을 구분하자면, 아기와 같은 사람은 태초의 원형적 인간(창세 1,27) 자체, '남자도 여자도 아니게 된 사람'은 태초의 이상적 인간으로 회귀한 사람을 가리킨다. 구원이 성의 완전한 포기와 직결되는 셈이다. 사실 '남자

10 Kee, "'Becoming a Child' in the Gospel of Thomas", 310-313.

를 남자가 아니게 하고 여자를 여자가 아니게 한다'는 표현은 갈라 3,26-28에서 따온 것이다(참조: 1코린 12,13). 갈라 3,26-28은, 세례를 통해 유다인과 그리스인, 자유인과 노예, 남자와 여자 사이의 사회적 차이가 없어지고 그리스도 안에서 일치를 이룬다는 의미다. 그런데 "남자도 여자도 없"다는 갈라 3,28이 토마 복음에서는 '성' 구별의 해소를 통해 인간 원형을 회복한다는 의미로 재해석된다. 마찬가지로 '어린이'를 하늘 나라와 연결시키는 네 복음서 말씀들이 토마 복음에서는 '성의 완전한 포기'를 독려하는 의미로 활용된다(토마 37 참조).

토마 복음에는 성 금욕과 관련된 표현들이 더 있다. '혼자인 사람'(ⲙⲟⲛⲁⲭⲟⲥ: 49; 75), '하나'(ⲟⲩⲁ: 22; 106), '오직 하나'(ⲟⲩⲁ ⲟⲩⲱⲧ: 4; 22; 23)와 같은 표현들이다.[11] 성 구별을 해소함으로써 태초의 단일성을 회복한 사람을 가리키는 이 표현들은, 마태 19,12의 '하늘 나라를 위해서 고자가 된 사람'에 바탕을 두었을 법하다.

이런 식으로 토마 복음은, 태초의 원형적 인간을 가리키는 '어린이'와 그 관련어들, '남자도 여자도 아닌 사람', 또는 '혼자인 사람'과 그 관련어들을 써서 태초의 단일성과 완전성을 회복할 것을 독려한다. 결국 토마 복음에서 성 금욕은, 타락 이전의 원형적 인간으로 회귀하는 수단이 된다. 완전한 성의 포기를 통해 남자도 아니고 여자도 아닌, 성 구별 이전의 어린이와 같은 태초의 인간으로 돌아가라는 것이다.

토마 복음에서처럼 금욕과 홀로인 삶을 지향하는 태도는 여러 외경 행전들에서도 발견된다. 2세기 중반에서 3세기 초반에 만들어진 외경 행전들

11 '둘을 하나로 만들다'(말씀 22; 106), '남자와 여자를 오직 하나인 사람으로 만들다'(말씀 22), 여자가 자신을 '남자로 만들다'(말씀 114) 등도 마찬가지다.

은 하나같이 성 금욕주의를 표방한다.[12] 행전 본문 곳곳에서 당대 교회가 '정결'(ἁγνεία)을 지향하는 금욕주의 공동체로 그려지고 있으며 '정결'에 대한 찬양이 여러 본문에 분포해 있다.[13] 성 금욕주의 강도가 비슷한 행전끼리 묶어서 소개하겠다.

1.2. 바오로 행전과 베드로 행전

2세기 중반 소아시아 남부에서 만들어진 바오로 행전의 성 금욕주의는 5-6장에서 잘 드러난다. 바오로 사도가 빵을 떼어 나눈 뒤 말씀을 선포하는 장면에서 그 말씀이 "절제ἐγκράτεια와 부활에 관한 하느님의 말씀"이라고 요약된다(5). 여기서 "절제"라 옮긴 ἐγκράτεια는 초세기 저자들이 성 금욕을 가리킬 때 자주 사용한 단어로서(Lampe), 극도의 금욕주의분파를 가리키는 Encratite라는 명칭이 이 단어에서 나왔다. 또한 5-6장에 나오는 열두 행복 선언에서 적어도 네 선언이 성 금욕과 관련 있다.

> "행복합니다, 마음이 깨끗한 사람들! 그들은 하느님을 볼 것입니다.[14] 행복합니다, 육신을 정결하게(ἁγνεία) 간직한 사람들! 그들은 하느님의 성전이 될 것입니다.[15] 행복합니다, 절제하는(ἐγκράτεια) 사람들! 하느님께서 그들에게 말씀하실 것입니다. 행복합니다, 이 세상과 작별하는 사람들! 그들은 하느님의 마음에 들

12 외경 행전들 각각에 대해서는 Klauck, *The Apocryphal Acts of the Apostles: An Introduction*을 보라. 각 행전의 저자, 저술 장소와 시기에 대해서는 Bremmer, "The Five Major Apocryphal Acts: Authors, Place, Time and Readership", 149-170을 참조하였다.

13 Tissot, "Encratisme et Actes Apocryphes", 109-119; Sfameni Gasparro, "Gli Atti apocrifi degli Apostoli e la tradizione dell'enkrateia", 287-307.

14 마태 5,8.

15 2코린 6,16 참조.

것입니다. 행복합니다, 아내가 있되 아내가 없는 사람처럼 지내는 사람들![16] 그들은 하느님의 상속자가 될 것입니다.[17] … 행복합니다, 동정녀들의(παρθένος) 육체! 그것들은 하느님의 마음에 들고 정결함에 대한 상급을 잃지 않을 것입니다."

여기서 바오로 행전 저자는 복음서의 참행복 선언과 바오로 서간을 바탕삼아, 정결과 절제의 삶을 진정한 행복으로 선포한다. 행전의 참행복에 두려움과 지혜, 자비와 같은 덕목도 포함되지만 참행복 선언의 무게중심은 무엇보다 '정결'에 놓여 있다. 여기서 정결은 단순한 성의 절제가 아니라 성의 완전한 포기를 가리킨다. 이는 참행복 선언에서 동정녀들의 육체를 찬양하는 데서 잘 드러난다.

바오로 행전의 성 금욕주의는 사도가 "오직 한 분이신 하느님만 두려워하고 정결하게 살아야 한다"고 가르쳤다고 묘사한 데서도 알 수 있다(8-9). 사도가 "정결하게 지내지 않으면, 여러분에게 부활은 없을 것입니다. 그러니 육신을 더럽히지 말고 정결하게 간수하시오" 하면서 젊은이들을 선동했다고 하는 고발도 마찬가지다(12). 그리스도인의 삶을 '정결'로 요약하거나 '정결'을 부활과 직결시키는 점이 성 금욕주의의 분명한 증거가 된다.

* * *

180-200년경 소아시아 남부에서 저술된 베드로 행전도 바오로 행전과 유사한 성 금욕주의를 표방한다. 행전 저자는 베드로 사도의 가르침에서 '성 금욕주의'가 핵심을 차지했으며 그것이 순교의 직접적 원인이 되었다고 서술한다. 베드로 사도에게서 정결의 가르침을 들은 사람들이 부부관계를 중단하면서

16 1코린 7,29 참조.

17 로마 8,17 참조.

불거진 문제가 결국 사도를 순교에 이르게 했다는 것이다(베드로 행전 4-11).[18] 베드로 사도의 순교 원인을 '성 금욕주의 유포'로 제시하는 이 서술이 사실이든 아니든 2세기 소아시아 교회에 '성 금욕주의'가 퍼져 있었고 그것이 당국의 심기를 거슬렸음은 충분히 짐작할 수 있다.

1.3. 요한 행전

150년경 서부 소아시아(스미르나)에서 만들어진 것으로 추정되는[19] 요한 행전도 성 금욕주의 성향을 드러낸다. 이는 욕정에 넘어가지 않는 영혼, 육체와 분노의 힘에 굴복하지 않는 영혼을 칭송하는 표현들(69)이나 정결하게(καθαρός) 절제(ἐγκράτεια)하면서 살라는 가르침(107)에서 잘 나타난다. 요한 사도가 혼인한 적이 없는 동정으로 제시된 것(113)도 저자의 금욕주의 성향을 암시한다. 그런데 요한 행전은 다른 행전에 비해 혼인이나 성에 대해 다소 온건한 입장을 취한다. 무엇보다 '성'이 영혼의 정결에 방해가 됨을 경고하면서도 '성' 자체를 부정하지는 않는다. 이는 육체 자체를 문제시하지 않는 시각과도 연결된다. 실제로 저자는 '성 금욕'을 육체의 훼손과 연결해서는 안 된다는 메시지를 전하고 있다. 간통한 젊은이가 자신을 꾸짖는 부친을 살해한 뒤 잘못을 뉘우치고 스스로 거세했을 때 사도가 보인 반응에 이 메시지가 담겨 있다(48-54). 사도는 이 사건을 악마의 사주로 간주하면서 '육체'의 특정 기관이 문제가 아니라

18 베드로는 사형 집행인들에게 자기 머리를 거꾸로 하여 십자가에 매달아 달라고 청한다(8; 37). 베드로 사도가 거꾸로 매달린 것은 첫 인간의 타락을 표상한 것이라고 한다. 첫 인간의 타락은 세상의 모든 것을 뒤집어 놓았다. 그래서 베드로는 "처음의 오류에서 벗어나 다시 (그 이전으로) 돌아가야 합니다. 그리스도의 십자가에 올라가야 합니다" 하고 권고한다(9; 38). 타락 이전, 태초의 상태를 회복하자는 가르침은 앞서 인용한 토마 복음서 22를 연상시킨다.

19 Lalleman, *Acts of John*, 256-268.

사람 안에 있는 '보이지 않는 샘'이 문제라고 말한다(54). 성 금욕 또는 성의 포기가 육신의 폄하와 연결되어서는 안 된다는 것이다.

성 금욕주의의 온건성은 성 금욕을 모든 신자의 의무가 아닌 개인의 선택에 맡겨진 일로 제시하는 데서도 드러난다. 저자는 혼인을 포기한 이들을 이상적 신자로 제시하면서도(63) 모든 신자에게 독신을 독려하지는 않는다. 주님께서 요한에게 동정을 요구하신 이유도 그가 주님의 사도이기 때문이라고 한다. 주님의 사도로서 주님을 위해서만 살아야하기에 독신이 요구되었다는 것이다. 주님께서 요한을 사도로 부를 생각이 아니었다면 그의 혼인을 막지 않으셨을 것이라고 한다(113). 결국 요한 행전에서 성과 혼인의 포기는 '주님의 것'인 사람에게만 일어나는 일이다. 성의 포기는 그 자체가 목적이 아니며 '주님의 것'이 되기 위한 조건일 따름이라는 것이다.

1.4. 안드레아 행전과 토마 행전

다섯 행전 가운데 상대적으로 늦게 만들어진 안드레아 행전과 토마 행전이 가장 강도 높은 성 금욕주의를 표방한다.

200년경 소아시아 북부 비티니아 또는 폰투스에서 만들어진[20] 안드레아 행전은 성 금욕주의를 그리스도인의 이상(理想)으로 제시한다. 사유재산과 혼인을 경시하고 출산을 금지한 것으로 알려진 금욕분파(Encratites), 사도파(Apostolici), 오리게네스파(Origenist) 사람들이 안드레아 행전을 사용했다고 하는 에피파니우스의 진술(『구급상자』 47.1.5; 61.1.5; 63.2.1)은 이 행전의 중심에 강도 높은 성 금욕주의가 있었음을 짐작케 한다. 안드레아 사도의 가르침이 '성의 완전한 포기'와 관련 있었음(39)은 그 가르침을 받은 사람들이 부부관계를 거부하

20 저술 장소와 연대는 Klauck, *Apocryphal Acts*, 115-116 참조.

는 데서 드러난다. 배우자의 요구에 맞서라면서 덧붙인 사도의 말에서도 성 금욕주의가 엿보인다.

> "그러니 자신을 정결하고 깨끗하고(ἁγνεία/καθαρός) 거룩하고 흠 없고 순수하고 정숙하게 지키십시오. 그리고 우리가 아닌 다른 사람의 말에 귀 기울이지 말고 약해지지 말며 …넘어지는 일 없이 카인의 일들에 동조하지 마십시오."(40)

정결과 절제의 삶은 "자신의 삶 전체와 육신의 어미인 악과 육신의 것들에 작별"을 고하는 일로 묘사된다(46). 성 금욕주의는 사도의 십자가상 연설에서도 밝히 드러난다. 이 연설의 요지는, 우리가 세상의 것에 집착하는 한 영적인 것을 볼 수 없다는 것이다(56). 사도는 세상의 삶을 공허한 것으로 묘사하면서 육체 너머에 있는 것들을 향해 떠날 것을 촉구한다(57).

> "이러한 삶 전체를 버리십시오. 그리고 시간 너머에 있는 것들을 향해, 율법 너머에 있는 것들을 향해, 말씀 너머에 있는 것들을 향해, 육체 너머에 있는 것들을 향해, 쓰디쓰고 죄스럽고 노고로 가득 찬 쾌락들 너머에 있는 것들을 향해 나아가는 내 영혼을 따라잡으려 애쓰십시오. … 잠시뿐인 모든 것들에서 멀리 도망치십시오. 그리고 이제 나와 함께 떠납시다."(57)

사도는, 쾌락을 추구하는 사람들이나 죽은 뒤에 아무것도 없다고 생각하는 자들은 악마와 마귀들의 지배를 받고 있다면서 쾌락과 정결 가운데 하나를 선택하라고 독려한다(58).[21] 마지막으로 사도는 "지상의 것"과 "육신"에 연연

21 삶을 적대적 세력 특히 악마 및 마귀들과의 투쟁으로 그린 것이 눈에 띈다. 나중에 금욕주

하지 말라고 하면서 담담히 죽음을 받아들인다(61).

저자는 이러한 성 금욕주의의 근거를 인간 본성 자체에서 찾는다. 인간 본성이 본디 하느님과 같은 천상의 존재, 육과 세상을 넘어서는 정결한 존재라는 것이다.[22] 혼슈흐(Hornschuh)는 이 행전에서 극단적 금욕주의(encratism)가[23] 엿보인다고 주장한다.[24] 그러나 안드레아 행전이 '금욕을 위한 금욕'을 주창하지는 않으며 성 금욕에는 특별한 목적이 있다고 한다. 이 세상 그 무엇보다 예수님을 사랑하기 위함이라는 것이다(41). 금욕의 목적은 다음의 수사학적 언명에서 특히 잘 드러난다.

> "(자기 안에 있는) 새 인간이 그분을 사랑하고 그분과 친교를 이루고 싶어 합니까? 그는 그분과 일치를 이루고자 합니까? 그는 그분께 사랑받으려 애씁니까? 그는 그분과 같은 멍에를 매기를 갈망합니까? 그는 그분 안에서 안식을 발견합니까?"(42).

의를 지향하는 교부들, 가령 3세기 이집트 사막 교부 안토니오도 금욕주의적 삶을 악마와의 투쟁으로 묘사한다.

22 안드레아 행전 38: "그러니 사람이여, 자기 안에서 이 모든 것, 곧 네가 물질이 아니며 거룩하고, 빛이며, 태어나지 않으신 분과 동족이며, 지성적이고, 천상적이며, 투명하고, 깨끗하며, 육을 넘어서며, 세상을 넘어서고, 권세를 넘어서며, 권력을 넘어선다는 것을 … 깨달아라. 그리고 네 자신의 상태에 집중하여 네가 그것들을 초월한다는 점을 기억하여라. 그리고 네 본질 안에서 네 얼굴을 보고, 모든 사슬을 끊어 버려라. 나는 지금 출생과 관련된 것들이 아니라 출생을 넘어서는 것들을 말하고 있다."

23 피터슨은 그리스도교에 극단적 성금욕주의(Encratism)가 생겨난 시기를 하드리아누스 통치 기간(117-138년)으로 본다: Peterson, "Einige Beobachtungen zu den Anfängen der christlichen Askese", 211. 엔크라티즘에 대해서는 Sfameni Gasparro, *Enkrateia e Antropologia*, 11-22.

24 Hornschuh, "Andreasakten", 273.

성 금욕을 통해 도달하고자 하는 곳은 금욕 자체가 아니라 예수님과의 친교, 일치와 사랑, 그리고 안식이라는 것이다.

* * *

3세기 초반, 더 좁게는 220-240년 경 동부 시리아 에데사에서 만들어진 것으로 추정되는 토마 행전은[25] 동부 시리아 교회의 강한 성 금욕 전통을 보여준다. 특히 11-15장에 담긴 신혼부부의 일화는 당시에 유행하던 '영적 혼인' 관습을 반영하고 있다. '영적 혼인'은, 사회 관습대로 혼인을 하되 상대를 영적인 배우자로서만 받아들이고 부부관계를 맺지 않는 것이다. 토마 행전에서 예수님은 갓 혼례를 치른 신랑신부에게 '더러운' 결합을 멀리하고 '정결'(ἁγνεία)의 삶을 살라고 가르치신다. 그리고 혼인과 출산의 단점을 길게 열거하면서 그것을 거부했을 때 걱정 없는 삶을 살고 천상의 신방에 들게 되리라 약속하신다(11-12). 젊은 부부는 주님의 말씀을 글자 그대로 따른다(13). 그리하여 신부는 자기 부모에게 자신이 '다른 혼인'을 했으며 지상의 남편과는 부부 관계를 맺지 않겠다고 선언한다(14). 영적 혼인에 동의한 신랑이 주님께 감사드리면서 한 말에서는 '성 금욕'이 "예전의" 자신 곧 진정한 자신을 찾는 방법으로 묘사된다(15). 성 금욕을 통해 자기가 누구인지 알게 된다는 것이다.

신혼부부 일화에서 짐작되듯, 토마 행전의 성 금욕주의는 강도가 다소 센 편이다. 사도의 가르침에서 항상 '성의 금욕'이 부각되고, '성의 포기'가 미혼자들과 기혼자들 모두에게 요구된다. 사도는 기혼 여성인 믹도니아에게 간음(μοιχεία)과 도둑질과 온갖 부끄러운 일, 특히 육체적인 일들을 멀리하고 온유와 침묵 속에 살 것을 독려하는 한편(84-86) 남편과의 잠자리를 경계할 것

25 Bremmer, "Acts of Thomas: Place, Date and Women", 74-78.

을 당부한다(87-88). 결국 믹도니아가 부부생활을 회피하여 그 남편이 토마 사도를 감옥에 가두게 만든다. 성과 성의 포기에 대한 저자의 시각은 114-118장에도 반영되어 있다. 믹도니아가 남편에게 잠자리를 거부하면서 고백하는 장면이다.

> "내가 사랑하는 그분이 당신과 당신의 재산보다 더 나은 분이십니다. 당신의 재산은 땅에서 나와서 땅으로 돌아가지만 내가 사랑하는 분은 하늘에서 오신 분이시며 나도 자기와 함께 하늘로 인도하실 거예요. … 주님께 당신이 나를 잊게 해 달라고, 그래서 이제는 이전의 쾌락과 육체적 관습들을 기억하지 않게 해 달라고 기도합니다. 그 모든 것이 그림자처럼 사라질 것입니다. 오직 예수님만이 영원히 남으시며 그분께 희망을 두는 영혼들도 그러할 것입니다. 내가 당신과 함께 저지른 수치스런 일들에서 나를 해방시켜 주실 분은 바로 예수님이십니다"(114-118).

여기서 '성'은 "쾌락과 육체적 관습"이라 일컬어진다. 예수님이 그러한 관습에서 우리를 해방하여 하늘로 인도하신다는 것이다. 성 금욕이 해방의 수단이 되는 셈이다.

저자는 또한 세례를 '혼인'과 '친교'(κοινωνία)로 묘사하면서 이전의 혼인은 사라졌지만 지금의 혼인은 영원히 남으며, 이전의 친교는 파멸을 위한 것이었으나 지금의 친교는 영원한 생명을 위한 것이라고 한다(123-124). 세례를 통해 그리스도와의 혼인 관계가 성립되므로 지상의 혼인은 이제 아무 의미가 없다는 것이다(124).

성 금욕을 현양하는 토마 행전도, 성의 포기나 성 금욕 자체는 목적이 될 수 없으며 성 금욕은 '주님과의 친교'라는 더 큰 목적을 위한 수단임을 분명히 밝히고 있다. '성의 포기' 이유가 주님과 친교를 이루기 위해서라는 것이다. 이는 사도들이 주님과의 친교를 위해 주님의 말씀을 따라 집과 재산과 부인과 자녀들을 다 포기했다고[26] 고백하는 장면에서 드러난다(60-61).

이처럼 토마 행전은 주님을 사랑하고 그분과 친교를 이루는 최고의 방안으로서 '성 금욕'을 내세운다. 세례라는 진정한 혼인으로 부름 받은 이들이 지상의 혼인을 포기하고 정결한 삶을 택하는 것이 당연하다는 것이다.[27]

다섯 행전은 정도는 다르지만 성 금욕주의를 전방에 내세운다는 점에서는 같다. 주님과의 친교를 위해 그리고 그분을 따르기 위해서 가족과 재산을 모두 버리라고 하신 복음서 말씀대로 성과 혼인을 포기한다는 것이다.

2. 초대 교부들

2세기 초반부터 3세기 초반 사이에 만들어진 초대 교부들의 저서에서도 금욕주의가 강하게 나타난다. 교부들은 여러 신약성경 본문들을 금욕주의 시각에서 바라보고 재해석한다.

2.1. 헤르마스

2세기 초반에 저술된 헤르마스의 『목자』는 대표적 금욕주의 찬양서로 여겨진다.[28] 헤르마스를 "극도로 절제하는 이(ἐγκρατής), 모든 악한 욕망(ἐπιθυμία)

26 마태 19,27.29; 10,37; 루카 14,26.

27 타티아누스의 엄격한 극도의 성 금욕주의(Encratism)는 술과 고기를 거부하고 매우 단순하게 사는 삶으로 이어지는데(『그리스인들에게 고함』 11) 토마 행전의 사도가 이와 비슷한 삶을 살았다. 사도는 사람들에게 자기처럼 모든 소유를 포기하고 절제하는 삶을 살아야 한다고 가르쳤다(100). 사도는 포도주도 멀리했던 것 같다. 포도주는 마귀에 감염되어 있다는 것이다(29). 신자들은 빵과 기름과 채소와 소금을 먹는 것으로 묘사된다(29). 성찬례가 빵과 물만으로 이루어지는 것도 같은 이유에서다.

28 Finn, *Asceticism in the Graeco-Roman World*, 86.

을 멀리하는, 단순하고(ἁπλότης) 악의 없는(ἀκακία) 이"로 묘사하는 대목에서 이 책의 금욕주의가 뚜렷이 드러난다(「환시」 1.2). 헤르마스는 환시로 "살아계신 하느님에게서 멀어지지 않는 것, 단순함과 많은 자기절제(ἐγκράτεια)가 너를 구원한다!"는 말씀을 듣는다. 그리고 계속 그렇게 해나간다면 그 삶이 헤르마스 자신뿐 아니라 그와 비슷하게 절제하면서 악의 없이 단순하게 살아가는 모든 이들을 구원한다는 말씀을 듣는다(「환시」 2.3). 같은 맥락에서 저자는 혼인한 사람에게 '성의 포기'를 독려하는 한편 미혼자들에게는 독신의 삶을 장려한다(「환시」 2.2). 사별한 이의 재혼은 허용했지만 그러지 않는 편이 훨씬 명예롭다고 하였다(「계명」 4.4). 『목자』에서 강조되는 자기절제의 덕, ἐγκράτεια는 대개 '성의 완전한 포기'를 의미한다(Lampe). 극도의 금욕을 실천한 분파를 가리키는 Encritite가 바로 이 단어에서 나왔다. 헤르마스가 금욕분파였다는 뜻은 아니다. 다만 헤르마스가 성의 완전한 포기를 구원에 유익하다고 여겼음은 분명한 사실이다.

2.2. 순교자 유스티누스

순교자 유스티누스는 150년경에 저술한 『1호교론』에서 평생 독신이 그리스도인들 사이에 퍼져 있었음을 암시하고 있다. 로마 관리에게 거세를 허락해 달라고 청했다가 거절당한 청년 신도의 일화가 그 예다. 그 청년은 거세는 하지 못했지만 계속 독신으로 지내면서 자기와 비슷한 신념을 가진 사람들의 인정을 받았다고 한다. 이 일화는 당대 교회에 성과 혼인을 포기하고 평생 독신으로 지내는 그리스도인들이 있었음을 보여 준다(『1호교론』 29). 같은 책에서 유스티누스는 '하느님 나라를 위해 고자'가 된 사람들(마태 19,12 참조: οἵτινες εὐνούχισαν ἑαυτοὺς διὰ τὴν βασιλείαν τῶν οὐρανῶν), 곧 신앙을 위해 평생 독신(ἐγκράτεια)으로 지내는 정결한 남녀들을 자랑한다(15). 그리고 혼인의 목적은 오직 자녀를 출산하기 위해서라고 하며, 혼인이나 재혼을 포기한 채 평생 금

욕하며 지내는 사람들의 존재를 증언한다(29).[29]

2.3. 아테나고라스와 테르툴리아누스

알렉산드리아에서 주로 활동한 아테나고라스도 177년경 저술한 호교서에서 유스티누스와 비슷한 의견을 표명한다. 그는 출산을 목적으로 한 부부관계만 인정하며 재혼은 간음 행위로 간주한다(『사절』 33).[30] 카르타고의 테르툴리아누스(155-220년)는 초혼에서조차 부부관계가 '불륜'과 다름없다고 여겼다(『모노가미』 10.5-6). 피터 브라운(P. Brown)에 따르면, 테르툴리아누스는 그리스도교 지식인들을 향해 '성의 금욕'이 영혼의 정결을 얻는 최고의 방법이라 선포했다고 한다.[31]

2.4. 시리아의 타티아누스

200년경 시리아 교회의 주요 신학자였던 타티아누스는 극도의 성 금욕주의(Encratism)를 표방한 것으로 유명하다.[32] 그는 세례를 받기 위해서 혼인을 포기할 것과, 이미 혼인한 사람의 경우에는 세례 이후 성의 완전한 포기를 요구했다. 그에 따르면 성의 금욕은, 인간 영혼(ψυχή)이 천상의 배필인 하느님의 영(πνεῦμα)과 결합할 수 있는 길이다. 영혼이 '성 금욕'을 통해 하느님의 영과 결합하면 그 영이 인도하는 천상 세계로 다시 올라갈 수 있다는 것이다(『그리스인들에게 고함』 7.3; 12.1; 13.3).[33] 이처럼 완전한 성 금욕을 주장한 타티아누스에게도 금욕은 '목적'이 아니었으며 하느님과 일치하는 최선의 '방안'이었다.

29 Finn, *Asceticism in the Graeco-Roman World*, 80-81.

30 Tissot, "Encratism and The Apocryphal Acts", 407.

31 Brown, *The Body and Society: Men, Women, and Sexual Renunciation in Early Christianity*, 78.

32 타티아누스에 대해서는, Hunt, *Christianity in the 2nd Century: The Case of Tatian*; Petersen, "Tatian the Assyrian", 125-158.

2.5. 안티오키아의 이냐시우스와 알렉산드리아의 클레멘스

앞에 언급한 교부들에 비해 혼인을 보다 긍정적으로 바라보는 교부들도 있었다. 안티오키아의 이냐시우스와 알렉산드리아의 클레멘스가 그들이다. 2세기 초에 순교한 안티오키아의 이냐시우스는 『폴리카르푸스에게 보낸 편지』에서 혼인 자체는 인정하되 혼례를 올리기 전에 주교의 승인을 얻을 것을 조언한다. 주교가 승인한 혼인은 욕망(ἐπιθυμία)이 아니라 주님의 뜻에 따른 일이라는 것이다. 그리고 '정결'(ἁγνεία)의 삶을 '주님의 육신에 대한 공경'으로 정의한다. 아울러 정결을 지키는 사람은 남에게 자랑해서는 안 된다고 경고한다. 자랑은 곧 파멸이라는 것이다. 정결을 유지한다는 사실이 주교 외에 다른 사람들에게도 알려졌다면 그 사람은 이미 타락한 것이라고 한다. 독신도 혼인도 모두 자기 영광을 위해서가 아니라 하느님 영광을 위해서 하라는 의미다(5.1-2).

알렉산드리아의 클레멘스(150-215년)는 혼인에 대해 이냐시우스보다 더욱 긍정적이다. 그는 혼인(일부일처제에 따른 단 한 번의 혼인)을, 다른 이의 짐을 대신 져주고 고통을 서로 나누라는 주님 말씀을 실천하는 일로 여기며 칭송한다(『잡록』 3.1.4). 클레멘스는 혼인뿐 아니라 독신에 대해서도 긍정적이다. 성의 포기를 비롯한 금욕은 "하느님에 대한 신앙" 때문에 육신을 소홀히 하는 태도라고 정의하면서 그러한 자기절제는 하느님의 힘과 은총으로 주어지는 것이라고 한다. 그리고 하느님으로부터 그 은총을 받은 사람이 독신으로 지내는 것은 축복이라고 한다. 심지어 그는 그리스도인의 삶을 "금욕" 또는 수련(ἄσκησις)으로 묘사하기도 한다(『교육자』 3.8; 『잡록』 4.21-22; 7.1).

이처럼 클레멘스는 독신을 하느님의 은총으로 여기고 금욕주의를 인정하지만, 극도의 금욕(ἐγκράτεια)을 실천하면서 혼인과 출산을 반대하는 금욕분파

33 Gaca, "Driving Aphrodite from the World: Tatian and His Encratite Argument", 221-246.

(Encritite)에 대해서는 매우 비판적이다. 『잡록』 제3권 전체를 금욕분파의 고발에 할애하고 있을 정도다. 그의 비판은 역으로, 당시 그리스도교 세계에서 성 금욕주의가 얼마나 널리 그리고 깊이 스며들어 있었는지 알려준다.

표. 성 금욕과 관련된 단어나 표현들

성 금욕 관련 용어	의미 출전
ⲕⲟⲩⲉⲓ / ϣⲏⲣⲉ ϣⲏⲙ	아기/어린이 토마복음 4; 21; 22; 37
ⲛⲉⲫⲟⲟⲩⲧ ⲣ̄ ϩⲟⲟⲩⲧ ⲛ̄ⲧⲉⲧⲥϩⲓⲙⲉ ⲣ̄ ⲥϩⲓⲙⲉ	남자는 남자가 아닌, 여자는 여자가 아닌 토마 22; 참조: 114
ⲙⲟⲛⲁⲭⲟⲥ	홀로인 사람 토마 49; 75
ⲟⲩⲁ / ⲟⲩⲁ ⲟⲩⲱⲧ	하나/오직 하나 토마 4; 22; 23; 106
ἁγνεία / καθαρός	정결 바행 5; 베행 4-5; 요행 107; 안행 39; 40; 토행 12; 이냐시우스
ἐγκράτεια	절제 바행 5; 요행 107; 헤르마스; 유스티누스; 클레멘스
παρθένος	동정 바행 6; 참조: 요행 113; 요셉과 아세넷 8
ἄσκησις	금욕, 수련 클레멘스
οἵτινες εὐνούχισαν ἑαυτοὺς διὰ τὴν βασιλείαν τῶν οὐρανῶν	하느님 나라를 위해 스스로 고자가 된 사람들 마태 19,12; 유스티누스; 참조: 토마 49; 75
ܐܬܩܕܫ	자신을 거룩·정결하게 하다 2바룩 20,5-6

III. 그리스도교 성 금욕주의의 배경

위에서 살펴본 것처럼, 1세기 말부터 3세기 초 사이에 만들어진 다양한 그리스도교 문헌들은 초대 교회 안에 성 금욕주의가 얼마나 깊이 그리고 널리 확산되어 있었는지 증언하고 있다(왼쪽 표 참조).[34] 초대 그리스도교 저자들은, 나중에 교부들에 의해 "이단"이라고 명명된 과도한 성 금욕주의(Encratite)를 경계하고 거리를 두려고 하였지만 그들 역시 성 금욕주의의 예외가 되지 않았다.[35] 사실 교부들은 '혼인'의 가치를 인정하면서도 대개 그것을 '독신'이나 '동정'보다는 아래인 일종의 차선으로 여겼다. 그리고 그러한 '성 금욕주의'를 실천하는 금욕가들이나 동정녀들, 정숙한 과부들은 교회 안에서 좋은 평판을 누리기도 했다. 2세기부터 정결과 독신을 서약한 남녀(들)가 함께 사는 "영적 혼인" 또는 "Syneisaktism"(영적 동거)도 공공연하게 실천되고 있었다.[36]

2세기 로마 제국의 유명한 의사이자 철학자인 갈레누스(129-200년)에 따르면, 당대 그리스도인들 가운데 남녀를 불문하고 평생 독신인 사람들이 적지 않았다고 한다. 그리고 이 그리스도인들의 자기 절제와 수련의 정도는 주변의 철학자들에게 조금도 뒤지지 않았다고 한다.[37] 교회 안팎의 문헌들이 초대 그리스도교 성 금욕주의의 존재를 입증하고 있는 셈이다. 그렇다면 초대 그리스

34 Clark, *Reading Renunciation: Asceticism and Scripture in Early Christianity*, 27; Cameron, *The Mediterranean World in Late Antiquity AD 395-600*, 73.

35 Clark, *Reading renunciation: asceticism and Scripture in early Christianity*, 27.

36 Clark, "Women and Asceticism in Late Antiquity: The Refusal of Status and Gender", 37-38. 앞의 토마 행전 항목을 참조하라.

37 Walzer, *Galen and Jews and Christians*, 15. Finn, *Asceticism in the Graeco-Roman World*, 81에서 재인용.

도교에서 성 금욕주의가 대두하고 발달한 원인과 배경은 무엇일까?

학자들은 초대 그리스도교 성 금욕주의의 배경을 헬레니즘 시대 그리스 철학, 헬레니즘 유다교 및 당대의 보편적 시대분위기 등에서 찾는다.[38] 이에 덧붙여 필자는 그 배경을 교회 내적 동인에서 찾고자 한다.

1. 그리스-로마 철학

많은 학자들이 그리스도교 금욕주의의 기원을 그리스-로마 철학의 영향에서 찾는다.[39] 사실 외경 행전들이나 교부들의 저서에는 그리스-로마 시대의 다양한 철학 사조가 반영되어 있다. 각 작품마다 당시의 다양한 사상 조류와 유사점을 공유하고 있어 특정 작품을 특정한 철학이나 종교와 결부시키기는 어렵다. 사실 각종 외경 행전들과 초대 교부들의 문헌이 만들어지던 1-3세기는 중기 플라톤학파(및 신플라톤학파), 스토아학파, 신피타고라스학파, 견유학파 등의 가르침이 (단독으로 또는 혼합주의 형태로) 그리스-로마 세계 전역에 확산되어 있었다.[40] 그리스도교 저자들은 특히 필론의 저작을 통해 그리스 철학을 쉽게

---

38 초기 그리스도교 금욕주의의 배경에 관해서는 van der Horst, "Celibacy in Early Judaism", 390-402을 참조하라.

39 Guffey, "Motivations for Encratite Practices in Early Christian Literature", 515-549. 그리스-로마 시대 다양한 철학사조에 대해서는 Martin, "Graeco-Roman Philosophy and Religion", 48-72; Fergurson, *Backgrounds of Early Christianity*, 299-372을 보라. 퍼거슨(Fergurson)에 따르면 이 시대에는 '철학'이 일부 엘리트들의 사변이 아니라 일반 민중들의 '종교'이자 삶의 방식을 가르치는 '윤리'이기도 했다: 같은 책, 300-305. Hadot, *What is Ancient Philosophy?*도 참조.

40 Fergurson, *Backgrounds of Early Christianity*, 356-359. 사실 어떤 측면이 플라톤 사상이고 어떤 측면이 스토아 사상인지 구별하기는 쉽지 않다. 2세기에서 3세기 초반은 여러 철학 사조가 융합되어 혼합주의적인 양상을 띠고 있었기 때문이다.

접할 수 있었다. 그런데 당대 그리스-로마 철학은 자연철학이나 형이상학적 문제보다는 인간의 삶과 윤리에 천착하였으며, '어떻게 살 것인가?' 또는 어떻게 사는 삶이 '행복한 삶'인가에 집중하였다. 그런 배경에서 각 학파가 행복에 이르기 위한 나름의 방안을 제시했는데 '절제'와 '금욕'을 추구했다는 점은 모두에게 공통되었다.[41] 그리스-로마 철학의 수혜를 입은 당대 이방인 지성인들과 일반인들이 그리스도교를 받아들이면서 자연스레 철학적 금욕주의가 교회에 유입되었을 가능성이 크다. 초대 교회 저자들에게는, 신약성경의 메시지를 중기플라톤이나 스토아철학의 성 금욕주의와 연결하기가 어렵지 않았을 법하다. 혼인 자체를 부인하지는 않지만 가족과 혈연의 가치를 하늘 나라에 비해 상대적으로 제한하는 신약성경 본문들(마태 10,9; 10,35-39; 19,27-29)을 성 금욕주의와 연결시키는 일이 자연스러웠을 것이다. 하늘 나라를 위한 그리스도교 '성 금욕주의'가 나올 수 있었던 배경이다.

2. 헬레니즘 유다교 금욕주의

프라아드(Fraade)나 윌스(Wills)는 그리스도교 금욕주의의 뿌리를 헬레니즘 유다교에서 찾는다.[42] 그들은 구약성경 안에 이미 금욕주의의 씨앗이 뿌려져 있었다고 여긴다. 사실 구약성경이 영원한 '성의 포기'를 주창하지는 않는다. '많이 낳고 번성하라'는 창세기 말씀이 구약성경 전반을 지배하고 있기 때문이

41 '쾌락'을 행복의 조건으로 보았던 에피쿠로스학파도 '금욕주의적'이었다. 이들이 추구한 쾌락은 단순히 감각적 쾌락이 아니었다. 그리스-로마 시대 다양한 철학사조의 금욕적 성향에 대해서는 Finn, *Asceticism in the Graeco-Roman World*, 9-33에 상세히 서술되어 있다.

42 헬레니즘 시대 유다교와 라삐 유다교의 금욕주의에 대해서는, Fraade, "Ascetical Aspects of Ancient Judaism", 253-288; Wills, "Ascetic Theology Before Asceticism?", 902-916; Finn, *Asceticism In The Graeco-Roman World*, 34-57을 보라.

다. 그러나 남자들이 전쟁에 참여하기 전에, 또는 '참회'와 관련하여 일시적으로 금욕을 단행하는 것은 구약성경 곳곳에서 찾아 읽을 수 있다. 그리고 제사를 바치기 전 사제들에게 요구된 금욕 규정도 유다교 금욕주의의 주요 요소로 작용했다. 사제들에게 요구된 한시적 금욕 규정이 일반인들에게까지 확대 적용되었다는 것이다.

1세기 알렉산드리아의 필론은 '성의 포기'를 실천한 에세네파와 테라페우테파를 소개한다(『관상 생활』; 『권고』 11.14-17). 두 집단 모두 구성원에게 영구 독신을 요구한 것으로 보인다.[43] 에세네파는 요세푸스의 저작(『유다 전쟁사』 2.119, 158, 160; 『유다 고대사』 18.18-22)에서도 확인되는데 쿰란 공동체 문헌(특히 『공동체 규칙서』)과 유적지를 통해 성을 포기하고 독신을 택한 유다인 공동체가 존재했음을 유추할 수 있다.[44]

구약 외경에서도 성 금욕주의 흔적을 찾을 수 있다. 기원후 1세기 후반에 만들어진 바룩 2서나 에즈라 4서에서 바룩과 에즈라는 계시를 받기 전 일정 기간 금욕을 요구 받는다. 그들에게 나타난 천사는 그들에게 홀로 외딴 곳에 가서 단식하고 기도하면서 계시 받을 준비를 하라고 명령한다. 계시를 받기 위한 준비로 단식과 기도, 일시적 '성 금욕'이 요구되었던 것이다. 가령, "그러니 가라! 이레 동안 자신을 정결히 하고(ܐܬܩܕܫ), 빵도 먹지 말고 물도 마시지 마라. 그리고 누구에게도 말하지 마라. 그런 다음 이 장소로 가라. 그러면 나는 너에게 나를 보여주겠다. 그리고 너에게 진실을 말해주겠다"(2바룩 20,5-6)[45] 이

43 에세네파와 테라페우테파에 대한 필론의 기록은 케네스 셍크, 『필론 입문』, 236-238 참조.

44 테라페우테파와 에세네파의 금욕주의에 대해서는 Fraade, "Ascetical aspects of ancient Judaism", 263-269을 보라. 필론의 저서와 요세푸스 및 쿰란 문헌에 나타난 금욕주의가 비교적 상세히 소개되어 있다.

45 '자신을 정결히 하다'로 옮긴 ܐܬܩܕܫ는 ܩܕܫ(*qaddeš*)동사의 에트파알(Ethpaal) 형태로 스스로에 대한 행위를 표현한다. '자신을 거룩히 하다', '자신을 정결히 하다', '정화하다' 등의

는 시나이 산에서 하느님과 모세가 계약을 체결하기 전에 백성들에게 성결하게 하고 여자를 가까이 하지 말 것을 명한 탈출 19,14-15, 그리고 "주님께 가까이 오는 사제들도 자신을 성결하게 해야 한다"고 한 탈출 19,22 등에 바탕을 두었을 법하다.

요셉과 아세넷에서도 성 금욕주의가 엿보인다. 요셉과 아세넷 둘 다 혼인 전에 동정(8,6.10-11)이었음이 부각되는 점이나, 이교도였던 아세넷이 요셉을 만난 뒤 회개하면서 재를 뒤집어쓴 채 홀로 이레 동안 단식하며 참회하는 점이 그러하다(10-13).

헬레니즘 시대 유다교 문헌들에서 금욕주의가 나타나는 것은 당대 그리스 철학의 영향에 따른 일일 것이다. 유다교 저자들은 스토아학파나 플라톤 사상 등 그리스 철학적 금욕주의를 받아들이면서 이를 자신들의 성경 전통에 맞게 재구성하였다. 그리하여 바룩 2서, 에즈라 4서, 요셉과 아세넷 저자들은 금욕주의를 '회개'와 '계시 수용을 위한 준비'라는 맥락에서 전개한다. 그리고 70년 성전을 잃은 뒤부터 유다교 라삐들은 '금욕'을 '희생제사'를 대체하는 것으로 그리기 시작한다(*b. Berachot* 17a).[46] 이제 금욕을 회개의 표시이자, 죄 사함

뜻이다(Smith). 4에즈 6,31도 참조.

46 이 개념은 다니엘서에도 담겨 있다. 로렌스 윌스는 라삐 유다교 문학에서 발견되는 라삐 금욕주의를 "하느님과의 매개 없는 직접적 통교" 장치로 설명한다: Wills, "Ascetic Theology Before Asceticism? Jewish Narratives and the Decentering of the Self", 918-919. 윌스는, 고대 지중해 세계에서 동물 희생제사를 바치지 않는 세 집단 곧 신피타고라스학파, 견유학파와 그리스도교가 공통적으로 비교적 강한 '금욕주의'를 표방한다는 스토우어의 소견, 그리고 고대 지중해 세계에서 신과 인간을 매개하는 수단이던 희생제사를 중단한 사람들이 예배와 금욕을 통해 신과 "직접적으로 통교"하고자 했음을 간파한 베르낭의 소견에 주목한다. 그리고 성전이 없어진 1세기 유다인들도 마찬가지 상황이었음을 주시한다. 그에 따르면 라삐 유다교에서 금욕이 성전 제사를 대체하는 것으로 여겨지기도 했다(*b. Berachot* 17a). 성전이 있을 때에는 제사, 더 정확히는 동물의 '기름'과 '피'를 통해 죄의 용서를 얻어냈지만 성전을 잃은 지금은 단식(taanit)을 통해 줄어든 '기름'과 '피'를 봉헌함으로써 하느님의 호의

을 위한 희생제사, 하느님의 뜻을 알기 위한 계시의 준비로서 여기게 된 것이다. 헬라시대 유다교 금욕주의에 함축된 이 의미들이 신약성경 저자들을 비롯한 초대 그리스도교 저자들에게도 이어졌을 법하다.[47]

3. 시대 분위기

학자들은 초대 그리스도교 금욕주의를 발전시킨 요소로서 당대 로마 제국 전반의 사회 분위기도 고려한다.[48] 도드에 따르면, 절제와 금욕으로 육체와 세상의 속박에서 벗어나 하느님과 일치를 이룬다는 염원은 1-3세기 지중해 세계의 종교와 철학 전반에서 발견되는 현상이었다.[49] 의사를 비롯한 당대 과학자들 사이에서도 영혼과 육신이 긴밀히 연결되어 있으며 서로 영향을 미치고 있다는 개념, 그리고 절제가 건강과 행복에 유익하다는 개념이 공유되고 있었다. 아울러 절도 있는 성생활이 남녀 모두에게 이로우며 특히 여성의 경우 출산을 하지 않는 것이 더 건강하게 사는 방법이라는 이론도 의학계에서 나오고 있었다.[50] 이처럼 1-3세기 로마 제국은 종교와 철학뿐 아니라 과학과 의학 분야에서도 금욕주의적 삶의 태도가 각광을 받았으며 이와 함께 금욕을 통해 신처럼 되겠다는 또는 신과 일치하겠다는 염원들도 고조되고 있었다. 그리고 그러한 염원을 실현하기 위해서는 성 금욕, 혼인과 출산의 기피, 단순한 식

를 구한다는 것이다. 단식이 성전 제사에 상응한다는 의미다. 결국 희생제사와 공동체의 금욕 실천 사이에는 밀접한 상관관계가 있음을 알 수 있다. 금욕 실천은 일종의 '하느님과의 직접적 통교' 방안이라는 것이다.

47 Finn, *Asceticism in the Graeco-Roman World*, 32.

48 Salminen, *Asceticism and Early Christian Lifestyle*, 15-64.

49 Dodds, *Pagan and Christian in an Age of Anxiety*, 74.

50 Clark, *Reading Renunciation*, 20-21.

습관, 욕정에 구애받지 않는 단순한 삶의 양식 등이 권면되었다.[51] 플라톤 사상과 스토아, 견유학파, 신피타고라스주의 등의 영향으로 형성되었을 법한 이런 영성적 분위기가 그리스도교 안에도 유입되어 2세기와 3세기에는 최고조에 달했다고 한다.[52] 실제로 2-3세기 여러 그리스도교 작품에서 '성의 완전한 포기'가 폭넓게 발견된다. 초대 교부들과, 토마 복음, 외경 행전은 물론, 필립보 행전과 요한의 비전 등 영지주의 문헌들에서도 성 금욕주의가 빈번하게 나타난다. 이 그리스도교 문헌들은 '성 금욕'을 통해 육신과 세상을 떠나 천상으로 회귀한다는 당대 공통의 열망을 공유하고 있다.[53]

4. 교회 내적 요인: 신약성경의 가르침과 교회 상황

절제와 금욕으로 육신의 속박에서 해방되어 신과 일치한다는 생각은 1-3세기 그리스-로마 세계 철학과 종교의 보편적 현상이었고 초대 그리스도인들도 이런 금욕적 분위기를 공유하였다. 그런데 그리스도교 성 금욕주의는 근본 지점에서 다른 종교나 철학의 금욕주의와 차이가 났다. 그리스 철학의 금욕주의가 '이성'理性과 '자기 자신', 그리고 그 수련에 집중한다면, 그리스도교 금욕주의는 자기 자신이 아닌 하느님의 힘에 기대어 그분께 나아가고자 한다. 중심이 '자기'에서 '하느님'으로 옮겨간 것이다.[54]

---

51 Finn, *Asceticism In The Graeco-Roman World*, 9-33.

52 2-3세기의 종교·철학적 분위기는 Chadwick, *The Early Church*, 174-183, 특히 175-176을 참조하라.

53 Hogan, *No Longer Male and Female*, 47-84 참조. 이 시대 그리스도인들에게 하느님을 직접 체험하기 위한 길은 무엇보다 욕정이 없는 상태에 도달하는 것이었다. 그리고 육체를 완벽하게 통제할 수 있어야 낙원으로 들어갈 수 있다고 믿었다.

54 Hadot, *What is Ancient Philosophy?*, 248. 금욕 수련의 중심이 '자기'에서 '하느님'으로 옮겨

그리스도교 금욕주의가 '성의 완전한 포기'를 선언한다는 점은 더 핵심적인 차이였다. 유다교나 그리스-로마 종교와 철학 전통에서는 영구적 금욕이나 평생 독신에 관심을 보인 예를 찾아보기 어렵다. 성의 절제를 독려하고 출산 목적 이외의 성생활은 지양하지만 평생 동안 성의 완전한 포기를 주장한 경우는 거의 없었다. 아주 특수한 사례, 가령 고대 로마 종교의 베스탈리스(Vestalis 베스타 여신을 섬기는 동정 여사제들)나 아르테미스 신을 섬기는 환관 사제들, 그리고 오르페우스교나 피타고라스학파가 성의 금욕을 실천했지만 평생 독신을 요구하지는 않았다. 오히려 과도한 금욕은 그리스-로마 전통에서 항상 경계와 의혹의 대상이 되었다.[55] 분심 없이 철학적 수련에 몰두하더라도 혼인과 출산을 통해 가족을 꾸리는 것은 모든 이의 의무로 여겨졌다. 금욕과 절제를 핑계로 가장으로서의 의무를 소홀히 하는 것은 용납되지 않았던 것이다.[56] 아우구스투스는 일정한 나이에 이른 성인이 혼인을 하지 않은 경우 과중한 세금을 부과하기도 했다.[57] 유다교에서도 에세네파나 테라페우테파를 제외하고는 완전한 성의 포기를 가르치거나 실천한 예를 거의 찾을 수 없다. 이러한 차이들을 근거로 윌스는 그리스도교 금욕주의를 "플라톤 사상이 특정 유다교 분파(곧 초대 그리스도 공동체)에 유입된 결과물"이라고 여겨서는 안 된다고 주장한다. 그리스도교 성 금욕주의에는 무언가 더 중요한 요소가 개입되어 있었다는 것이다.[58] 여기서 더 중요한 요소란 교회 내부적 요인일 법하다.

성 금욕주의는 그리스-로마 세계 공통의 것이었다는 사실, 그리고 초대 그

간 것은 유다교 금욕주의도 마찬가지다.

55 Wills, "Ascetic Theology Before Asceticism", 905.

56 Clark, "Women and Asceticism in Late Antiquity", 41; Hunter, *Marriage and Sexuality in Early Christianity*, 9-11.

57 Osiek, "Early Christianity in Context", 183.

58 Wills, "Ascetic Theology Before Asceticism?", 905.

리스도교가 그리스 철학과 헬레니즘 유다교의 영향을 받았음은 부정할 수 없다. 그러나 초대 교회에서 성 금욕주의가 부상한 데는 외부적 요인들보다는 교회 내부적 요인이 더 중요하게 작용한 것 같다. 어쩌면 이 내적 요인이야말로 그리스도교 성 금욕주의의 차별성을 가져온 장본인일 것이다.

초대 교부들이나 외경 저자들이 성 금욕을 주장한 근거는 무엇보다 신약성경의 가르침에 있었다. 앞에서 살펴본 대로, 신약 외경과 교부들의 성 금욕 본문들은 신약성경과 긴밀히 연결되어 있으며 초대 교회 성 금욕주의는 예수 그리스도와 바오로 사도의 가르침이 당시 상황에 맞게 재해석된 결과라고 볼 수 있다. 그런 의미에서 신약성경이야말로 그리스도교 '성 금욕주의'의 기원이자 시작점, 차별성의 근거라고 말할 수 있다.

루벤슨(S. Rubenson)은 신약성경 특히 복음서와 바오로 서간에서 그리스도교 성 금욕주의의 씨앗을 발견한다.[59] 기본적으로 성과 혼인의 가치를 부정하지 않는(마태 19,9; 마르 10,11-12; 요한 2장) 신약성경에, 성과 혼인을 차선책으로 제시하는 대목들이 있다(1코린 7장). 클라크(Clark)는 금욕을 독려한 교부들이 성경을 근거로 삼았음을 강조하면서,[60] 일부 교부들이 성경본문 (특히 신약)을 금욕주의로 해석했으며 심지어 본문을 "금욕화"했다고까지 주장한다.[61] 클라크의 소견은 금욕주의로 해석 가능한 성경 본문들이 있음을 암시한다. 적어도 (신약)성경에 금욕주의의 씨앗이 뿌려져 있었다는 것이다.[62] 복음서와 바오로 서간에서 금욕주의와 관련하여 가장 중요한 본문, 다시 말해 초대 저자들이 금욕의 근거로 내세운 주요 본문들은 다음과 같다.

---

59 Rubenson, "Christian Asceticism and the Emergence of the Monastic Tradition", 49. Finn, *Asceticism in the Graeco-Roman World*, 81-83 참조.

60 교부들은 결혼을 하느님의 명령으로 여겼지만 대개 독신을 결혼보다 우위에 두었다.

61 Clark, *Reading Renunciation: Asceticism and Scripture in Early Christianity*, 9-11.

62 Clark, *Reading Renunciation: Asceticism and Scripture in Early Christianity*, 13.

4.1. 복음서

그리스도교 금욕주의의 시초를 신약성경에서 찾는 핀(Finn)이 그 시초로 소개한 본문들 가운데 루카 20,34-36과 마태 19,1-2이 특히 중요하다.[63] 두 본문은, 성 금욕을 주창한 신약 외경이나 초대 교부들이 근거로 내세운 본문들이기도 하다.[64]

먼저 루카 20,34-36이다. 부활 논쟁과 관련된 이 본문은 '성의 포기'를 독려하는 것으로 읽힐 수 있다.

> "이 세상 사람들은 장가도 들고 시집도 간다. 그러나 저세상에 참여하고 또 죽은 이들의 부활에 참여할 자격이 있다고 판단받는 이들은 더 이상 장가드는 일도 시집가는 일도 없을 것이다. 천사들과 같아져서 더 이상 죽는 일도 없다. 그들은 또한 부활에 동참하여 하느님의 자녀가 된다"(루카 20,34-36).

이 본문에서는 저세상과 부활에 참여할 자격이 있는 사람들은 이 세상에서 혼인을 하지 않고 천사들처럼 살아간다고 한다. 병행본문인 마태 22,30이나 마르 12,25에서는 "장가드는 일도 시집가는 일도 없이 하늘에 있는 천사들과 같아"지는 것이 각각 "부활 때"와 "사람들이 죽은 이들 가운데에서 다시 살아날 때"로 한정된다. 반면 루카 20,34-36에서는 부활의 자격이 있는 이들은 저세상에서뿐 아니라 '이 세상'에서부터 천사들처럼 살아간다고 한다. 성의 포기를 통해 이 세상에서부터 저세상 삶을 앞당겨 산다는 믿음을 담은 이 본문은 성 금욕의 근거가 되기에 충분해 보인다.[65]

---

63 Finn, *Asceticism in the Graeco-Roman World*, 81-83.

64 신약성경의 금욕주의에 대해서는 Vaage/Wimbush (eds.), *Asceticism and the New Testament*.

마태 19,12도 성의 포기로 해석될 수 있다.[66] "하늘 나라 때문에 스스로 고자가 된 이들도 있다"고 하는 구절이다. 혼인을 부정하는 금욕주의자들이 이 구절을 주요 논거로 삼기도 했다(알렉산드리아의 클레멘스, 『잡록』 3.6). 독신을 하늘 나라를 위한 금욕의 삶으로 해석한 것이다.

초대 그리스도교 저자들이 '성의 포기'를 독려하는 내용으로 읽은 복음서 본문들은 더 있다. 이를테면 "누구든지 나에게 오면서 자기 아버지와 어머니, 아내와 자녀, 형제와 자매, 심지어 자기 목숨까지 미워하지 않으면, 내 제자가 될 수 없다"(루카 14,26).[67] 혹은 "누구든지 내 뒤를 따라오려면, 자신을 버리고 제 십자가를 지고 나를 따라야 한다"(마태 16,24)는 말씀 등이다. 주님을 따르기 위해서는 자기 자신과 가족은 물론 목숨까지 버려야 한다는 이 구절들을 글자 그대로 읽을 때 독신의 삶으로 연결하기는 별로 어렵지 않다. 초대 교회 저자들이 주님을 따르기 위해 버려야 한다고 생각한 것 가운데 자기의 '성'性과 그것을 통해 가꾸어나갈 '가족'이 당연히 포함되었을 법하다.

위에 제시한 복음서 본문들을 역사비평의 눈으로 보면 달리 해석될 수 있지만 초대 교회 저자들에게는 이 본문들을 '성의 포기'와 연결시키는 것이 지극히 자연스러웠을 것이다. 해석의 문제와는 별개로 이 본문들이 '성의 포기'에 긍정적인 입장인 것만은 분명하다. 실제로 알렉산드리아의 클레멘스는 적지 않은 사람들이 앞의 성경 본문을 토대로 성과 혼인의 절대적 포기를 주장했음을 증언하고 있다(『잡록』 3).

65 알렉산드리아의 클레멘스에 따르면 혼인을 금지한 사람들이 근거로 삼았던 구절 가운데 하나가 루카 20,34-36이었다(『잡록』 3.12).

66 Saldarini, "Asceticism and the Gospel of Matthew", 11-27.

67 "아버지나 어머니를 나보다 더 사랑하는 사람은 합당하지 않다. 아들이나 딸을 나보다 더 사랑하는 사람도 나에게 합당하지 않다"(마태 10,37) 참조.

4.2. 바오로 서간

바오로 서간도 그리스도교 성 금욕주의 발달에 중요한 요인으로 작용했다. 바오로 서간이 성의 포기나 독신 문제를 직접적으로 거론하기 때문이다. 윔부시(Wimbush)는 특히 1코린 7장에서 초대 그리스도인들의 금욕주의 열망을 읽어낸다.[68] 바오로 사도는, 혼인 문제를 다루는 1코린 7장을 "남자는 여자와 관계를 맺지 않는 것이 좋다"는 사람들의 주장을 언급하며 시작한다. 사도는 종말론적 전망 안에서 때가 얼마 남지 않았음을 표명하면서 "아내가 있는 사람은 아내가 없는 사람처럼, … 세상을 이용하는 사람은 이용하지 않는 사람처럼" 살라고 조언한다(7,29-31). 혼인한 사람은 마음이 갈라져 주님보다는 자기 배우자를 기쁘게 하는 일에 마음을 쓴다는 것이다(7,32-34). 그리고 "아무런 방해도 받지 않고서 품위 있고 충실하게 주님을 섬기"(7,35)는 삶을 위해 독신을 장려한다. "혼인하는 사람도 잘하는 것이지만, 혼인하지 않는 사람은 더 잘하는 것입니다"(7,38). 윔부쉬는 1코린 7장을 통해 코린토 교회가 다양한 형태로 성의 (부분적 또는 총체적) 포기를 실천하고 있었음을 짐작할 수 있다고 주장한다.[69]

1세기 말에서 2세기 초에 저술된 1티모 4,1-3은 교회의 성 금욕주의와 관련하여 중요한 정보를 제공한다. 특히 1티모 4,3은[70] 당시 교회 곧 1세기 말에서 2세기 초의 교회 안에 혼인을 적극 금지하는 의견이 있었음을 방증한다.

---

68 Wimbush, "The Ascetic Impulse in Early Christianity: Some Methodological Challenges", 462-478. 바오로 사도가 스토아학파의 금욕 전통에 영향을 받았다는 것은 Engberg-Pedersen, "Stoicism in the Apostle Paul: A Philosophical Reading", 52-75 참조.

69 Wimbush, "The Ascetic Impulse in Early Christianity", 468-476.

70 "그들은 혼인을 금지하고, 또 믿어서 진리를 알게 된 이들이 감사히 받아 먹도록 하느님께서 창조하신 어떤 음식들을 끊으라고 요구합니다."

적어도 일부 교회에 성의 완전한 포기를 주장하는 사람들이 있었다는 것이다. 그런데 이 대목에서 거짓말쟁이이자 위선자로 비난받은 금욕주의자들도 결국 교회에 속한 사람들이었다. 1티모 4,1-3이 초대 그리스도교 성 금욕주의의 존재를 입증한다는 점만은 부정할 수 없을 것이다.

4.3. 종말론적 전망 및 교회 박해

그리스도교가 태동하던 시기의 그리스도인들에게는 성의 포기나 성 금욕주의가 자연스런 일로 여겨졌을 법하다. "때가 얼마 남지 않았"다는(1코린 7,29) 종말론적 긴박감 속에 살아가던 이들은 독신을 "아무런 방해도 받지 않고서 품위 있고 충실하게 주님을 섬기"는 방편으로 여겼다(7,35). 종말론적 전망에서 나온, 바오로 사도의 독신에 대한 가르침은 종말론적 긴박감이 사라진 2세기 이후에도 여전히 유효했다.[71]

교회 시작부터 유다인들과 로마 제국의 반대와 박해에 직면한 그리스도인들은 당대 그 어떤 종교나 철학에도 뒤지지 않을 엄격한 윤리를 스스로에게 요구할 수밖에 없었다. 사방에서 조여 오는 공격에서 살아남으려 분투하는 그리스도인들에게는 삶 자체가 금욕, 인내와 자기-포기에 다름 아니었을 것이다(로마 5,3-5). 그리고 이런 자기-포기의 삶에 성의 포기도 배제되지 않았던 것이다.[72]

71 Hunter, *Marriage and Sexuality in Early Christianity*, 6-7.

72 교회 박해가 끝난 4세기 이후에도 그리스도교 성 금욕주의는 새로운 이유에서 여전히 유효했다. 목숨 바쳐 신앙을 증거할 수 없게 된 그리스도인들이 성의 완전한 포기와 같은 극도의 고행과 금욕을 '순교'로 여기기 시작했던 것이다: Clark, *Reading Renunciation*, 22-23.

IV. 결론

초대 그리스도교 저작물 전반에서 성 금욕주의가 뚜렷이 부각되고 있음을 살펴보았다. 성 금욕주의를 표방하는 신약 외경과 교부들의 저작물들을 토대로 초대 그리스도교 성 금욕주의는 다음과 같이 개관할 수 있다.

첫째, 초대 그리스도교 성 금욕주의는 신약성경의 가르침에 바탕을 둔 것이다. 초대 그리스도인들은, 하느님과 그 나라를 그 무엇보다 우위에 두고 자기 자신마저 버리고 당신을 따르라는 예수님 말씀을 따라 소중한 모든 것을 포기했다. 그들이 포기한 것 가운데 성과 가족이 있었음을 교부들과 외경들이 증언하고 있다.[73] 이처럼 신약 외경이나 교부들이 '성 금욕주의'를 발전시킬 수 있었던 것은 '금욕적으로 해석 가능한 성경본문들'이 있었기 때문이다. 특히 복음서와 바오로 서간에 그런 본문이 많았다. 2-3세기 그리스도교 성 금욕주의가 '성경과 별개'가 아니라 '성경에 바탕을 둔' 금욕주의였다는 뜻이다. 결국 성 금욕주의는 성경 해석의 결과물이었다고 해도 지나치지 않다.

둘째, 욕망의 절제와 철학적 수련을 통해 하느님께 더 가까이 다가갈 수 있다는 그리스 철학적 개념은 헬레니즘 유다교의 한 유산으로서 교회에 전수되었다. 그리스 철학의 영향은 이미 신약성경 시대 이전부터 유다교 전통 안에 유입되어 헬레니즘 유다교를 구성하고 있었다. 구약에서 전례 준비나 회개의 표시로 실천되던 일시적 금욕 관습이 그리스 철학의 금욕수련과 결합하여

73 신약 외경과 초세기 교부들은 예수님을 따르고자 하는 열망, 원조들처럼 부끄러움 없이 하느님과 통교하고자 하는 열망이 성 금욕으로 표현되기에 이르렀음을 보여준다. 외경과 교부들의 금욕주의는 오리게네스에게서 절정을 이루고, 마침내 지중해 세계와 페르시아에 이르는 그리스도교 세계 전체에서 다양한 형태의 수도생활로 발현되기에 이른다.

유다교 특유의 금욕주의가 형성되었으며 이것이 초대 그리스도교에 계승되었다. 유다교 금욕주의는 예수 그리스도의 선포, 그리고 그분께 대한 신앙과 결합하여 그리스도교 특유의 성 금욕주의로 발전하였다.

셋째, 성의 완전한 포기로 표현되는 그리스도교 성 금욕주의는 유다교 안에서도, 그리스 종교와 철학 안에서도 찾아보기 어렵다. 일시적 성의 절제가 일생에 걸친 성의 완전한 포기로 바뀐 것이다. 이는 단순히 시간의 연장 또는 강도의 강화 정도로 치부할 수 있는 문제가 아니었으며 기존 전통과의 단절이자 파격이었다. 이런 의미에서 역사학자 헌터는 초대 그리스도교 성 금욕주의를 '퀴어(Queer)'라는 용어로 설명한다.[74] 그리스도교 금욕주의의 '성'에 대한 포기가 혼인과 성의 역할에 대한 기존 전통을 뒤집어엎었다는 의미에서다. 퀴어라는 단어를 그리스도교 금욕주의나 수도생활에 적용하는 것이 적절하든 부적절하든, 초대 교회 금욕주의가 기존의 전통적 성 개념과 제도를 깨고 성과 혼인 관념에 새 장을 열었다는 헌터의 소견은 그리스도교 성 금욕주의의 중요한 핵심을 짚어내고 있다.

넷째, 성을 완전히 포기한 이들은, 자기를 버리고 십자가를 진 채 당신을 따르라던 그리스도의 말씀을 글자 그대로 받아들인 사람들이다. 그들은 그렇게 함으로써 천사와 같은 부활의 삶을 지금 여기서 앞당겨 산다고 여겼다. 고행과 금욕 자체가 목적이 아니라 예수 그리스도를 따르려는 열망이 금욕을 이끌었던 것이다. 그리스도교 성 금욕은 어디까지나 금욕 자체를 위한 금욕이 아니라 하느님과의 일치와 친교라는 그리스도교 이상理想, 모든 것을 버리고 당신을 따르라 하신 주님의 초대를 실현하는 수단이었다. 따라서 그리스도교 금욕주의가 금욕자체를 목적으로 삼는 "본질적 금욕주의(essential asceticism)"라

74 Hunter, "Celibacy Was Queer: Rethinking Early Christianity", 13-24.

는 주장은[75] 적어도 초세기 그리스도교 금욕주의에는 적용되지 않는다. 그들에게 금욕은 목적이 아니라 수단이었다. 초세기 그리스도교 금욕주의도 "수단적 금욕주의(instrumental asceticism)"인 것이다.

다섯째, 그리스도교 성 금욕주의는 그리스도교의 시작과 함께 출발했다.[76] 그 시작을 신약성경 복음서와 바오로 서간에서 찾을 수 있으며 신약 외경과 교부들의 증언을 통해 2세기 그리스도교 세계 전반에 스며 있었음을 확인할 수 있다. 그리스도인이라면 누구라도 "금욕가"라 불릴 수 있을 정도였다.

여섯째, 그리스도교 성 금욕주의는 신플라톤주의의 영향으로 3세기 이후에야 시작되었다는 말은 틀렸다. 여러 학자들이 주장하듯 3세기 이후 그리스도교가 신플라톤주의의[77] 영향을 입은 것은 부정할 수 없다. 그러나 성 금욕주의 전통은 이미 초세기부터 교회 안에 형성되어 있었다. 그러다가 3세기 이후 신플라톤주의 영향을 입으면서 육신과 세상을 폄하하는 경향이 짙어지고 성 금욕주의도 새로운 양상을 띠게 되었다고 볼 수 있다.

주로 '개인적' 차원에서 발현되었던 초창기 그리스도교 성 금욕주의는 3세기부터 점차 공동체적 금욕주의로 발전한다. 그리고 사막 은수자들처럼 군집 형태를 이루거나 공동체 생활을 하는 수도자 공동체들이 생겨나기 시작했다.

---

75 Diamond, *Holy Men and Hunger Artists: Fasting and Asceticism in Rabbinic Culture*, 12. 저자는 그리스도교 금욕주의는 "본질적" 금욕주의, 라삐 금욕주의는 "수단적" 금욕주의로 묘사한다.

76 Clark, *Reading Renunciation Asceticism and Scripture in Early Christianity*, 23. 그리스도교 수도 생활에 앞서 그리스도교 금욕주의가 있었다: Murray, "The Features of the Earliest Christian Asceticism", 65-77; Hamman, "Les Origines du monachisme chrétien au cours des deux premiers siècles", 311-326.

77 3세기 대표적 신플라톤주의자 플로티노스는 영지주의와 거의 비슷한 세계관을 표방한다.

그러면서 수도자들의 삶과 다른 일반 신자들의 삶이 구분되고 '금욕' 또는 '금욕주의'는 주로 수도자에게 적용되기 시작한다. 3세기 이집트 사막에서 시작된 은수 또는 수도생활은 4세기에는 이집트 사막과 카파도키아와 소아시아는 물론 서부 시리아와 팔레스티나, 로마와 갈리아, 나아가 로마 국경을 넘어 동부 시리아와 페르시아에 이르는 넓은 지역에서 고루 발견되는 보편적 현상이 되었다.[78] 4-5세기에 그리스-로마 세계 전역에서 수도생활이 보편화될 수 있었던 밑바탕은 무엇보다 그리스도교 자체에 내재된 '금욕주의 동력'에 있었다. 성 금욕주의가 그리스도교 메시지 안에 내재되어 있었기에 그것이 수도생활로 구현될 수 있었고 그 이후 교회 역사 안에서 부침을 겪으면서도 이천년 동안 중단 없이 이어져 올 수 있었다는 뜻이다. 그리스도교 성 금욕주의는, 그리스도를 따르려는 열망이 지속되는 한 교회 안에서 사라지지 않을 것이다.

78 Clark, *Reading Renunciation: asceticism and Scripture in early Christianity*, 18-19 참조. 클라크는 그리스도교 수도생활이 3세기 이집트 사막, 더 정확히 성 안토니오에게서 시작되었으며 그로부터 시리아, 메소포타미아, 팔레스티나 등으로 퍼져나갔다는 기존의 의견은 잘못된 전제에서 비롯된 것이라 주장한다. 곧 그리스도교 수도 전통이 3세기에 갑자기 "빅뱅"처럼 일어난 현상이 아니라는 것이다. 수도 전통이 '초세기' 그리스도교 금욕주의에서 비롯되었음을 관찰하는 그는 수도 전통이 이집트와 별개로 시리아, 메소포타미아, 팔레스티나 등지에서 독자적으로 생겨나고 발전했음을 지적한다. 각 지역 또는 나라 사이에 상호 소통과 영향은 있었지만 3세기 이집트 수도 전통이 일방적으로 다른 지역에 퍼져나간 것은 아니라는 입장이다. 어떻든 4-5세기에는 그리스-로마 세계 곳곳에 수도 공동체들이 세워졌음이 고고학적으로도 확인된다: Clark, *Reading Renunciation: asceticism and Scripture in early Christianity*, 31-33. 한편 3-4세기에 그리스도교 수도 수련이 갑자기 출현했다는 의견은, Pelikan, *Jesus through the Centuries*, 110-12; Bainton, *Christendom: A Short History of Christianity and Its Impact on Western Civilization Vol.1*, 104-105.

V. 참고 문헌

성경

NOVUM TESTAMENTUM GRAECE, Nestle-Aland 28th Edition (Stuttgart 2012).

외경

바룩 2서, 송혜경, 『구약 외경 2』 (한님성서연구소 2023), 162-334.

바오로 행전, R.A. Lipsius, *Acta Apostolorum Apocrypha I* (Hildesheim 1972), 235-272.

베드로 행전, R.A. Lipsius, *Acta Apostolorum Apocrypha I* (Hildesheim 1972), 78-102.

에즈라 4서, 송혜경, 『구약 외경 2』 (한님성서연구소 2023), 12-159.

안드레아 행전, J.-M. Prieur, *Acta Andreae Vol.2* (Turhout 1989), 443-549.

요셉과 아세넷, 송혜경, 『구약 외경 1』 (한님성서연구소 2022), 249-306.

요한 행전, K. Junod, J.-D. Kaestli (eds.), *Acta Iohannis Vol.1* (Turnhout 1983).

토마 복음, 송혜경, 『신약 외경 1』 (한님성서연구소 2022), 139-210.

토마 행전, M. Bonnet, *Acta Apostolorum Apocrypha II,2* (Hildesheim 1972), 99-288.

교부 문헌

아테나고라스, 『사절』 *Legatio Pro Christianis*, J.H. Crehan (ed.), *Embassy for the Christians, The Resurrection of the Dead* (Ancient Christian

Writers 23; New Jersey 1956).

순교자 유스티누스, 『호교론』 *Apologiae*, J.-P. Migne (ed.) (Cursus Completus Patrologiae Graecae Vol.6; Paris 1887).

에피파니우스, 『구급상자』 *Panarion*, K. Holl (ed.) (GCS 31).

이냐시우스, 『폴리카르푸스에게 보낸 편지』 *Epistula ad Polycarpum*, J.P. Migne (ed.) (PG 5).

클레멘스(알렉산드리아), 『잡록』 *Stromateis 1-6*, O. Stählin (ed.) (GCS 2).

__________, 『교육자』 *Paedagogus*, H.-I. Marrou (ed.) (SC 70).

타티아누스, 『그리스인들에게 고함』 *Oratio ad Graecos*, M. Whittaker (ed.), *Oratio ad Graecos and Fragments* (Oxford Early Christian Texts; Oxford 1982).

테르툴리아누스, 『모노가미』 *De monogamia*, https://www.newadvent.org/fathers/0406.htm.

헤르마스, 『목자』 *Pastor*, R. Joly (ed.) (SC 53bis).

일반 문헌

Bainton, R., *Christendom: A Short History of Christianity and Its Impact on Western Civilization Vol.1* (New York 1964).

Bremmer, J.N., "Acts of Thomas: Place, Date and Women", J.N. Bremmer (ed.), *The Apocryphal Acts of Thomas* (Louvain 2001), 74-90.

__________, "The Five Major Apocryphal Acts: Authors, Place, Time and Readership", J.N. Bremmer (ed.), *The Apocryphal Acts of Thomas* (Louvain 2001), 149-170.

Brown, P., *The Body and Society: Men, Women, and Sexual Renunciation in Early Christianity* (New York 1988).

Cameron, A., *The Mediterranean World in Late Antiquity AD 395-600* (New York 1993).

Castelli, E.A., "Sex and Sexual Renunciation II: Developments in Research since 2000", P.F. Esler (ed.), *The Early Christian World* (New York 2017), 372-384.

Chadwick, H., *The Early Church* (London 1967, 1993).

Clark, E.A., *Reading Renunciation: Asceticism and Scripture in Early Christianity* (New Jersey 1999).

Clark, G. "Women and Asceticism in Late Antiquity: The Refusal of Status and Gender", V.L. Wimbush, R. Valantasis (eds.), *Asceticism* (Oxford 2002), 33-48.

Diamond, E., *Holy Men and Hunger Artists: Fasting and Asceticism in Rabbinic Culture* (Oxford 2004).

Dodds, E.R., *Pagan and Christian in an Age of Anxiety: Some Aspects of Religious Experience from Marcus Aurelius to Constantine* (Cambridge 1965, 2000).

Engberg-Pedersen, T., "Stoicism in the Apostle Paul: A Philosophical Reading", S.K. Strange, J. Zupko (eds.), *Stoicism Traditions and Transformations* (Cambridge 2004), 52-75.

Fergurson, E., *Backgrounds of Early Christianity* (Grand Rapids 1993).

Finn, R., *Asceticism in the Graeco-Roman World* (Cambridge 2009).

_______, "Asceticism", *Oxford Bibliographies* (https://www.oxfordbibliographies.com/display/document/obo-9780195393361/obo-9780195393361-0110.xml).(검색일: 2023.2.1)

Fraade, S.D., "Ascetical Aspects of Ancient Judaism", A. Green (ed.), *Jewish*

Spirituality vol.1: From the Bible Through the Middle Ages (London 1986), 253-288.

Gaca, K.L., "Driving Aphrodite from the World: Tatian and His Encratite Argument," *The Making of Fornication: Eros, Ethics, and Political Reform in Greek Philosophy and Early Christianity* (Berkeley 2003), 221-246.

Guffey, A.R., "Motivations for Encratite Practices in Early Christian Literature", *The Journal of Theological Studies Vol. 65.2* (2014), 515-549.

Hadot, P., *What is Ancient Philosophy?*, M. Chase (tr.) (Cambridge 2004).

Hamman, A., "Les Origines du monachisme chrétien au cours des deux premiers siècles", C.P. Mayer, K.H. Chelius (eds.), *Homo Spiritalis: Festgabe für Luc Verheijen, OSA zu seinem 70* (Würzburg 1987), 311-326.

Hartenstein, J., "Encratism, Asceticism, and the Construction of Gender and Sexual Identity in Apocryphal Gospels", A. Gregory, T. Nicklas, C.M. Tuckett, J. Verheyden (eds.), *The Oxford Handbook of Early Christian Apocrypha* (Oxford 2015), 389-406.

Hogan, P., *No Longer Male and Female: Interpreting Galatians 3:28 in Early Christianity* (London 2008).

Hornschuh, M., "Andreasakten", W. Schneemelcher (ed.), *Neutestamentliche Apokryphen II* (Tübingen 1964), 270-296.

van der Horst, P.W., "Celibacy in Early Judaism", *Revue Biblique Vol. 109.3* (2002), 390-402.

Hunt, E.J., *Christianity in the 2nd Century: The Case of Tatian* (London

2003).

Hunter, D.G., *Marriage and Sexuality in Early Christianity* (Minneapolis 2018).

__________, "Celibacy Was Queer: Rethinking Early Christianity", K.T. Talvacchia, M.F. Pettinger, M. Larrimore (eds.), *Queer Christianities: Lived Religion in Transgressive Forms* (New York 2015), 13-24.

Kee, H.C., "'Becoming a Child' in the Gospel of Thomas", *Journal of Biblical Literature Vol. 82.3* (1963), 307-314.

Klauck, H.K., *The Apocryphal Acts of the Apostles: An Introduction*, B. McNeil (tr.) (Waco 2008).

Krawiec, R. "Asceticism", S.A. Harvey, D.G. Hunter (eds.), *The Oxford Handbook of Early Christian Studies* (Oxford 2008), 764-785.

Lalleman, P.J., *Acts of John: A Two Stage Initiation Into Johannine Gnosticism* (Louvain 1998).

Lampe, G.W.H., *A Patristic Greek Lexicon* (Oxford 1961).

Martin, L.H., "Graeco-Roman Philosophy and Religion", P.F. Esler (ed.), *The Early Christian World* (New York 2017), 48-72.

Murray, R., "The Features of the Earliest Christian Asceticism," P.N. Brooks (ed.), *Christian Spirituality: Essays in Honour of Gordon Rupp* (London 1975), 65-77.

Nicklas, T., Tuckett, C.M., Verheyden, J. (eds.), *The Oxford Handbook of Early Christian Apocrypha* (Oxford 2015), 389-406.

Osiek, C., "Early Christianity in Context", J.J. Collins, G. Hens-Piazza et al. (eds.), *The Jerome Biblical Commentary for the Twenty-First*

Century (Chicago 2020), 164-183.

Pelikan, J., *Jesus through the Centuries: His Place in the History of Culture* (New Haven 1985).

Peterson, E., "Einige Beobachtungen zu den Anfängen der christlichen Askese", E. Peterson, *Frühkirche, Judentum und Gnosis* (Freiburg 1959), 209-220.

Petersen, W.L., "Tatian the Assyrian", A. Marjanen, P. Luomanen (eds.), *A Companion to Second-Century Christian "Heretics"* (Leiden 2005), 125-158.

Rubenson, S., "Christian Asceticism and the Emergence of the Monastic Tradition", V.L. Wimbush, R. Valantasis (eds.), *Asceticism* (Oxford 2002), 49-57.

Saldarini, A.J., "Asceticism and the Gospel of Matthew", L.E. Vaage, V.L. Wimbush (eds.), *Asceticism and the New Testament* (New York 1999), 11-27.

Salminen, J., *Asceticism and Early Christian Lifestyle* (Ph.D. dissertation; Helsinki 2017).

Sfameni Gasparro, G., "Gli Atti apocrifi degli Apostoli e la tradizione dell'enkrateia", *Augustinianum 23* (1983), 287-307.

__________________, *Enkrateia e antropologia: Le motivazioni protologiche della continenza e della verginità nel cristianesimo dei primi secoli e nello gnosticismo* (Rome 1984).

Shaw, T.M., "Sex and Sexual Renunciation I", P.F. Esler (ed.), *The Early Christian World* (New York 2017), 355-371.

Tissot, Y., "Encratisme et Actes Apocryphes", F. Bovon et al. (eds.), *Les*

Actes Apocryphes des Apôtres: Christianisme et monde païen (Geneva 1981), 109-119.

_______, "Encratism and The Apocryphal Acts", A. Gregory, T. Nicklas, C.M. Tuckett, J. Verheyden (eds.), *The Oxford Handbook of Early Christian Apocrypha* (Oxford 2015), 407-423.

Vaage, L.E., Wimbush, V.L. (eds.), *Asceticism and the New Testament* (New York 1999).

Valavanolickal, K. (ed.), *Aphrahat Demonstrations Vol. 1-2* (Piscataway 2011).

Walzer, R., *Galen and Jews and Christians* (London 1949).

Wills, L.M., "Ascetic Theology Before Asceticism? Jewish Narrative and the Decentering of the Self", *Journal of the American Academy of Religion Vol. 74.4* (2006), 902-925.

Wimbush, V., "The Ascetic Impulse in Early Christianity: Some Methodological Challenges", *SP 25* (1993), 462-478.

Wimbush, V.L., Valantasis, R. (eds.), *Asceticism* (Oxford 2002).

송혜경, 『신약 외경 1』, (한님성서연구소 2022).

송혜경, 『구약 외경 1』, (한님성서연구소 2022).

송혜경, 『구약 외경 2』, (한님성서연구소 2023).

케네스 셍크, 『필론 입문』, 송혜경 옮김 (바오로딸 2008).

강선남

신약의 구약 인용문과 그리스도론적 성경 읽기: 로마 10,6-8을 중심으로

1. 들어가는 말

본 논문의 연구 주제는 로마 10,6-8에 나타난 구약성경의 해석과 적용이다. 연구본문에 포함된 구약성경 인용문이[1] 어떠한 전승에서 출발하여 본문에 어떻게 해석·적용되었는지, 그리고 그러한 이해의 출발점 또는 동인이 무엇이었는지를 고찰하고자 한다.

예수님의 부활 사건 뒤에, 사도들은 예수님의 죽음과 부활이 '성경 말씀대로' 일어났다고 선언한다(1코린 15,3-4 참조).[2] 그리고 구약성경은 주님의 첫 제자들이 자신들에게 일어난 놀라운 사건의 의미를 이해하는 데 도움을 주었다. 그들은 성경을 읽으며 그 안에서 자신들이 경험한 하느님의 은총과 구원 계획을 발견할 수 있었다. 구약성경은 예수 그리스도의 복음을 형성하는 데 필요한 하느님의 말씀과 뜻을 담고 있는 중요한 보고를 제공한 것이다. 이처럼 그리스도교 운동은 초기부터 이스라엘의 거룩한 문헌 곧 구약성경과의 연

1 신약성경에는 약 400개의 구약 인용문과 암시문이 나오고 일반적으로 구약의 약 300구절이 신약에 인용된 것으로 본다. Nicole, "The New Testament Use of the Old Testament", 13-14. 한편, 신약에 나오는 구약 인용문의 종류를 명확하게 규정하거나 숫자를 분명하게 제시하기는 쉽지 않다. 용어의 정의와 사용에 관련해 연구자들 사이에 의견이 통일되어 있지 않다. 일반적인 범주로는 '인용문'(quotation)과 '암시문'(allusion), 그리고 '반향'(echo)으로 나누어 볼 수 있다. 인용문의 경우에 보통 '도입 형식문'('~이 쓰여 있다', '~이 기록되어 있다', '주님께서 말씀하신다', '~이 성취되려고' 등)이 있어 인용문임을 명시적으로 드러내지만, 때로 이러한 형식문이 없는 인용문도 있다. 암시문과 반향은 암시적이며 일정한 형식이 없는 구약 본문이다. Moyise는 '암시문'은 단어 조합이 구체적이지 않은 구약 본문이고, '반향'은 무의식적이지만 구약을 떠올릴 수 있는 본문이라고 설명한다. Moyise, "Intertextuality and the Study of the Old Testament in the New Testament", 18-19.

2 Conzelmann, *A Commentary on the First Epistle to the Corinthians*, 251-254.

속선상에서 선포되었고, 구약성경은 그리스도 공동체의 정체성과 복음의 기초가 되었다.[3]

신약성경에서의 구약성경 사용에 관한 기존 연구 방향은 대략 다음 두 가지로 정리할 수 있다. 첫째는 구약 인용문의 본문 형태가 어디에서 왔는지를 분석한다. 즉 이들이 구약 히브리어 본문, 칠십인역, 또는 다른 문헌이나 구전 전승을 통하여 전달된 것인지를 추적하며 본문 전승을 살펴보는 것이다. 둘째는 이들 인용문이 어떤 해석적 또는 신학적 역할을 하고 있는지를 묻는다. 특정 신약본문에서 구약 사용의 목적과 역할이 무엇인지를 알아보는 것으로 저자의 해석 특성에 접근하는 것이다.[4]

하지만 신약 저자가 사용한 구약의 실제 본문에 관한 문제는 간단하지 않다. 인용한 구약 본문이 어떤 특정 자료에서 온 것인지, 또는 저자의 편집 작업의 결과인지를 판단하는 일은 종종 쉽지 않다.[5] 암시문과 반향의 경우는 문제가 더욱 복잡하다. 한편 같은 저자의 구약 사용을 일반화시키는 일 역시 조심스럽다. 특정자료와 일치하는 하나의 인용문이 있다고 해서, 저자가 사용한 다른 인용문이 모두 같은 자료를 따르고 있지 않을 수 있기 때문이다. 따라서

3 Hays/Green, "The use of the Old Testament by New Testament Writers", 222-223.

4 Porter (ed.), *Hearing the Old Testament in the New Testament*; Beale (ed.), *The Right Doctrine from the Wrong Text?*; Green (ed.), *Hearing the New Testament: Strategies for Interpretation*; Ellis, *Paul's Use of the Old Testament*; Stanley, *Paul and the Language of Scripture: Citation Technique in the Pauline Epistles and Contemporary Literature*.

5 Ellis, *Paul's Use of the Old Testament*, 20. 마찬가지로 칠십인역과 히브리어 본문이 다른 경우, 번역자의 작업 때문인지 또는 번역자가 사용한 히브리어 본문과 칠십인역 번역 이후에 확정된 마소라 본문의 차이로 설명할지 신중하게 접근해야 한다. 각각의 차이점은 다른 점을 보여주는 책의 본문 특성을 고려하여 개별적으로 평가되어야 할 것이다. Jobes/Silva, *Invitation to the Septuagint*, 150.

각각의 본문은 여러 가능성을 고려하여 신중하게 평가되어야 한다.

기존 연구 대다수가 신약 저자가 사용한 구약 자료의 출처를 알아내는 데에 큰 노력을 기울이지만 세밀한 분석이 부족한 경우가 적지 않다. 히브리어 본문과 칠십인역의 경우, 대응하는 단어의 일치 또는 불일치라는 판단에서 끝나지 않고, 일치하지만 의미상 차이가 없는지 또 불일치하는 경우 번역의 한계 문제인지 등을 보아야 한다. 또한 칠십인역과 더불어 다른 고대 번역본, 그리고 유다교의 본문 전승 등도 살펴보면 좋겠다. 단편적인 분석으로는 제한된 결과에 머무를 수 있기 때문이다. 칠십인역과 신약성경 인용문의 경우에도 비슷한 문제점들이 발견된다. 개별적인 단어의 비교에 그치지 않고 인용문이 자리한 문맥을 살펴 저자의 구약 적용과 해석, 그리고 그 해석의 출발점에 다가갈 수 있어야 한다.

본 연구는 로마 10,6-8에 나오는 구약 인용문이 바오로에 의해 어디에서부터, 어떻게 사용되었는지를 고찰한다. 본문 설정과 분석 인용문 선정 이유는 다음과 같다.

첫째, 바오로는 로마서 9—11장에서 하느님의 구원계획 안에서 이스라엘의 현재와 미래를 서술하고 있다. 이스라엘과 이민족에 대한 하느님의 성실을 강조하면서 역사 속에서 하느님의 계획이 어떻게 성취되었는가를 보여주며, 이스라엘의 구원문제를 그리스도의 복음이라는 주제로 다룬다. 이러한 논의 전개 과정에서 여러 구약본문을 인용하는데, 로마서는 바오로 서간들 가운데 구약을 가장 많이 인용하거나 암시하는 서간이다.[6] 그리고 9—11장 본문의 약

6 신약에서 바오로의 이름으로 기록된 서간에 나오는 구약 인용문은 약 90번으로, 신약의 구약 인용문 전체의 약 3분의 1에 해당한다. Ellis, *Paul's Use of the Old Testament*, 11. 그 가운데에 로마서에는 약 60번 정도 나오고, 인용문 대다수는 암시문 형태다. Seifrid, "Romans", 607.

30%가 구약인용으로 구성되어 있고, 이것은 로마서의 구약인용의 절반 정도에 해당한다. 그렇다면 로마서 9—11장은 하느님의 구원역사에 대한 바오로의 신학적 성찰, 곧 '신학적 성경 읽기'를 들여다볼 수 있는 본문이라 할 수 있다. 바오로는 로마 9,6-29에서는 하느님의 이스라엘의 선택, 9,30—10,21에서는 현재의 복음에 대한 이스라엘의 잘못된 열성에 대해 말한다. 그리고 11장에서는 미래의 이스라엘의 구원에 대해 선언한다. 한편 9,30에 나오는 '의로움'(δικαιοσύνη)이라는 단어는 9,30—10,13에서 바오로가 펼치는 논증의 핵심어 역할을 한다. 그는 이 단락에서 두 가지 종류의 '의로움'을 대조하며 자신의 논증을 지지하는 세 병행 구절(9,30-31 '믿음에 기초한 의로움'과 '율법에 따른 의로움'; 10,3 '하느님의 의로움'과 '그들 자신의 의로움'; 10,5-6 '율법에 기초한 의로움'과 '믿음에 따른 의로움')을 만들고 있다.[7] 따라서 본 연구에서는 9,30—10,13을 하나의 소단락으로 삼고 10,6-8에 나오는 구약 인용문을 살펴볼 것이다.

둘째, 이 단락에는 7절에 걸쳐 구약성경 인용문이 나오는데, 이들 인용문은 다양한 형태를 보여준다. ① 9,33절에서는 구약의 두 구절을 혼합하여 인용하고(이사 8,14과 28,16), 여기에 인용된 한 구절(이사 28,16)은 다시 ② 10,11에서 인용된다. 그리고 9,33의 혼합 인용문은 신약의 다른 곳, 1베드 2,6-8에서도 나온다. ③ 10,5에 인용된 구절(레위 18,5)도 갈라 3,12에서 볼 수 있고, ④ 10,13에 나오는 요엘 3,5 인용문 역시 사도 2,21에 인용되고 있다. 한편 ⑤⑥⑦ 10,6-8에 나오는 인용문(신명 9,4; 30,12-14)은 신약성경 다른 곳에 나오지 않는다. 그렇다면 10,6-8에 나오는 인용문은 바오로의 독창적인 해석과 적용에 접근해 볼 수 있는 기회를 제공하는 것으로 보인다.[8] 따라서 본 연구에서는 로마 9,30-

7 Moo, *The Epistle to the Romans*, 618-619. 이 단락에서 '의로움'이라는 단어가 10번 나온다.

8 Vlach, "What Law are Christians under? Paul's Use of Deuteronomy 30: 11-14 in Romans 10:6-8", 235: "One of the most challenging uses of the OT in the NT involves

10,13 단락에서 10,6-8에 나오는 인용문을 중심으로 바오로의 성경 읽기와 그의 해석을 고찰할 것이다.

연구 진행은 다음과 같다. 첫째, 로마 10,6-8이 자리한 전·후 문맥과 바오로가 여기에서 인용하는 신명 9,4; 30,12-14의 문맥을 간략하게 둘러볼 것이다. 둘째, 인용문을 히브리어 본문과[9] 칠십인역 본문을 중심으로 비교 관찰하며, 인용된 구약 구절의 자료에 접근해 본다. 이 과정에서 바오로의 인용문에 영향을 주었을 가능성이 있는 다른 본문 전승을 살펴본다. 셋째, 구약 인용문이 로마서 연구 본문에서 어떻게 사용되었는지를 살펴본다. 바오로의 구약 사용과 해석에 접근하며, 이에 기초하여 바오로의 신학적 의도와 그러한 해석의 출발점 또는 동인에 대해서도 알아볼 것이다.

2. 연구 본문 문맥

2.1. 로마 10,6-8 본문과[10] 전·후 문맥

로마 10,6 "그러나 믿음에서 오는 의로움은 이렇게 말한다. **'너는 누가 하늘로 올라**

Paul's quotation of Deuteronomy 30: 11-14 in Romans 10,6-8. Here Paul connects Jesus with an OT passage that does not mention Jesus directly, …."

9 구약성경 고대 번역자들과 쿰란 공동체의 필사가들이 읽고 사용한 구약 본문이 어떤 것이었는지 정확하게 알 수 없으므로, 본고에서는 오늘날 수용본인 '마소라 본문'(MT) 전통을 담고 있는 슈투트가르트판 히브리어 성경을 표준으로 삼아 비교 관찰한다.

10 본고에서 연구본문의 우리말 번역, 굵은 글씨 표시, 구약 인용 구절 표기는 필자의 것이다.

갈 것인가?'라고 마음속으로 말해서는 안 된다."(신명 9,4; 30,12) 이것은 그리스도를 모시고 내려오라는 것이다. [7] 또, **"'누가 심연으로 내려갈 것인가?' (라고 해서는 안 된다.)"**(신명 30,13) 이것은 그리스도를 죽은 이들 가운데에서 모시고 올라오라는 것이다. [8] "의로움은 무엇이라고 말하는가? **'그 말씀은 너에게 가까이, 네 입과 네 마음에 있다.'**(신명 30,14) 이것이 우리가 선포하는 믿음의 말씀이다."

바오로의 신명기 인용(신명 9,4; 30,12-14)은 이스라엘이 하느님에게서 오는 의로움 대신에 모세의 율법 실천을 통해 의로움을 얻으려고 하였음을 설명하는 대목에서 나온다(9,30—10,13). 이스라엘은 예수님이 율법의 '끝' 또는 '완성'이나 '목적'(τέλος)임을 깨닫지 못했다(10,4). 그리하여 이스라엘은 의로움의 율법을 추구했지만 그것에 이르지 못하였고, 다른 민족들은 믿음을 바탕으로 의로움을 얻었다(9,30-31). 그 이유는 '이스라엘이 그것을 믿음이 아니라 행위로 찾았기 때문이다.' '그리하여 그들은 걸림돌에 걸려 넘어졌다'(9,32). 9,33에 나오는 이사 8,4; 28,16의 혼합 인용문("보라, 내가 시온에 걸려 넘어지게 하는 돌과, 부딪쳐 쓰러지게 하는 바위를 놓는다. 그를 믿는 이는 부끄러운 일을 당하지 않을 것이다.")은 이를 논증하는 성경구절로 제시된다. 그리고 바오로는 10,5에서 '율법에서 오는 의로움'에 대해 말하면서 레위 18,5을 인용한다. "그것들을 실천하는 사람은 그것들로 살 것이다."

이어서 6-7절에서는 '믿음에서 오는 의로움'을 주어로 하여, 신명 9,4(6절b. "너는 마음속으로 말해서는 안 된다.")와 신명 30,12-13을 부분적으로(6절c. "누가 하늘로 올라갈 것인가?" 7절b. "누가 심연으로 내려갈 것인가?") 인용하고, 각각의 의미를 설명한다(6절d. "이것은 그리스도를 모시고 내려오라는 것이다." 7절c. "이것은 그리스도를 죽은 이들 가운데에서 모시고 올라오라는 것이다."). 그리고 8절에서 다시 '의로움'을 주어로 하여 신명 30,14 일부를 인용한다("그 말씀은 너에게 가까이, 네 입과 네 마음에 있다.").

9-13절의 이어지는 부분은 8절c("이것이 우리가 선포하는 믿음의 말씀이다.")의 '믿

음의 말씀'에 대한 풀이다. 9-10절에서 바오로는 신명기 본문에서의 '입'과 '마음'을 사용하여 '그 말씀'의 내용을 설명한다. "그대가 예수님을 주님이시라고 (그대) 입으로 고백하고 하느님께서 예수님을 죽은 이들 가운데에서 일으키셨다고 (그대) 마음으로 믿으면 구원을 받을 것이다. 곧 마음으로 믿어 의로움을 얻고, 입으로 고백하여 구원을 얻는다." 이어서 11절에서는 9,33에서 인용한 이사 28,16을 다시 가져오며 논증을 전개하는데, 10절의 '마음으로 믿어서 오는 의로움'은 "그를 믿는 이는 누구나 부끄러운 일을 당하지 않을 것이다."에 조응한다. 여기에서 바오로는 9,33과 다르게 이사 28,16 인용문에 '누구나'(πᾶς) 라는 말을 더하여 구원의 보편성을 암시한다. 그리하여 그는 "같은 주님, 모든 사람의 주님께서, 당신을 받들어 부르는 모든 이에게 풍성한 (은혜를) 베푸신다. 주님의 이름을 받들어 부르는 이는 모두 구원을 받을 것이다."라고 설명한다(12-13절). 13절에서 인용한 요엘 3,5("주님의 이름을 받들어 부르는 이는 모두 구원을 받을 것이다.")의 약속이, 바오로가 '누구나'에 대한 예고로 읽은 이사 28,16을 확인해 준다. 그리고 이사 28,16과 요엘 3,5 두 인용문은 모두 신명 30,14의 '입'과 '마음'을 반영한다.[11]

2.2. 로마 10,6-8에 인용된 신명기 본문과(9,4; 30,12-14)[12] 문맥

신명 9,4 "주 너의 하느님께서 그들을 네 앞에서 몰아내실 때, **너는 네 마음속으로,** '내가 의롭기 때문에 주님께서 나를 데려오시어 이 땅을 차지하게 하셨다.'라

11 Seifrid, "Romans", 659.

12 로마 10,6-8에서 인용하는 구약본문은 신명 9,4과 30,12-14이지만, 11절은 12-14절과 밀접하게 연결되어 있으므로 함께 제시한다. 굵은 글씨는 로마 10,6-8에 인용된 부분을 표시한 것이다.

고 **말해서는 안 된다**. 주님께서 이민족들을 네 앞에서 쫓아내시려는 것은 그들이 악하기 때문이다."

신명 30,11 "내가 오늘 너에게 명령하는 이 계명은 너에게 힘든 것도 아니고 멀리 있는 것도 아니다." 12 "그것은 하늘에 있지 않다. 그러니 '**누가 우리를 위해 하늘로 올라가서** 그것을 가져다가 우리에게 들려주리오? 그러면 우리가 실천할 터인데.'하고 말해서는 안 된다." 13 "또 그것은 바다 건너편에 있지도 않다. 그러니 '**누가 우리를 위해 바다 건너편으로 건너가서** 그것을 가져다가 우리에게 들려주리오? 그러면 우리가 실천할 터인데.' 하고 말해서도 안 된다." 14 "**그 말씀은 너에게 아주 가까이, 네 입과 네 마음에 있기** 때문에 너는 그 말씀을 실천할 수 있다."

(BHS) **MT Deut. 9,4**

אַל־תֹּאמַר בִּלְבָבְךָ

너는 (네) 마음속으로 말해서는 안 된다.

(BHS) **MT Deut. 30,11-14**

11 כִּי הַמִּצְוָה הַזֹּאת אֲשֶׁר אָנֹכִי מְצַוְּךָ הַיּוֹם לֹא־נִפְלֵאת הִוא מִמְּךָ וְלֹא רְחֹקָה הִוא׃

12 מִי יַעֲלֶה־לָּנוּ הַשָּׁמַיְמָה

누가 우리를 위해 하늘로 올라갈 것인가?

13 מִי יַעֲבָר־לָנוּ אֶל־עֵבֶר הַיָּם

누가 우리를 위해 바다 건너편으로 건너갈 것인가?

14 כִּי־קָרוֹב אֵלֶיךָ הַדָּבָר מְאֹד בְּפִיךָ וּבִלְבָבְךָ

그 말씀은 너에게 아주 가까이, 네 입과 네 마음에 있기 때문이다.

로마 10,6에서 부분 인용된 신명 9,4은 땅을 차지하러 들어가게 된 이스라엘을 향한 모세의 경고다. 그는 이스라엘이 스스로 의롭다고 생각하지 말라고 말한다. 그들이 '약속의 땅에 들어와 땅을 차지한 것은 자신들의 의로움 때문이 아니라, 그 땅에 살던 민족들이 악하여서 주님께서 그들을 쫓아내셨다는 것이다.' 이 구절 이후로 모세는 이스라엘의 완고함에 대해 길게 회고하고, 주님을 경외하고 사랑하고 섬기라고 경고한다. 이스라엘 민족은 마음에 할례를 받아야 한다(신

히브리어 신명 9,4; 30,11-14 | 칠십인역 신명 9,4; 30,11-14 | 로마 10,6-8 본문 관계*

	(Gött) **LXX Deut. 9,4**	(NA28) **NT Rom. 10,6b**
	μὴ εἴπῃς ἐν τῇ καρδίᾳ σου 너는 (네) 마음속으로 말해서는 안 된다.	μὴ εἴπῃς ἐν τῇ καρδίᾳ σου· 너는 (네) 마음속으로 말해서는 안 된다.
	(Gött) **LXX Deut. 30,11-14**	(NA28) **NT Rom. 10,6c-8**
	11 ῞Οτι ἡ ἐντολὴ αὕτη, ἣν ἐγὼ ἐντέλλομαί σοι σήμερον, οὐχ ὑπέρογκός ἐστιν οὐδὲ μακρὰν ἀπὸ σοῦ ἔστιν.	—
	12 Τίς ἀναβήσεται ἡμῖν εἰς τὸν οὐρανὸν 누가 우리를 위해 하늘로 올라갈 것인가?	10,6c-d **τίς ἀναβήσεται εἰς τὸν οὐρανόν;** τοῦτ᾽ ἔστιν Χριστὸν καταγαγεῖν· 누가 하늘로 올라갈 것인가? 이것은 그리스도를 모시고 내려오라는 것이다.
	13 Τίς διαπεράσει ἡμῖν εἰς τὸ πέραν τῆς θαλάσσης 누가 우리를 위해 바다 건너편으로 건너갈 것인가?	10,7 ἤ· **τίς καταβήσεται εἰς τὴν ἄβυσσον;** τοῦτ᾽ ἔστιν Χριστὸν ἐκ νεκρῶν ἀναγαγεῖν. (또는) 누가 심연으로 내려갈 것인가? 이것은 그리스도를 죽은 이들 가운데에서 모시고 올라오라는 것이다.
	14 ἐγγὺς σοῦ ἔστιν τὸ ῥῆμα σφόδρα ἐν τῷ στόματί σου καὶ ἐν τῇ καρδίᾳ σου 그 말씀은 너에게 아주 가까이, 네 입과 네 마음에 있다.	10,8 ἀλλὰ τί λέγει; **ἐγγύς σου τὸ ῥῆμά ἐστιν ἐν τῷ στόματί σου καὶ ἐν τῇ καρδίᾳ σου,** τοῦτ᾽ ἔστιν τὸ ῥῆμα τῆς πίστεως ὃ κηρύσσομεν. 그것은 무엇이라고 말합니까? '그 말씀은 너에게 가까이, 네 입과 네 마음에 있다.' 이것이 우리가 선포하는 믿음의 말씀이다.

* 히브리어 성경, 칠십인역, 신약성경 본문은 각각 다음 비평본을 사용하였다. *Biblia Hebraica Stuttgartensia*; *Septuagint Göttingensis Vol. III, 2, Deuteronomium*, 145-146. 328-329; Nestle-Aland 28th.

명 9,6—10,16). 한편 6-8절에서 인용된 신명 30,11-14은 28,69에서 시작된 모압 땅에서의 모세의 설교 일부다. 이스라엘 앞에 생명의 길과 죽음의 길이 놓여 있고, 그들은 두 가지 길 앞에서 지혜롭게 선택해야 한다. 주님은 이스라엘에게 불가능한 것을 요구하지 않으신다(11절). 그분은 이스라엘에 선물로 계명을 주셨다. 그러므로 그 계명('율법')을 찾으러 하늘로 올라가거나 바다 건너편으로 갈 필요가 없다(12-13절). 주님께서 모세를 통해 그들에게 율법을 주셨고, 그것은 이미 그들의 입과 마음에 있다. 따라서 이스라엘은 그 말씀을 실천할 수 있다(14절).[13]

2.3. 로마 10,6-8의 구약 인용문 분석

6절b: 신명 9,4 부분 인용문("너는 마음속으로 말해서는 안 된다.")은 마소라 본문과 일치하는 칠십인역과 같다(MT = LXX = NT).

6절c: 신명 30,12 인용문("누가 하늘로 올라갈 것인가?")은 마소라 본문과 일치하는 칠십인역과 거의 같지만, '우리를 위해'(ἡμῖν)라는 단어가 없다(MT = LXX ≒ NT). 이 인용문 형태를 바오로 자신의 것으로 본다면, 청중 개개인을 향한 바오로의 논증에서 복수형('우리')이 적합하지 않아서거나,[14] 도입 권고문(신명 9,4)의 단수형('너')과 조화를 이루기 위한 시도라고 생각할 수 있다.[15] 이것은 다음 7절의 신명 30,13 인용에서도 같다.

7절b: 신명 30,13 인용문("누가 심연으로 내려갈 것인가?")은 마소라 본문("누가 우리를 위해 바다 건너편으로 건너갈 것인가?")과 일치하는 칠십인역("누가 우리를 위해 바다 건너편으로 건너갈 것인가?")과 다르다. 신명 30,13의 '바다'(θάλλασα) 대신에 '심연'(ἄβυσσος)으로 읽은[16] 이 인용문은 바오로의 작품으로 보인다. 신명

13 Seifrid, "Romans", 656-657; Craigie, *The Book of Deuteronomy*, 389; Driver, *Deuteronomy*, 330-331.

14 Seifrid, "Romans", 659.

15 Stanley, *Paul and the Language of Scripture*, 131.

30,13에 대한 이와 같은 읽기가 나타나는 문헌이 없고,[17] 이어지는 7절c의 해석("이것은 그리스도를 죽은 이들 가운데에서 모시고 올라오라는 것이다.")과 조화를 이루며 6절과의 긴밀한 병행이라는 점에서 7절 인용문의 기원을 바오로의 것으로 보게 한다. 그렇다면, 바오로는 신명 30,13의 '바다를 건너는' 이미지가 자신이 현재 단락에서 전제하는 그리스도 사건에 적절하지 않다고 생각한 것 같다.[18](MT = LXX ≠ NT)

8절b: 신명 30,14 인용문("그 말씀은 너에게 가까이, 네 입과 네 마음에 있다.")에는 마소라 본문과 일치하는 칠십인역과 앞부분의 단어 순서가 약간 다르고(LXX: ἐγγὺς σοῦ ἔστιν τὸ ῥῆμα σφόδρα NT: ἐγγύς σου τὸ ῥῆμά ἐστιν), '아주'(σφόδρα)라는 부사가 나오지 않는다(MT = LXX ≒ NT). 칠십인역 본문 전통에서 다름이 발견되는 곳은 첫 여섯 단어의 배열이고, σφόδρα가 없는 칠십인역 본문 증거는 아주 제한적이다.[19] 이러한 수사본 전통은 바오로가 칠십인역과 다른 본문 전통을 사용했다기보다는 칠십인역을 자신의 의도에 맞

16 'ἄβυσσος'(심연)는 칠십인역에 30번 정도 나오는데, 거의 항상 히브리어 תהום을 읽은 것이다. 이 단어는 보통 물의 깊음을 가리키거나(창세 1,2 참조), 바다의 깊음을 지시하는 데 사용되었다(시편 106,26 참조). 신명 8,7; 33,13에서는 이 단어가 땅 아래 물을 가리킨다. 한편 시편 70,20에서는 죽은 이들의 장소를 암시하는 땅속 깊은 곳을 뜻한다. 참조: Bauer, *A Greek-English Lexicon of the New Testament and Other Early Christian Literature*, 2; Lust/Enykel/Hauspie, *Greek-English Lexicon of the Septuagint*, 1; Cranfield, *The Epistle to the Romans, Vol. II 9-16*, 525.

17 *Göttingensis Vol. III, 2, Deuteronomium*, 328-329; 칠십인역 개정본인 아퀼라역, 심마쿠스역, 테오도시온 역은 'θάλλασα'로 읽는다. Koch, *Die Schrift als Zeuge des Evangeliums*, 154.

18 Stanley, Koch는 7절의 현재 형태의 기원이 바오로라는 점에 논쟁의 여지가 없다고 주장한다. Stanley, *Paul and the Language of Scripture*, 132; Koch, *Die Schrift*, 154.

19 칠십인역 랄프스 편집본에서는 다음과 같이 읽는다. "ἐστιν σου ἐγγυς ~". Rahlfs, 343; σφόδρα라는 단어가 없는 사본은 대문자 사본 F와 소문자 사본 53과 664이다. *Göttingensis Vol. III, 2, Deuteronomium*, 329.

게 적용한 것으로 볼 수 있다. 그러나 인용문에 σφόδρα가 없는 것은 바오로가 이 단어를 과잉으로 생각했을 가능성이 있지만 그대로 두었을 경우 인용문을 사용한 의도가 강조됐을 것이므로, 현재 형태의 기원을 분명하게 단언하기 어렵다.[20]

한편 칠십인역은 여기에서 히브리어 ' דָּבָר'를 'ῥῆμα'로 읽었고 바오로도 같은 단어를 취하였는데, 칠십인역 읽기는 말씀의 구두 성격을 강조하는 것으로 보인다.[21] 로마 10,5에서 레위 18,5을 인용하며 모세가 '기록하고 있다'라는 말을 사용한 것과 대조적으로, 10,6-21에서는 지속적으로 '복음'의 구두 성격을 강조한다(10,6 '믿음에서 오는 의로움은 이렇게 말한다.' 10,8 '또 무엇이라고 말하는가?' 등). 이것은 로마 10,15에서 "기쁜 소식을 전하는 이들의 발이 얼마나 아름다운가!"(이사 52,7)와 로마 10,16에서 "주님, 저희가 전한 말을 누가 믿었습니까?"(이사 53,1)들을 인용하며 '복음'을 전하는 이들의 모습을 서술하는 데에서도 알 수 있다.[22]

10,6-8의 신명기 구절 부분인용과 생략: 바오로는 신명 30,11("내가 오늘 너에게 명령하는 이 계명은 너에게 힘든 것도 아니고 멀리 있는 것도 아니다.") 대신에 9,4만 부분인용하고, 12a와 12c, 13a와 13c, 그리고 14b를 언급하지 않는다.

라삐들이 종종 주님의 계약 백성에게 하느님 말씀이 가까이 있음을 강조하기 위해 신명 30,11-14을 언급했지만,[23] 바오로 이전에 신명 30,11-14

20 Stanley, *Paul and the Language of Scripture*, 133.

21 참조. Dogniez/Harl, *Le Deutéronome*, 41-43; 'ῥῆμα'는 바오로 문헌에 자주 나오지 않는데, 여기에서는 칠십인역 표현을 따르고 이 단어는 '복음'을 뜻하는 것으로 읽을 수 있다. Moo, *Romans*, 895.

22 Ito, "The Written Torah and the Oral Gospel: Romans 10:5-13 in the Dynamic Tension between Orality and Literacy", 240.

23 다양한 방식으로 토라 연구를 권고하거나, 인간이 토라에 접근할 수 있고 이해할 수 있는

과 9,4을 묶어 하나의 인용문으로 나타난 경우는 없다. 바오로가 이 신명기 두 본문을 묶어서 인용하는 이유는 다음과 같다. 신명 9,4-6은 주님께서 이스라엘에게 땅을 소유하게 하신 것을 '그들 자신의 의로움' 때문이라고 생각하지 말라고 경고한다. 바오로는 이것을 로마 10,3-5에서 믿음이 아니라 율법에 따른 자기의 의로움을 세우려는 사람들을 언급하면서 암시한다.[24] 한편 신명 30,11을 언급하지 않은 이유는 '계명은 실천할 수 있는 것'이라는 메시지가 이민족 출신 그리스도인들 청중에게 율법 실천을 강요하지 않는 자신의 복음과 충돌하기 때문일 것이다. 마찬가지로 12c와 13c("'그러면 우리가 실천할 터인데.' 하고 말할 필요가 없다."), 그리고 14b("너희가 그 말씀을 실천할 수 있다.")를 생략한 것도 비슷한 의도로 읽을 수 있다. 그리고 12-13절에서 '의문문'(12b와 13b)만 인용하고, 12a("그것은 하늘에 있지 않다.")와 13a("그것은 바다 건너편에 있지도 않다.")를 생략한 것은 인용문에 자신의 해석(τοῦτ' ἔστιν '이것은 ~ 이다.')을 덧붙였기 때문이다.

* * *

로마 10,6-8에 나오는 신명 9,4; 30,12-14 인용문을 히브리어 마소라 본문, 칠십인역과 비교 관찰한 결과, 이들 본문은 대부분 일치한다. 그러나 바오로는 신명기 본문을 자신의 논의 전개에 따라 부분적으로 인용하거나, 약간의 변화를 주어 새로운 형태의 인용문으로 제시하고 있다. 최종적인 결론을 내리기

것으로 이야기하거나, 또는 인간에게 불가능한 과제임을 암시하는 본문으로 사용하기도 한다. Strack/Billerbeck, *Die Briefe des Neuen Testaments und die Offenbarung Johannis*, 278-282 참조.

24 Stanley, *Paul and the Language of Scripture*, 129-130; 바오로는 청중들이 신명 9,4의 경고를 그 문맥에서 이해하기를 원한다. Moo, *Romans*, 668.

는 조심스럽지만,[25] 이러한 인용문 형태는 바오로 자신의 것으로 볼 수 있다. 한편 바오로의 이러한 구약인용 방식을 기억에 의한 자유로운 인용으로 보는 견해가 있으나, '기억에 의한 인용'을 '기억의 결여' 또는 '불완전한 기억'보다는 문학적 관습이나 주석적인 목적에 의한 자유로운 인용으로 보아야 한다는 주장을 유념해야 할 것이다.[26]

3. 신명 30,12-14 본문 전승과 로마 10,6-8의 인용문

위에서는 로마 10,6-8에서 인용된 신명기 구절을 구약성경 마소라 본문과 칠십인역 본문을 중심으로 비교해 보았다. 이제 인용문과 관련 있는 유다교 (또는 그리스도교) 전승을 살펴보고, 이들 전승과 바오로의 상관관계를 들여다보겠다. 더불어 바오로의 구약 사용과 적용에 대해서도 알아보도록 한다.

25 학자들은 종종 바오로가 사용한 구약의 정확한 본문 형태를 알 수 없다고 말한다. Ito, "The written torah and the oral gospel", 252 참조. 사해 문헌을 통해 알게 된 당시 구약 본문의 여러 형태와 신약 저자들의 다양한 인용 방식은 신약 저자들이 사용한 자료에 대해 확언할 수 없는 이유를 설명해 준다. McLay, *The Use of the Septuagint in New Testament Research*, 172; Ellis 역시 바오로가 사용한 구약 자료에 관해서 최종 결론을 내리기 어렵다고 말한다. Ellis, *Paul's Use of the Old Testament*, 20.

26 "유다인에게 성경 암기의 중요성과 바오로의 구약 인용문 가운데 다수가 언어적으로 정확하게 일치하는 점들을 보면, '기억의 결여' 또는 '기억의 오류'라고 말하기는 어렵다. 따라서 바오로의 인용문과 구약 본문 사이에 차이점이 있을 때, '기억에 의한 자유로운 인용'이라는 말을 사용하는 데에는 주의가 필요하다." Ellis, *Paul's Use of the Old Testament*, 14-15.

3.1. 신명 30,12; 로마 10,6

바오로는 6절에서 신명 9,4; 30,12을 인용하며, "'너는 마음속으로 누가 하늘로 올라갈 것인가?'라고 말해서는 안 된다."라고 한다. 그리고 이어서 "이것은 그리스도를 모시고 내려오라는 것이다."라는 해석을 덧붙여, 그리스도가 이미 우리 곁에 왔으므로 하늘로 올라갈 필요가 없음을 암시한다. 바오로의 이 해석을 그리스도의 '강생'이 아니라 '재림' 곧 '고양된 그리스도를 모시고 내려오라는 것'으로 보는 견해도 있으나,[27] 이 대목에서는 '재림'보다는 '강생'으로 읽는 것이 바오로의 의도에 부합한다(로마 1,3; 8,3; 9,5; 갈라 4,4 참조). 하느님께서 율법을 주셨듯이, 당신 아드님을 주셨다. 따라서 인간은 그리스도를 모시고 내려오려고 하늘로 올라갈 필요가 없다. 율법과 그리스도는 하느님이 주신 선물이다. 하지만 바오로에서 율법과 그리스도의 선물은 다르게 표현되고 있다는 점도 주목할 만하다. 율법은 중개자 모세를 통해 수여되었지만("율법은 천사들을 통하여 중개자의 손을 거쳐 공포되었습니다." 갈라 3,19), 그리스도는 중개자 없이 하느님께서 직접 인간에게 주신 선물이다.[28]

3.2. 신명 30,13; 로마 10,7

바오로는 7절 인용문에서 신명기의 '바다를 건너는' 수평적 이미지를 '심연'으로 내려가는 수직적인 것으로 바꾸었다. '바다'(θάλλασα) 대신 '심연'(ἄβυσσος)이라는 말이 쓰이며 초기 유다교에서 일반적이지 않은 지하세계나 무덤의 의미와 결합하였다. 이처럼 신명기 본문과의 차이점으로 인해, 일부 학자들은 바

27 Dunn, *Romans 9-16*, 605.

28 Seifrid, "Romans", 657.

오로가 여기에서 신명 30,13이 아니라 LXX 시편 106,26("그들은 하늘까지 올라갔다가 심연까지 떨어졌다.")을 암시하고 있다고 생각한다.[29] 그러나 바오로의 언어는 시편보다는 신명기 언어와 병행을 이룬다. LXX 시편 106,26은 '하늘까지'와 '심연까지'라고 하지만, 로마 10,7은 '하늘로'와 '심연으로'라고 표현한다. 또한 시편은 평서문 형태인 반면, 로마서 인용문은 의문문이다. 그리고 시편은 폭풍으로 배가 치솟아, 배에 탄 이들이 하늘까지 올라갔다가 심연까지 떨어지는 모습을 묘사한 것으로 완전히 다른 상황을 묘사한다.[30]

바오로 인용문과 유사한 예는 타르굼 네오피티 신명 30,13에서 볼 수 있다. 타르굼은 히브리어 본문과 조금 다르게 "누가 우리를 위해 율법을 가져올 것인가?"에 '큰 바다 깊은 곳으로 내려간 요나 예언자처럼'이라는 말을 더하였다.[31] 로마 10,7에서 그리스도의 죽음과 부활에 대한 바오로의 언어는 요나 2,3-10이 '바다'(MT: ים LXX: θάλλασα)와 '심연'(MT: תהום LXX: ἄβυσσος)이라는 두 단어를 사용하여 묘사한, 예언자 요나가 큰 물고기 뱃속에 들어간 경험과 병행을 이룬다는 점에서 흥미롭다. 하지만 여기에는 몇 가지 문제가 있다. 첫째, 타르굼 전승 형성과 바오로 서간 집필 시기 문제는 논의 대상이다. 기록된 타르굼 이전에 구두전승이 초기 그리스도교에 영향을 미쳤을 가능성이 제기되지만, 그것을 결정적으로 주장하기는 어렵다.[32] 둘째, 타르굼 네오피티는 '심연'

29 LXX 시편 106,26: ἀναβαίνουσιν ἕως τῶν οὐρανῶν καὶ καταβαίνουσιν ἕως τῶν ἀβύσσων. Fitzmyer, *Romans*, 590; Dunn 역시 바오로가 시편 본문을 반향했을 가능성을 제시한다. Dunn, *Romans 9-16*, 606.

30 Seifrid, "Paul's Approach to the Old Testament in Rom 10:6-8", 19.

31 타르굼 네오피티 신명 30,13: כיונה נביא די יחות לעמקוי דימה רבה. McNamara, *Targum Neofiti 1: Deuteronomy, Translated, with Apparatus and Notes*, 141; *The New Testament and the Palestinian Targum to the Pentateuch*, 73.

32 Seifrid, "Paul's Approach to the Old Testament in Rom 10:6-8", 24.

이라는 말 대신에 '큰 바다 깊은 곳'이라고 하는데, '큰 바다'는 일반적으로 '지중해'를 가리킨다.[33] 셋째, 모세와 타르굼의 요나, 그리고 '새로운 모세'인 그리스도 사이에 연결점이 있다는 주장도 있지만, 로마 10,6-7에서 그리스도는 하늘로 올라가거나 심연으로 내려가는 사람이 아니다. 그리고 로마서 어디에서도 요나의 모습을 명시적으로나 암시적으로 언급하는 곳은 없다.[34]

7절에서 바오로의 신명기 본문 변경에는 신학적인 의도가 들어 있는 것으로 보인다. 그는 6절처럼 신명 30,13을 인용한 다음, "이것은 그리스도를 죽은 이들 가운데에서 모시고 올라오라는 것이다."라는 말을 통하여, 그리스도의 부활을 암시하고 있다.[35] 이처럼 바오로는 6-7절에서 구약본문을 다르게 인용하고 자신의 논의에 맞추어 해석하면서 그리스도 사건을 암시하고 있다.

3.3. 신명 30,12-13; 로마 10,6-7('율법'과 '지혜' 전승과 바오로)

바오로가 로마 10,6-7에서 그려낸 하늘과 심연, 올라감과 내려감의 이미지는 '지혜'의 선물을 율법과 동일시한 유다교 전통에서도 볼 수 있다(바룩 3,9—4,4; 특히 3,29-31; 집회 1,1-10 특히 1,3; 24,1-34 특히 24,5-6; 4 에즈 4,8; 욥 28,12-14; 잠언 30,1-4 참조). 여기에서 의인화되어 묘사되는 '지혜'는 바오로가 신명기 본문을 그리스도와 연결시킨 것을 해석할 수 있는 기준으로 제시되었다.[36] 특히 바룩 3,29-31

---

33 Seifrid, "Paul's Approach to the Old Testament in Rom 10:6-8", 24.

34 Seifrid, "Paul's Approach to the Old Testament in Rom 10:6-8", 25.

35 로마 10,7처럼 구약을 인용하면서 그리스도의 부활을 묘사한 구절은 사도 2,27에서 볼 수 있다. 루카는 시편 16,10("당신께서 제 영혼을 저승에 버려두지 않으시고 당신의 거룩한 이에게 죽음의 나라를 아니 보게 하실 것이기 때문입니다.")을 인용하면서 시편 저자인 다윗이 그리스도의 부활을 예견했다고 말한다.

36 Suggs, "The Word is Near You: Romans 10,6-10 within the Purpose of the Letters",

에는 주목할 만한 언어상의 유사점이 보인다. "누가 하늘에 올라가 슬기를 잡았으며, 누가 구름에서 슬기를 끌어 내렸는가? 누가 바다를 건너 슬기를 찾아냈으며 누가 순금을 주고 슬기를 사 오겠는가? 슬기의 길을 아는 이도 없고 그 행로를 깊이 생각하는 이도 없다." 이것을 보면 6-7절의 바오로의 언어가 유다 그리스도인 청중/독자들에게 지혜 전통을 상기시켰을 가능성이 있다.

하지만 바오로는 언어나 주제에서 바룩서보다는 신명기에 더 가깝다. 바룩서 본문이 신명 30,12-13의 '우리를 위해'라는 말을 사용하지 않으면서 신명기의 질문을 보편화시켰다면, 바오로 인용문에서 '우리를 위해'라는 말이 나오지 않는 것이 인간 경험의 일반화를 뜻한다고 보기 어렵다. 인용문 도입에 나오는 신명 9,4의 '너는 네 마음속으로 말해서는 안 된다.'는 신명 30,11-14의 개인적인 권고의 논조를 유지하고 있기 때문이다. 또한 신명 30,12-13과는 다르게, 바룩 3,29-31에 나오는 '잡다', '끌어 내리다', '찾다', '사오다' 같은 단어는 로마서 인용문에서 볼 수 없다.[37] 더 나아가 유다교 전통과 바오로 사이에는 주목할 만한 다른 점이 있다. 바오로가 '말씀'의 '근접성'을 말하고 있다면, 지혜 전통은 인간이 지혜에 쉽게 다가갈 수 없음을 강조한다. 하느님만이 지혜를 아시고 그것을 이스라엘에 주신다(바룩 3,36). 집회 24,5("나 홀로 하늘의 궁창을 돌아다니고 심연의 바닥을 거닐었다.")에서 지혜와 율법을 연결시키지만, 신명 30,12-13을 암시한다고 말하기는 어렵다. 이렇게 볼 때, 바오로의 인용문과 바룩서 사

289-312. Suggs는 바오로가 '지혜'라는 표상을 통해 신명 30장의 '율법'을 그리스도와 동일시했을 것으로 본다. 주장의 세부적인 내용은 다음과 같다. 첫째, 율법과 지혜가 중간기의 유다교 문헌에서 자주 연결된다. 둘째, 중간기 시대 문헌인 바룩 3,29-30은 바오로가 로마서에서 사용한 것과 같은 신명기 30장의 표현 가운데 일부를 지혜로 묘사한다. 셋째, 바오로는 종종 그리스도를 지혜와 연결시킨다. Moo, *Romans*, 670에서 재인용.

37 Seifrid, "Paul's Approach to the Old Testament in Rom 10:6-8", 21-23; Moo, *Romans*, 670-671; Schreiner, *Romans*, 558 참조.

이에는 상호 해석적인 의미가 거의 없다.[38]

바오로가 신명 30장을 인용한 것은, 여기에서 하느님과 당신 백성의 관계에서 그분의 은총이 표현되고 있음을 발견했기 때문이다. 하느님께서 이스라엘에게 율법을 주셔서 실천할 수 있게 하셨듯이, 유다인과 이방인 모두에게 당신 말씀을 주셔서 예수 그리스도를 통해 당신을 알게 하시고 믿음으로 응답하게 하신다. 이제 율법이 아니라 그리스도가 하느님 계시의 말씀이므로(로마 10,4), 바오로는 신명 30,11-14의 '계명'(율법)을 '그리스도'로 대치하였다. 따라서 사도의 신명기 인용은 구원사의 발전이라는 배경에서 본문의 의미를 효과적으로 적용한 것이다.[39]

신명기 본문은 율법에 대해 말하고, 바오로는 이를 인용하며 그리스도를 말한다. 하지만 바오로는 율법과 그리스도를 서로 상관없는 두 존재로 보지 않고, 둘 사이의 긴밀한 관계성을 이야기한다.[40] '그리스도는 율법의 끝 또는 목적, 완성이다'(로마 10,4). 바오로 서간에는 율법의 '끝'을 가리키는 표현(로마 6,14.15; 7,4; 갈라 2,19; 1코린 9,20)과 동시에 율법을 '세웠다'는 말(로마 3,31; 13,8)도 나온다. 이런 다양성을 고려할 때, 로마 10,4에서 'τέλος'는 단순히 시간적('끝') 의미나 '목적' 어느 한 가지로 이해하기보다는, 연속성과 비연속성 둘 다를 뜻하는 것으로 이해하는 것이 좋다. 그렇게 보면 바오로에게 그리스도는 유다인과 이민족 모두에게 '의로움'을 열어주었다는 의미에서 율법의 '끝'이면서(로마 9,24; 10,12.13 참조), 믿는 모든 이에게 의로움을 가져다주는 율법의 '완성'인 것이다.[41]

38 Kruse, *Paul's Letter to the Romans*, 413.

39 Moo, *Romans*, 671-672.

40 Cranfield, *The Epistle to the Romans*, 524.

41 Seifrid, "Paul's Approach to the Old Testament in Rom 10:6-8", 10. 로마 10,4에서 'τέλος'의 의미에 관한 자세한 논의는 Moo, *Romans*, 656-659을 보라.

그렇다면 바오로는 신명기에서 하느님께서 이스라엘에게 주신 선물인 율법의 충만한 의미를 그리스도에게서 보았고, 모세가 강조하는 율법의 실천을 그리스도에 대한 믿음으로 이해한 것이다. 하지만 바오로는 율법과 그리스도를 똑같이 놓지 않고, 그리스도가 모세에 의해 중재된 율법의 선물을 뛰어넘었다고 선언한다. 그리스도는 중재자 없이 하느님께서 모든 이에게 직접 주신 은총의 선물이다. 바로 이 지점에서 바오로는 복음의 보편성을 확언한다. '주님의 이름을 부르는 이는 모두 구원을 받을 것이다'(로마 10,13).[42]

3.4. 신명 30,14; 로마 10,8

로마 10,8은 질문으로 시작한다. "그러나 그것은 무엇이라고 말하는가?" 이 도입형식은 신명 30,12-14 인용문을 소개하는 시작 부분인 6절a로 돌아가고("그러나 믿음에서 오는 의로움은 이렇게 말한다."), '말하다' 동사의 주어는 '믿음에서 오는 의로움'(ἡ ἐκ πίστεως δικαιοσύνη)이다. 바오로는 여기에서 '그러나'(ἀλλά)를 사용하여 6-7절에서 말하지 말라는 경고와 대조적으로 '믿음에서 오는 의로움'이 '말하는'것을 설명한다. '믿음에서 오는 의로움'의 이러한 긍정적인 특성은 바오로가 신명 30장을 통해 얻으려는 점이다. 곧 바오로와 사도들이 선포한 믿음에 의한 메시지는 하느님의 율법처럼 가까이 있고 이해할 수 있다. 하지만 율법의 끝이며 완성인 그리스도 안에서 하느님의 말씀은 이전과 비교할 수 없을 정도로 가까이 있다. 그리고 이제 이스라엘에게 요구되는 것은 믿음에 의한 응답이다.[43]

---

42 Seifrid, "Romans", 657-658.

43 Moo, *Romans*, 674-675.

오리게네스는 로마 10,8의 'ῥῆμα'(말씀)를 모든 인간이 참여할 수 있는 신적 이성으로서 '로고스'이신 그리스도와 동일시한다.

> "그분은 말씀이시니, 모든 사람이 그분 안에 참여하는 것이 아닌지 생각해 보십시오. 이것이 사도가 [로마 10,6-8] 우리에게, 그분을 찾기로 선택한 사람들, 곧 그분을 찾는 사람들 안에서 그분이 찾아진다고 가르치는 이유입니다. … 이것은 사람들이 찾는 말씀과 그리스도가 같다는 뜻입니다."[44]

하지만 바오로는 여기에서 '말씀'을 '그리스도'와 동일시하지 않고, 자기와 사도들이 선포하는 '믿음의 말씀'인 복음이라고 선언한다. 바오로의 강조점은 '육화된 말씀'의 가까이 있음이 아니라 선포된 메시지의 특성(τὸ ῥῆμα τῆς πίστεως '믿음의 말씀')에 있다.

* * *

로마 10,6-8에 인용된 신명 30,12-14과 관련된 유다교(또는 그리스도교) 본문 전승과 바오로의 인용문과 그 적용을 비교 관찰해 보았다. 바오로의 인용문과 언어적으로 유사하며, 바오로에게 영향을 미쳤을 가능성이 있는 본문 전승도 있다. 그러나 직접적이거나 결정적인 영향이라고 말하기는 어렵다. 바오로는 로마 10,6-8에서 그리스도 사건에 비추어 신명 9,4; 30,12-14을 인용하고 해석하고 있는데, 이러한 성경 읽기와 적용은 그의 독창성, 창조성을 보여준다.

---

44 Origenes, "Commentary on the Gospel of John I, 269", 325. [ ]은 필자의 것이다.

4. 신약의 구약 인용문과 그리스도론적 성경 읽기

4.1. 신약시대의 성경 해석과 그리스도론적 성경 읽기

위에서 살펴본 것처럼 로마 10,6-8에서 바오로의 신명 9,4; 30,12-14 인용과 적용·해석은 독창적이다. 신약 성경 다른 곳에서 율법이 가까이 있음과 그 실천을 강조하는 신명 30,12-14을 인용하여 그리스도의 강생과 부활을 말하고, 믿음의 말씀인 복음에의 응답을 강조한 구절은 없다. 사도는 그리스도 사건에 기초하여 신명기 본문을 자유롭게 해석하고 적용하였다.[45]

이러한 해석 과정은 현대 독자들에게 의아해 보일 수 있다. 하지만 1세기 유다교 해석 관습에 비추어 볼 때, 바오로만이 이처럼 자유로운 성경 읽기, 성경 적용을 한 것은 아니다.[46] 바오로를 포함한 신약 저자들이 구약성경을 해석하고 사용하는 방법은 당시 유다교의 성경 해석과 크게 다르지 않다. 이것은 그들이 유다교 성경 해석 전통에서 성장하였고 유다교에서 습득한 해석 방법에서 직·간접으로 영향을 받았을 것이므로 자연스러운 결과라고 할 수 있다.[47]

---

45 Byrne, *Romans*, 318; Aageson, "Written Also for Our Sake", 158: "Romans 9—11 is the best exemplar of this generative and open-ended quality of Paul's use of Scripture and method of argumentation."

46 Lindars, "The Place of the Old Testament in the formation of New Testament Theology", 6: "All recent studies tend to confirm the fact that contemporary Jewish exegesis is the proper background to the church's use of the Old Testament."

47 Hanson, *The New Testament Interpretation of Scripture*, 3; 당대의 유다교 전승, 문헌 역시 신명 30,11-14의 본디의 의미를 고집하지 않고 자유롭게 본문을 이해하고 확장한다. Dunn

한편 로마 10,6-7에서 바오로의 성경 해석 형식(τοῦτ' ἔστιν '이것은 ~ 이다.' 'this [the contemporary event or person] is that [what the OT author wrote about]')을 쿰란의 '페쉐르'(pesher) 해석과 같다고 보거나, 바오로가 그러한 해석 방법을 반영한다는 견해가 있다.[48] 하지만 쿰란의 해석 방법은 성경 본문의 세부적인 내용을 현재의 사건과 인물에 '이것이 그것이다'라는 구조로 적용하지만, 바오로의 해석은 그리스도 사건에서 시작하여 성경구절로 이동하고 있다.[49] 이처럼 바오로가 구약을 인용하고 그 해석을 제시한다는 점에서 쿰란의 페쉐르와 비슷한 점이 있으나, 그의 성경 해석의 출발점은 다르다. 바오로의 성경 사용 특성을 결정하는 것은 그리스도에 대한 고백이지 해석 방법이 아니다.[50] 달리 말하자면, 바오로의 신명 30,12-14 인용문에 나타나는 해석 방법보다 더 중요한 것은, 사도가 예수 그리스도 안에서 하느님 계시의 의미를 이해하고 있다는 점이다.[51]

이처럼 신약성경 저자들의 구약성경 해석은 유다교의 해석 방법을 그대로 따르기보다는 거기에서 발전된 형태와 새로운 신학적 경향을 보여주고 있다. 이것은 초기 그리스도교와 유다교 문헌 사이에 놓여 있는 근본적인 차이에서 나온다. 신약저자들은 유다교와 달리 그리스도의 삶과 죽음, 그리고 부

은 신명 30,11-14이 팔레스티나와 디아스포라 지역 유다인들 사이에서 상당한 성찰 주제였다고 지적한다. Dunn, *Romans 9-16*, 604.

48 Schreiner, *Romans*, 556.

49 유다교 해석, 쿰란의 '페쉐르'가 구약성경 자체를 해석하고 그 의미를 자신들의 삶에 적용하였던 반면에, 바오로는 예수 그리스도 사건의 의미를 해석하기 위해 구약을 사용한다.

50 Seifrid, "Romans", 654.

51 Kruse, *Paul's Letter to the Romans*, 414. 한편 Coxhead는 '바오로가 신명 30,11-14에 유다교 미드라쉬 방법을 그리스도론적으로 사용하면서, 복음에 반대하는 유다교 집단에 그리스도와 그리스도교 복음이 신명기 구절에서 말한 토라의 (종말론적) 성취임을 보여주면서 복음을 변호한다.'고 결론 내린다. Coxhead, "Deuteronomy 30:11-14 as a Prophecy of the New Covenant in Christ", 312-320.

활이라는 관점에서 구약성경을 읽었다.[52] 그들은 그리스도 사건이 구약성경에 예고되었다고 믿으며 그리스도를 해석의 결정적인 요소로 간주하고, 구약본문을 예수님에게 적용하여 '그리스도론적'으로 해석하였다.[53] 구약성경을 읽은 다음 거기에서 예수님을 찾아낸 것이 아니라, 그리스도의 수난과 부활사건을 경험하고 난 뒤에 구약이 어떻게 그분께 적용되는지를 발견해 냈다고 말할 수 있다.[54]

4.2. 바오로의 성경 읽기와 패러다임의 변화

다른 신약 저자들처럼 바오로의 성경 읽기 출발점 역시 그리스도 사건이라는 점에서 유다교의 성경 해석과는 다르다. 그리고 이러한 창조적인 성경 읽기와 적용은 '패러다임의 변화'라고 할 수 있다. 예수님의 제자들이 그리스도의 수난과 죽음과 부활사건을 겪고 난 뒤에 그들의 거룩한 문헌, 구약성경은 이전과는 달리 읽히고 이해되었다(루카 24,45 "예수님께서는 그들의 마음을 여시어 성경을 깨닫게 해 주셨다." 참조).

그 가운데에서 바오로의 패러다임 변화는 더욱 극적이다. '벤야민 지파 출신이고 히브리 사람이며, 율법으로 말하면 바리사이, 열성으로 말하면 교회

52 Ellis, "Biblical Interpretation in the New Testament Church", 691. Ellis는 로마 9—11장과 갈라 3장에서 바오로가 유다교의 '미드라쉬' 해석 방법을 사용하고 있지만, 라삐들 방식과는 차별성이 있다고 말한다. 바오로는 '성경에 미리 기록된 것'(로마 15,4)은 메시아 시대를 위한 것이라는 전반적인 추정 아래 독자에게 접근하고 있다는 것이다. Ellis, *Paul's Use of the Old Testament*, 46-47.

53 따라서 그들이 목격한 사건들은 그들이 구약의 성취의 때를 살고 있다는 것을 증명해주는 것이다. Barrett, "The Interpretation of the Old Testament in the New", 399.

54 '초기 교회는 구약을 가지고 구약이 어떻게 그리스도와 일치하는지를 보여주었다.' Lindars, "The Place of the Old Testament", 64; Aageson, "Written Also for Our Sake", 156.

를 박해하던 사람이었고, 율법에 따른 의로움으로 말하면 흠잡을 데 없는 사람'(필리 3,5-6 참조)이었던 바오로가 이제 그리스도와 그분의 복음을 전하는 사도가 되었다. 로마 10,3에서 바오로는 두 가지 종류의 의로움, 곧 '하느님에게서 오는 의로움'과 '자기의 의로움'을 대조시켰다. 그런데 '자기의 의로움'은 바오로가 필리 3,9에서 말하는 '율법에서 오는 나의 의로움'에 상응한다. 그리스도와의 만남 이전에 바오로는 자기를 '율법에 따른 의로움으로 말하면 흠잡을 데 없는 사람'으로 묘사하면서 성실하게 율법을 준수하는 유다인으로 자부하였다. 그러나 이제 바오로의 그러한 확신은 '예수님을 아는 지식의 가치 때문에 해로운 것으로 여겨진다.' '율법에서 오는 자기의 의로움이 아니라, 그리스도에 대한 믿음으로 말미암은 의로움, 곧 믿음을 바탕으로 하느님에게서 오는 의로움'을 지니게 된 것이다(필리 3,8-9 참조).[55]

이러한 패러다임 변화의 출발점은 그리스도와의 만남, 변화의 동인은 그리스도 자신이다. 다마스쿠스에서 그리스도와 만난 경험은 바오로에게 극적이며 절대적인 영향을 주었고, 성경을 읽는 새로운 눈을 가져다주었다(사도 9,3-19 참조).[56] 부활하신 그리스도는 그에게 하느님의 신비를 계시하고 유다인들의 거룩한 문헌을 새롭게 읽고 이해하게 해 주셨다.[57] 그리스도와의 만남이라는 사건이 바오로에게 자기 민족의 종교와 거룩한 문헌의 '참된' 의미를 알 수 있는 극적인 패러다임의 변화가 일어나게 한 것이다.

55 Kruse, *Paul's Letter to the Romans*, 401.

56 '회심 뒤 바오로에게 구약성경은 새로운 책이 되었고 그는 구약의 참된 의미를 발견했다.' Ellis, *Paul's Use of the Old Testament*, 84.149.

57 바오로는 자신의 이전의 잘못된 행위를 '믿음이 없어서 모르고 한 일'이라고 한다. "나는 전에 그분을 모독하고 박해하고 학대하던 자였습니다. 그러나 내가 믿음이 없어서 모르고 한 일이기 때문에, 하느님께서는 나에게 자비를 베푸셨습니다"(1티모 1,13).

5. 나가는 말

신명 9,4; 30,12-14을 인용한 로마 10,6-8을 중심으로 바오로의 성경 읽기를 고찰하였다. 연구 결과는 다음과 같다. 첫째, 신명 9,4; 30,12-14 인용문을 히브리어 마소라 본문과 칠십인역과 비교 관찰한 결과 이들 본문 형태는 대부분 일치한다. 그러나 바오로는 신명기 본문을 자신의 논의 전개에 따라 부분적으로 인용하거나 얼마간의 변화를 주어 새로운 형태의 인용문으로 제시하였다. 이러한 인용문 형태는 바오로 자신의 것으로 볼 수 있다. 둘째, 인용된 신명기 본문과 관련 있는 유다교 본문 전승과 바오로 인용문을 살펴본 결과, 바오로에게 영향을 미쳤을 가능성이 있는 본문 전승도 있다. 그러나 직접적이거나 결정적인 영향이라고 말할 수는 없다. 바오로는 그리스도 사건에 비추어 신명기를 인용하고 해석한다. 이러한 성경 읽기와 적용은 바오로의 독창성과 창조성을 보여준다. 율법이 이스라엘에게 주어졌음과 그 실천을 강조하는 신명 9,4; 30,12-14을 인용하여 그리스도의 강생과 부활을 이야기하고 믿음의 말씀인 복음에의 응답을 강조하는 대목은 신약 다른 곳에서 볼 수 없다.

이러한 해석 방법은 현대 독자들에게 낯설게 보일 수 있으나, 1세기 유다교 해석 관습에 비추어 볼 때, 바오로만이 자유로운 성경 읽기, 성경 해석을 한 것은 아니다. 바오로를 포함한 신약 저자들이 구약을 해석하고 사용하는 방법은 당시 유다교의 성경 해석과 크게 다르지 않다. 하지만 신약 저자들의 성경 해석은 유다교의 해석 방법을 그대로 따르지 않고 거기에서 발전된 형태와 새로운 신학적 경향을 보여준다. 초기 그리스도인들은 그리스도의 삶과 죽음, 그리고 부활이라는 관점에서 구약성경을 해석하였다. 그들은 그리스도를 구약 해석에 결정적인 요소로 간주하고, 구약 본문을 예수님에게 적용하여 '그리스도론적'으로 해석한 것이다.

이처럼 성경 읽기의 출발점이 그리스도 사건이라는 점에서 유다교의 성경 해석과는 다르다. 그리고 이러한 창조적인 성경 읽기와 적용은 '패러다임의 변화'라고 할 수 있다. 예수님의 제자들이 그리스도의 수난과 죽음과 부활 사건을 겪고 난 뒤에, 그들의 거룩한 문헌인 구약성경은 이전과는 달리 읽히고 이해되었다.

그 가운데에서 바오로의 패러다임 변화는 더욱 극적이다. 교회를 박해하고 율법에 따른 의로움에 흠잡을 데 없는 사람이었던 바오로가 이제 그리스도와 그분의 복음을 전하는 사도가 되었다. 그는 율법에서 오는 자기의 의로움이 아니라 그리스도에 대한 믿음으로 말미암은 의로움, 곧 믿음을 바탕으로 하느님에게서 오는 의로움을 지니게 되었다. 그리고 이러한 패러다임 변화의 출발점은 그리스도와의 만남이고 변화의 동인은 그리스도이시다. 부활하신 그리스도는 바오로에게 당신을 계시하시고 하느님의 신비를 드러내시며 구약성경을 새롭게 읽고 이해하게 해 주셨다.

6. 참고 문헌

BIBLIA HEBRAICA STUTTGARTENSIA, W. Rudolph et H.P. Rüger (ed.) (Stuttgart 1984).

Septuagint Göttingensis Vol. III, 2, Deuteronomium, J. William Wevers (ed.) (Göttingen·Vandenhoeck & Ruprecht 1977).

SEPTUAGINTA. Id est Vetus Testamentum graece iuxta LXX interpretes edidit Alfred Rahlfs (Deutcshe Bibelgesellschaft, Stuttgart 1979).

NOVUM TESTAMENTUM GRAECE, Nestle-Aland 28th Edition

(Stuttgart 2012).

Aageson, J.W., "Written Also for Our Sake: Paul's Use of Scripture in the Four Major Epistles, with a Study of 1 Corinthians 10", S.E. Porter (ed.), *Hearing the Old Testament in the New Testament* (Michigan 2006), 152–181.

Bauer, W., *A Greek-English Lexicon of the New Testament and Other Early Christian Literature* (Chicago 1979).

Barrett, C.K., "The Interpretation of the Old Testament in the New", P.R. Ackroyd and C.F. Evans (eds.), *The Cambridge History of the Bible: From the beginnings to Jerome* (London 1970), 377–411.

Byrne, B. S.J., *Romans* (Sacra Pagina Series Vol. 6; Collegeville 1996).

Conzelmann, H., *A Commentary of the First Epistles to the Corinthians* (Philadelphia 1975).

Coxhead, S.R., "Deuteronomy 30:11–14 as a Prophecy of the New Covenant in Christ", *WTJ 68* (2006), 305–320.

Craigie, P.C., *The Book of Deuteronomy* (Michigan 1976).

Cranfield, D.E.B., *The Epistle to the Romans, Vol. II 9-16, A Critical and Exegetical Commentary* (Edinburgh 1982).

Dogniez, C. et Harl, M., *Le Deutéronome* (La Bible D'Alexandrie; Paris 1992).

Driver, S.R., *Deuteronomy* (A Critical and Exegetical Commentary; Edinburgh 1978).

Dunn, J.D.G., *Romans 9-16* (WBC 38B; Dallas 1988).

Ellis, E.E., *Paul's Use of the Old Testament* (Eugene 1981).

________, "Biblical Interpretation in the New Testament Church", M.J. Mulder (ed.), *Mikra: Text, Translation, Reading and Interpretation of the Hebrew Bible in Ancient Judaism and Early Christianity* (Philadelphia 1988), 691-724.

Fitzmyer, J.A., *Romans, A New Translation with Introduction and Commentary* (AB 33; New York 1993).

Hanson, A.T., *The New Testament Interpretation of Scripture* (London 1980).

Green, J.B. (ed.), *Hearing the New Testament: Strategies for Interpretation* (Michigan 1995).

Green, J.B., and Richard B.H., "The use of the Old Testament by New Testament Writers", J.B. Green (ed.), *Hearing the New Testament: Strategies for Interpretation* (Michigan 1995), 222-238.

Ito, A., "The Written Torah and the Oral Gospel: Romans 10:5-13 in the Dynamic Tension between Orality and Literacy", *Novum Testamentum 158,3* (2006), 234-260.

Jobes, K.H. and Silva, M., *Invitation to the Septuagint* (Michigan 2000).

Koch, D.A., *Die Schrift als Zeuge des Evangeliums: Untersuchungen zur Verwendung und zum Verst?ndnis der Schrift bei Paulus* (Tübingen 1986).

Kruse, C.G., *Paul's Letter to the Romans* (Michigan 2012).

Lindars, B.S., "The Place of the Old Testament in the formation of New Testament Theology", *NTS 23* (1977), 59-66.

Lust, J. and Enykel, E. Hauspie, K., *Greek-English Lexicon of the Septuagint* (Rev. ed.) (Stuttgart 2003).

McLay, R.T., *The Use of the Septuagint in New Testament Research* (Michigan 2003).

McNamara, N., *Targum Neofiti 1: Deuteronomy, Translated, with Apparatus and Notes* (Collegeville 1997).

____________, *The New Testament and the Palestinian Targum to the Pentateuch* (Analecta Biblica 27; Rome 1966).

Moo, D.J., *The Epistle to the Romans, NICNT* (Michigan 1996).

Moyise, S., "Intertextuality and the Study of the Old Testament in the New Testament", S. Moyise (ed.), *The Old Testament in the New Testament: Essays in Honour of J.L. North* (Sheffiled 2000), 14-41.

Nicole, R., "The New Testament Use of the Old Testament", G.K. Beale (ed.) *The Right Doctrine from the Wrong Text?* (Michigan 1994), 13-29.

Origenes, "Commentary on the Gospel of John I, 269", J.T. Lienhard (ed.) *Exodus, Leviticus, Numbers, Deuteronomy* (Ancient Christian Commentary on Scripture III; Downers Grove 2001), 325.

Porter, S.E. (ed.), *Hearing the Old Testament in the New Testament* (Michigan 2006).

Schreiner, T.R., *Romans* (Baker Exegetical Commentary on the New Testament; Michigan 1998).

Seifrid, M.A., "Paul's Approach to the Old Testament in Rom 10:6-8", *TrinJ 6 NS* (1985), 3-37.

___________, "Romans", G.K. Beale and D.A. Carson (eds.), *Commentary on the New Testament Use of the Old Testament* (Michigan 2007), 607-694.

Stanley, C.D., *Paul and the Language of Scripture: Citation Technique in the Pauline Epistles and Contemporary Literature* (Cambridge 1992).

Strack, H.L., Billerbeck, P., *Die Briefe des Neuen Testaments und die Offenbarung Johannis* (Kommentar zum Neuen Testament aus Talmud und Midrasch 3; Muenchen 1986).

Vlach, M.J., "What Law are Christians Under? Paul's Use of Deuteronomy 30:11-14 in Romans 10:6-8", *The Old in the New, Understanding How the New Testament Authors Quoted the Old Testament* (Sun Valley 2021), 235-240.

정태현

말씀의 육화와 성경의 올바른 해석

차례

1. 들어가는 말

세계 대부분의 큰 종교들(유교, 불교, 도교, 힌두교, 유다교, 그리스도교, 이슬람교 등)이 모두 경전을 갖고 있다. 그 가운데 특별히 중동에 뿌리를 둔 삼대 종교, 유다교(구약성경)와 그리스도교(신구약성경)와 이슬람교(쿠란)는 책의 종교라 할 만큼 자체의 경전을 중요시하고 거기에서 온갖 의례와 규범을 끌어낸다. 세 종교와 그들의 경전들 사이에는 공통점과 상이점이 있다. 세 종교의 공통점은 아브라함이라는 동일한 신앙의 조상을 지니고 있으며 다 같이 유일신을 섬기고 있고 그 신이 직접 보낸 계시를 담은 경전을 지니고 있다는 사실이다. 상이점은 유다교와 이슬람교에서는 하느님만이 유일한 신이므로 어떤 인간도 하느님의 대리자 역할은 할 수 있지만 신이 될 수는 없는 반면, 그리스도교에서는 유일신 사상을 확고히 간직하면서도, — 이 유일신이 인간의 살과 피를 취해 오신 — 예수 그리스도를 하느님과 동일한 신성을 갖추신 분으로 믿고 고백한다는 것이다.

경전에서도 그리스도교는 다른 두 종교와 상이점을 보이는데, 후자는 경전이 인간 중개자들을 통해 유일신이 전달하신 말씀이라고 주장하는 반면, 전자는 경전을 하느님의 말씀으로 받아들이면서도 이 말씀을 하느님의 아들 예수 그리스도와 동일시한다는 것이다. 따라서 그리스도의 경전인 성경을 올바로 이해하려면 이 같은 특성을 먼저 받아들여야 하고 이 특성에 맞추어 해석해야 한다.

본고는 먼저 육화된 말씀이 성경 안에서 어떻게 하느님의 신비를 계시하시고 완성하시는지를 다루고, 그리스도의 책인 성경이 담고 있는 의미가 무엇인지를 밝히며, 성경의 올바른 해석을 소개한 다음, 마지막으로 한님성서연구원들의 탐구가 이 해석을 위해 어떤 기여를 하게 되는지를 평가한다.

2. 계시의 원천이요 완성이신 그리스도

그리스도교의 성경은 유다인들의 경전인 구약과 예수님의 삶과 가르침을 담은 신약으로 이루어진다. 이 둘의 연결고리는 육화된 하느님 말씀(로고스)이다. 계시의 원천은 육화되신 로고스(말씀), 곧 예수 그리스도시다. 하느님은 그리스도를 통해서 당신 자신을 알려 주셨고 사람들이 "그리스도를 통하여 성령 안에서 성부께 다가가고 하느님의 본성에 참여하도록 하셨다(에페 2,18; 2베드 1,4 참조)."[1] 이것이 바로 인간 구원을 위한 계시 경륜이고 이 경륜은 '사건과 말씀'(히브리어에서는 한 단어 '다바르' דָּבָר)으로 실현된다. 계시 경륜은 구약에서는 이스라엘 백성에게 보여주신 야훼 하느님의 위업 안에서, 신약에서는 예수 그리스도의 공생활 안에서 구체적으로 펼쳐진다. '로고스의 육화(incarnation of Logos)'가 결정적이다. 구약과 신약 모두 육화되신 말씀의 위업을 글로 기록한 책이다. 구약은 하느님의 로고스가 어떻게 이스라엘 역사 안에서 구체적 사건과 말씀으로 육화되었는지를 다루고, 신약은 그 로고스가 실제로 어떻게 인간의 몸을 취해 이 세상에 오셔서 이스라엘은 물론 인류 전체의 구원을 이루셨는지를 다룬다. 초기 교부들은 이를 성경 해석의 규범으로 삼았다(이레네우스, 알렉산드리아의 키릴루스, 오리게네스 등). 성경의 역사적 사건들과 그 사건들 안에 내재한 신적 신비 또는 영적 의미를 그리스도의 인성과 신성에 유비시켜 해석할 수 있다는 것이다.

성경의 모든 책은 영감을 받은 하느님의 말씀이기에 진리를 담고 있다. 2014년 교황청 성서위원회에서 내놓은 『성경의 영감과 진리』(*The Inspiration and Truth of the Sacred Scripture*)의 제목 자체가 이를 증언한다. 이 문헌의 부제는 "세

1 제2차 바티칸 공의회, 「하느님의 계시에 관한 교의 헌장」 2항, 337쪽.

상의 구원을 위해 하느님에게서 오셔서 하느님에 관해 말씀하시는 말씀”(The Word that comes from God and speaks of God for the Salvation of the World)이다. 이 문헌의 제목을 좀 더 풀면 아래와 같을 것이다.

성경은 세상의 구원을 위해 하느님의 영이요 그리스도의 영이신 성령께서 인간 저자들을 통해 하느님에게서 오시어 하느님에 관해 말씀하시는 ‘말씀’(Logos)이다.

제목에서 말하는 진리는 철학자들이 말하는 사변적 개념이 아니라 요한 17,17에서 예수님이 밝히셨듯이 ‘아버지 하느님의 말씀’ 그 자체다. 예수님은 당신 자신을 진리라고 선언하셨는데(요한 14,6), 이 선언은 그분이 아버지와 함께 계시다가 육화되시어 세상에 오셔서 하느님을 알려 주신 말씀(로고스: 요한 1,1-14)이시므로 정당하다.

편의상 구약과 신약으로 나누어 부르지만 성경은 한 권의 책이며, 근본적으로 하느님 계시의 원천이요 완성인 예수 그리스도에 관한 책이다. 신약은 물론 그리스도에 관한 책이 분명하지만 구약도 그리스도에 관한 책이다. 아우구스티누스의 통찰이 이를 잘 반영한다. “신약은 구약에 숨어 있고, 구약은 신약에서 드러난다.”[2] 예수님도 이를 직접 증언하신다. “너희는 성경에서 영원한 생명을 찾아 얻겠다는 생각으로 성경을 연구한다. 바로 그 성경이 나를 위하여 증언한다”(요한 5,39). “너희가 모세를 믿었더라면 나를 믿었을 것이다. 그가 나에 관하여 성경에 기록하였기 때문이다”(요한 5,46). “아, 어리석은 자들아! 예언자들이 말한 모든 것을 믿는 데에 마음이 어찌 이리 굼뜨냐?”(루카 24,25). 또한 성경은 그리스도께서 쓰신 책이기도 하다. 그리스도의 영께서 인간 저자들을 통해 쓰신 책이기 때문이다. “다윗 자신이 성령의 도움으로 말하였다. ‘주님

2 In Vetere Novum lateat, et in Novo Vetus pateat(아우구스티누스, 『칠경에 대한 질문』 2.73).

께서 내 주님께 말씀하셨다. '내 오른쪽에 앉아라, 내가 너의 원수들을 네 발 아래 잡아 놓을 때까지'"(마르 12,36). 앞의 주님은 하느님, 뒤의 주님은 메시아 곧 그리스도시다(37절). "그들(예언자들) 안에서 작용하시는 그리스도의 영께서 그리스도께 닥칠 고난과 그 뒤에 올 영광을 미리 증언하실 때에 가르쳐 주신 구원의 시간과 방법을 두고 연구하였던 것입니다"(1베드 1,11). 그리스도의 영께서 예언자들을 통해 그리스도의 죽음과 부활을 미리 증언하셨다는 것이다.

3. 성경의 의미

성경이 품고 있는 의미들은 성경이 '로고스의 육화'라는 사실에 바탕을 둔다. 가장 기본적인 구별은 자구적 의미(literal sense)와 영적 의미(spiritual sense)다. 전자는 예수님의 인성에 후자는 예수님의 신성에 대비시킬 수 있다. 중세의 주석은 영적 의미를 다시 셋으로 세분하여 성경에 네 가지 의미가 있다고 보았다. 이는 13세기 덴마크의 아우구스티노가 말한 이행시에 잘 나타난다.[3]

> 글자는 무슨 일이 있었는지를 가르치고 우화는 무엇을 믿어야 할지를 가르치며
> 윤리는 무엇을 행해야 할지를 가르치고 유추는 무엇을 바라야 할지를 가르친다.

글자는 문자적 의미로서 역사(사건들) 자체를 가르치고 우화는 우의적 의

3 교황청 성서위원회, 「교회 안의 성서 해석」, 242쪽.
Littera gesta docet, quid credas allegoria,
Moralis quid agas, quo tendas anagogia.

미로서 교의를 가르치며, 윤리는 윤리적 의미로서 행동규범을 가르치고 유추는 종말론적 의미로서 최종적 희망을 가르친다. 그런데 자구적 의미와 영적 의미, 그리고 영적 의미의 세분화는 이미 오리게네스에게서 발견된다. 그런데 오리게네스를 따르는 이들은 우의적 의미를 넓게 해석하여 문자적 의미 다음의 세 가지 의미 전체를 가리키는 것으로도 해석한다. 그래서 이를 신비적 의미라고도 부르는데, 세 의미 모두 "그리스도 안에서 그리고 교회 안에서 이루어지는 위대한 신비"를 가리키기 때문이다.[4] 오리게네스에게는 근본적으로 삼중 의미나 사중 의미가 아니라 두 가지 의미, 곧 문자적 의미와 영적 의미만 있을 뿐이다. 이 둘은 대립 안에 있지 않고 영속성 안에 있다. 영은 꿀이 벌집 안에 있듯이 글자 안에 있다. 그리스도인은 글자와 영을 이중 옷처럼 받는다.[5]

이는 예수 그리스도 안에서 인성과 신성을 함께 인정하는 것과 같다. 반대로 글자와 영을 분리하거나 대립시키는 것은 '역사의 예수와 신앙의 그리스도'를 갈라놓는 것과 같다. 오리게네스는 가현주의(docetism)를 단호히 배척하였다. 드 뤼박(De Lubac)이 이를 잘 지적한다.

> "로고스는 지상 생애에서처럼 성경 안에서도 몸을 필요로 한다는 게 오리게네스 생각이었다. 역사적 의미와 영적 의미는 로고스의 살과 신성과 같다. 성경의 모든 것이 말하자면 육화되어 있다. 성경이 선포하고 준비하는 분은 '환상이 아니라 진리 안에'(non in phantasia, sed in veritate) 계신다(MtSer 92.208). 보이는 인간으로서의 그리스도께 멈추지 말고 우리 육안으로 그분을 볼 수 없게 감추는 살을 관통하여 신앙으로 그분 안에 계시는 하느님을 인지해야 하듯이 우리는 성경, 특히 구약 안에서 우리에게 주어진 외적 역사를 관통하여 거기에 숨겨진 '영적

4 하느님의 신비는 그리스도다(콜로 2,2 참조).

5 De Lubac, *History and Spirit. The Understanding Scripture According to Origen*, 204-205.

신비'로 뚫고 들어가야 한다(MtSer 92.208)."[6]

오리게네스는 구약을 대하는 그리스도인들의 태도가 유다인들과 다르다는 사실을 강조한다. "우리는 성경의 문자와 영을 다 같이 옹호한다. 문자를 저주하거나 성령을 모독하기를 원하지 않기 때문이다"(HLev 14,1). 따라서 우리는 무엇보다 먼저 성경의 문자적/역사적 측면을 철저하게 연구할 필요가 있다. 문자적 측면은 영적 신비를 이해하는 기초가 된다. "그러므로 우리는 먼저 우리 앞에 놓인 역사가 그 자체로 무엇을 원하는지 보아야 한다. 그리고 그것이 분명해 보이더라도 우리 눈에 여전히 더 명백하게 보이도록 노력해야 한다."[7]

이상의 고찰을 참고하여 필자는 성경의 의미를 세 가지로 분류한다. 첫째는 문자적 의미다. 오리게네스는 영적 의미로 나아가기 전에 일반적으로 일어난 일들을 성경에 기록된 그대로 믿어야 한다고 말하지만, 이성적이고 과학적인 시각으로 성경을 대하는 현대인들에게 성경의 많은 이야기들과 지침들이 이해하기 어렵게 보인다. 따라서 문자적 의미 뒤에 숨어 있는 문학적 의미를 살펴야 한다. 이 두 번째 문학적 의미는 성경 저자들이 전하고자 하는 메시지다. 성경의 문학적 의미를 파악하는 데는 서구의 논리적이고 분석적이고 이성적인 문학 비평과 역사 비평이 큰 도움을 준다. 그런데 성경 저자들이 때로는 자신이 미처 의식하지 못한 의미를 전달하기도 한다. 예를 들어 창세 3,15의 말씀이 성모 마리아와 예수님에 대한 언급이라는 것을 창세기 저자가 깨닫지 못했을 것이다. 이것이 세 번째 영적 의미다. 영적 의미는 성령께서 전해 주시는 메시지, 곧 그리스도와 교회의 신비다. 이 신비는 파스카 사건, 곧 예

6 De Lubac, *History and Spirit*, 104-105.

7 "Videamus ergo primo quid sibi velit historia, quam proposuimus et, quamvis plana videatur, tamen adhuc evidentius eam temptemus sub oculis ponere"(HLev 14,1).

수님의 죽음과 부활에 기초한다.[8] 신약성경의 경우 저자들은 이미 그리스도와 교회의 신비를 체험하고 있었기 때문에 그들의 글에는 많은 경우 문학적 의미와 영적 의미가 중복되어 있다. 어떻든 우리는 세 가지 의미를 모두 중요시하고 문자적 의미에서 출발하여 영적 의미까지 나아가는 것을 성경 공부의 목적으로 삼는다.

4. 성경의 올바른 해석

교황청 성서위원회는 1993년, 레오 13세 회칙 「섭리의 하느님」(1893년 *Providentissimus Deus*) 반포 100주년과 비오 12세 회칙 「성령의 영감」(1943년 *Divino Afflante Spiritu*) 반포 50주년을 맞이하여 「교회 안의 성서해석」(1993년 "L'interprétation de la Bible dans l'Église": La Documentation Catholique; "The Interpretation of the Bible in the Church", Catholic International)을 발표했다.

그리스 문화와 사상의 재발견에 힘입어 발생한 르네상스 시대 이후 그리스 고전 문학 탐구가 서구에서 활발하게 일어나면서 고대 문헌들에 대한 새로운 해석과 비평이 일어났다. 저자와 시대상, 작품의 메시지 등에 대한 학문적, 역사적 탐구가 진행되었고 성경에 대해서도 같은 방법론이 적용되었다. 또한 근대와 현대를 거치면서 철학, 사회학, 심리학 등 인문과학의 발전에 힘입어 성경 해석에 이성과 논증에 바탕을 둔 과학적 방법들이 동원되었는데 성경의 메

8 「교회 안의 성서 해석」, 245쪽: "영성적 의미는 성령의 영향 아래서 성서 본문을 그리스도의 파스카 신비와 거기서 흘러나오는 새로운 삶의 맥락 안에서 읽을 때 밝혀지는 의미를 말한다."

시지를 당대의 맥락에서 더욱 풍요롭고 생생하게 이해하도록 해주는 긍정적인 결실과 더불어 성경의 많은 사건들, 특히 그리스도의 생애와 관련된 사건들의 역사성을 부정하는 부정적 결과도 빚어냈다. 교회는 '사목적 신중함'에서 성경에 문헌비평과 역사비평 및 인문과학의 방법들을 동원하는 문제를 두고 오랫동안 숙고를 거듭하다가 1893년의 「섭리의 하느님」과 1943년의 「성령의 영감」의 회칙들을 통해 긍정적인 신호를 보내고 마침내 1965년 2차 바티칸 공의회의 「하느님의 계시에 관한 교의 헌장」(*Dei Verbum*, 이하 「계시 헌장」)을 통해 성경 해석에 문헌비평과 역사비평을 적용하는 것을 긍정적으로 평가하였다. "하느님께서는 성서에서 인간을 통하여 인간의 방식으로 말씀하셨기에 성서 해석자는 하느님께서 우리에게 전달하고자 하신 것이 무엇인지를 알기 위해 성서 저자들이 정말로 뜻하고자 한 것이 무엇이며, 하느님께서 그들의 말을 통하여 나타내고자 하신 것이 무엇인지를 주의 깊게 연구해야 한다."[9] 여기서 "성서 저자들이 정말로 뜻하고자 한 것"은 문학적 의미를 말하고 "하느님께서 그들의 말을 통하여 나타내고자 하신 것"은 영적 의미를 가리킨다.

이어서 「계시 헌장」은 문학적 의미를 파악하기 위한 구체적 방안을 제시한다. 먼저 필수적으로 문학 유형들을 고려해야 한다고 가르치고 특히 "성서 저자가 글로써 주장하고자 한 것을 옳게 이해하기 위해서는 당시에 널리 쓰이던 그 지방 고유의 사고 방식, 언어 방식, 설명 방식 그리고 사람들이 상호 교류에서 관습적으로 사용하던 방식들을 면밀히 고려해야 한다"고[10] 강조한다. 이 부분과 관련하여 한님성서연구소의 고대근동과 유다이즘의 연구는 크게 주목을 받을 만하다.

「계시 헌장」은 성경 해석과 관련하여 성전과 성경과 교회 교도직의 상호

9 제2차 바티칸 공의회, 「계시 헌장」 12항, 351-353쪽.

10 제2차 바티칸 공의회, 「계시 헌장」 12항, 353쪽.

관계를 규정한다. 하느님의 말씀은 두 가지다. 하나는 기록된 말씀이고 다른 하나는 믿음 공동체의 삶 안에서 전해지는 말씀이다. 전자는 성경이고 후자는 성전이다. 성경과 성전을 올바로 해석하는 권한은 교회에 맡겨져 있다. "기록된 하느님 말씀이나 전해지는 하느님 말씀을 올바로 해석하는 직무는 예수 그리스도의 이름으로 권한을 행사하는 교회의 살아 있는 교도권에만 맡겨져 있다. 그렇지만 교도권은 하느님의 말씀 위에 있지 아니하고 하느님의 말씀에 종속되어 봉사한다. 이 권한은 전해진 것만을 가르치며, 하느님의 명령과 성령의 도우심으로 그것을 경건히 듣고 거룩히 보존하고 성실히 해석한다."[11] 여기서 중요한 사실은 성경과 성전과 교회의 교도직이 "서로 연결되고 결합되어 있으며 또한 셋 모두 함께 고유한 방식대로 성령의 활동 아래 영혼의 구원에 효율적으로 기여하고 있"다는[12] 것이다. 한마디로 이성과 과학적 탐구만으로는 성경을 완전히 파악할 수 없고 성경을 탄생시킨 전승과 성령의 빛 안에서만 성경을 올바로 해석할 수 있다.

성경 해석의 오류는 다음 네 가지 사실을 간과하는 데서 온다. 첫째, 성경은 육화된 로고스(말씀)다. 성경은 문자/역사의 측면과 영의 측면을 다 같이 포함한다. 문자적/역사적 측면만 바라보면 축자주의(literalism)에 바탕을 둔 광신주의나 극단적 회의주의에 빠지게 되고[13] 영적 측면만 강조하면 영지주의나 신비주의에 빠지게 된다. 둘째, 성경은 전승 안에서 탄생되고 전승을 성장시킨다. 믿음의 공동체 안에서 말씀이 사건을 탄생시키고, 일어난 사건은 그 공동체 안에서 다시 말씀으로 기록되고 보전되면서 공동체를 발전시킨다. 따라

11 제2차 바티칸 공의회, 「계시 헌장」 10항, 349쪽.

12 제2차 바티칸 공의회, 「계시 헌장」 10항, 349쪽.

13 "문자는 사람을 죽이고 성령은 사람을 살립니다"(2코린 3,6)라는 바오로 사도의 말씀은 이를 두고 하는 말일 것이다.

서 성경의 해석은 그것을 탄생시킨 믿음 공동체 안에서 이루어져야 하고 성경을 올바로 해석할 수 있는 권한은 교도권에 맡겨져 있다. '성경지상주의'(sola scriptura)는 성경과 성전을 분리하는 데서 생겨난 오류다. 셋째, 성경의 육필 저자는 인간이지만 그들에게 영감을 불어넣은 영적 저자는 성령이시다. 따라서 성경을 올바로 이해하려면 성경의 참저자이신 성령의 빛을 받아야 한다. 성경을 올바로 해석할 권한을 맡은 교도권도 하느님의 말씀과 성령에 종속되어 봉사한다. 교도권의 통제를 받지 않는 사적 성경 해석에는 오류의 위험이 따를 수 있다. 넷째, 성경은 그리스도의 책이다. 그리스도에 관한 책이고 그리스도의 영께서 쓰신 책이다. "청컨대 대답해 주십시오. 이것은 예언자가 누구를 두고 하는 말입니까?"(사도 8,34). 필리포스에게 던진 에티오피아 내시의 질문은 성경 독서와 해석의 가장 중요하고 본질적인 화두다. 우리는 육화되신 로고스, 예수 그리스도를 만나기 위해 성경을 읽는다. 실제로 성경 해석은 예수 그리스도의 신원에 대한 신앙고백과 직결되어 있다. 성경에서 문자적/역사적 측면만 보면 역사의 예수만 만나게 되고 반대로 영의 측면만 보면 신앙의 그리스도만 만나게 된다.[14] "너희는 나를 누구라고 하느냐?"(마르 8,29)는 예수님의 질문은 육화되신 말씀을 육안으로 직접 대면한 제자들뿐 아니라 육화된 말씀을 읽고 있는 우리 모두에게서도 응답을 요구한다.[15]

마지막으로 올바른 성경 해석을 위해 고려할 사항은 말씀의 현실화다. 이

14 예수 그리스도의 인성과 신성을 둘러싼, 교회 창립부터 4-5세기까지의 격렬한 이단 논쟁들도 모두 이 두 가지 측면을 함께 고려하지 않은 데서 온 것이다. 이에 대한 자세한 논의는 알로이스 그릴마이어, 『교부들의 그리스도론. 사도 시대에서 칼케돈 공의회까지』 참조.

15 예수 그리스도의 신원에 관한 문제는 니케아-콘스탄티노플 공의회의 선언으로 매듭 지어진 것이 아니라 현대의 대표적 성경 비평인 문헌비평과 역사비평을 거치면서 더욱 첨예화되었다. 교황청 성서위원회는 현대의 제반 성서비평들에 기초한 다양한 그리스도의 신원 논의들을 「성서와 그리스도론」에서 잘 정리하여 소개하고 최근의 통합적인 견해들을 제시한다.

는 육화된 말씀을 다시 교회 공동체와 개별 그리스도인의 삶에 육화시키는 작업이다. 이를 위한 가장 적절한 방법은 교회가 2천 년 동안 실천해 온 '거룩한 독서'(Lectio Divina)다. 올바른 거룩한 독서를 위해서는 '통시적(diachronic) 방법'과 '공시적(synchronic) 방법'을 다 같이 활용해야 한다. 통시적 방법은 본문의 기원, 곧 '전본문(pre-text)'에 눈을 돌리는 '고고학적' 해석을 지향하는 반면 공시적 방법은 본문의 목적, 곧 '후본문(after-text)'에 초점을 맞추는 '목적론적' 해석을 지향한다.[16] 다시 말해 통시적 방법은 구약의 경우 인간의 역사(주로 이스라엘의 역사) 안에 들어오신 하느님의 행적과 말씀을, 신약의 경우엔 나자렛 예수님의 삶과 가르침 및 초기 교회의 복음 선포를 탐구하는 데 초점을 맞춘다. 반면에 공시적 방법은 과거에 일어난 사건들이 '오늘 이 자리'의 우리에게 어떤 의미를 던져 주는가를 고찰하는 데 초점을 맞춘다(루카 4,21 참조).

5. 성경의 올바른 해석을 위한 한님성서연구소 소논문들의 기여

올해 창립 25주년을 맞은 한님성서연구소는 그동안 평신도 학자 양성과, 그리스도교의 원천과 관련 문헌 연구에 몰두해 왔다. 그리스도교의 원천은 성경과 성전이고 관련 문헌은 구약성경과 직결된 고대근동 문헌과 랍비 문헌과 구약 외경 문헌, 신약성경과 직결된 신약 외경 문헌과 교부 문헌 등이다. 이번 학술 발표에 제출된 소논문들은 현재 연구원들이 무슨 작업을 해오고 있는

16 de La Potterie, "Preface", viii.

지, 그리고 그 작업들이 하느님 말씀의 이해와 해석에 어떤 도움을 줄 수 있는지를 보여준다.

주원준 박사의 소고, "'떨기나무'가 아니라 '가시덤불'이다"는 '가시'라는 표상이 고대근동의『길가메쉬 이야기』에서 최고의 신적 신비를 표현한다는 사실에서 출발하여 우가릿 문헌에서는 거룩한 신의 상징으로, 신구약성경에서는 하느님의 현현 장소로, 그리고 교부들에게 와서는 가시관을 쓰시고 십자가에 달리신 예수 그리스도로 수렴된다. 여기서 가시는 구원 역사의 절정이요 신적 신비의 최고 계시인 십자가 사건을 가리키며 주박사의 말을 빌리자면 "가시는 그리스도교의 핵심" 가운데 하나다.

박미경 박사의 소고, "칠십인역 성경의 '키리오스'와 신약성경에 나타난 '키리오스'"는 구약성경의 가장 중요한 하느님 이름 신명사문자를 그리스 이름 키리오스로 옮기게 된 과정을 밝힌다. 키리오스는 본디 '주인'을 뜻하는 세속적 이름이었고 그리스 문헌에서 그리스 신들에게 이 명칭이 드물게 부여되긴 했지만 우주만물에 대한 절대적 주권을 행사하는 신을 가리키지는 않았다. 그런데 헬레니즘 시대의 유다인들이 신명사문자를 키리오스로 옮기게 되었고 이를 초기 그리스도인들이 그대로 받아들여 하느님뿐 아니라 예수 그리스도에게도 적용하여 하느님과 예수 그리스도를 온 세상의 주인으로 고백하게 되었다.

강지숙 박사의 소고, "'이스라엘 땅에 머무르는 이방인(גֵּר)'에 대한 랍비들의 해석과 논쟁"은 유다교 랍비들이 어떻게 이방인들의 범주를 세분하고 그들에 대한 차별 규정과 배려 규정들을 어떻게 마련하였는지, 그리고 이를 두고 랍비들 사이에서 어떤 논쟁을 벌이고 어떤 차이를 드러내는지를 밝힌다. 이 논쟁은 "이스라엘 중심의 민족주의"와 가난한 이들을 돌보아야 한다는 "보편주의적 관점에 따른 세상 인류에게 주어진 도덕적 규범" 사이에서 어느 입장을 취하느냐에 따라 생겨난 결과다.

김선영 박사의 소고, "정결과 부정에서 죄와 치유로: 시리아 저자들의 레위 13—14장 해석"는 9세기 세베루스가 시리아어로 작성한 성경 해설집 『카테나』의 연구를 통해, 시리아 교부들이 어떻게 레위 13—14장의 부정과 정결에 대한 규정들을 죄와 치유로 해석했는지를 다룬다. 시리아 교부들은 레위기에 언급된 "피부병과 곰팡이를 '치유자'에 의해 치유되어야 할" 죄와 죄의 결과로 보았고 피부병과 곰팡이를 치유하는 구약의 정결례를 "그리스도의 십자가 죽음의 예형으로 받아들였다."

김명숙 박사의 소고, "산헤립의 침공과 예루살렘의 구원을 기적사화로 묘사한 배경"은 역사적 사건과 신학적 해석에 관한 문제를 다룬다. 기원전 701년 막강한 아시리아 군대의 침공을 받고 풍전등화와 같던 예루살렘과 유다 임금 히즈키야가 아시리아 군대의 갑작스런 철수로 살아남게 되었다. 이 사건의 본질은 무엇인가? 유다의 항복인가 아니면 하느님의 개입인가? 2열왕 18,13-16은 전자를, 2열왕 19,35-36 // 이사 37,36-37은 후자를 가리킨다.

송혜경 박사의 소고, "초대 그리스도교 '성(性) 금욕주의'"는 그리스도교의 성적 금욕주의가 3세기 이후 신플라톤주의 영향으로 생겨난 것이 아니라 그리스도교 초기부터 예수님과 사도 바오로의 가르침에 바탕을 두고 있음을 신약 외경과 초기 교부들의 문헌을 통해 입증한다. 그리스도교의 성 포기는 주님과 하느님 나라와 종말의 완전한 준비를 위한 완전한 자기 포기의 맥락 안에 놓여 있다. 그리고 이 완전한 자기 포기의 전통 안에서 그리스도교의 수도 생활이 생겨났다.

마지막으로 강선남 박사의 소고, "신약의 구약 인용문과 그리스도론적 성경 읽기: 로마 10,6-8을 중심으로"는 신명 9,4; 30,12-14를 인용한 로마 10,6-8을 중심으로 바오로가 시도한 구약성경의 그리스도론적 해석을 다룬다. 새로운 삶의 자리에서 이전의 성경 말씀을 다시 읽는 것은 유다교 성경 해석의 두드러진 전통이다. 그러나 구약성경의 그리스도론적인 '다시 읽기'(re-lecture)는 신약성경 저자들의 새로운 신학 경향이다. "초기 그리스도인들은 그리스도의 삶과 죽음, 그리고 부활이라는 관점에서 구약을 해석하였다." 그리고 이런 해석의 출발점은 부활하신 그리스도와의 만남이다.

이상 한님성서연구소 연구원들의 소고들은 성경과 성전 안에 살아계신 하느님의 말씀이 지니는 특성, 곧 로고스의 육화를 좀 더 구체적으로, 그리고 심도 있게 파악하려는 시도들이다. 그러나 로고스의 육화는 필연적으로 로고스의 고양(elevatio)으로 넘어가야 한다. 아니 육화 안에 고양이 이미 포함되어 있다.[17] 로고스의 육화는 십자가 죽음에서 절정에 이르고 로고스의 고양은 부활과 승천에서 절정에 이른다. 신구약성경 전체와 믿음 공동체의 살아 있는 전통 전체가 주님의 육화와 고양의 신비를 선포한다.

성경과 성전의 역사/문자, 곧 육화된 말씀에 대한 철저한 연구가 한님성서연구소의 한 축이다. 그러나 한님성서연구소는 역사/문자, 육화된 말씀에 대한 연구에만 머물지 않는다. 역사/문자의 내용을 이해한 다음에는 이제 '신비의 찬란함'으로 비상해야 한다. 이 신비에 대한 중단 없는 열망과 탐구가 연구소의 다른 한 축이다. 이 소고를 오리게네스의 행복선언으로 마무리한다.

> 글자의 너울 안에 감추어진 신적 영을 보는 눈들은 복되다![18]
> 글자의 낮음으로부터 영의 높음까지 올라가고 육적인 이해를 날아 넘어 하느님의 영에 속하는 더 높은 것들을 추구하는 이는 (복되다!).[19]

17 요한 복음에서는 십자가에 높이 달림 그 자체가 고양이다. 십자가 죽음에서 하느님의 영광(본질)이 가장 극적으로 계시되기 때문이다.

18 Beati sunt illi oculi, qui velamine litterae obtectum intrinsecus divinum Spiritum vident!(HLev 1,1).

19 "Qui autem ab humilitate litterae ad spiritus excelsa conscendit et intelligentiam refugiens carnalem sectatur in altioribus quae sunt Spiritus Dei"(HJug 8,2).

6. 참고 문헌

제2차 바티칸 공의회, 「하느님의 계시에 관한 교의 헌장」 *Dei Verbum*, 주교회의 신앙교리위원회 옮김, 『제2차 바티칸 공의회 문헌』 (CBCK 제2판 2002).

교황청 성서위원회, 「성서와 그리스도론」 *Plures Nostrae Aetatis, 1984*, 김광식 옮김, 『가톨릭교회의 가르침』 (CBCK 1996), 131-192.

교황청 성서위원회, 「교회 안의 성서 해석」 *L'Interprétation Des Textes, 1993*, 정태현 옮김, 『가톨릭교회의 가르침』 창간호 (CBCK 1996), 193-288.

교황청 성서위원회, 『성경의 영감과 진리』, 박영식 옮김 (CBCK 2014).

레오 13세, 「섭리의 하느님」 *Providentissimus Deus* (1893), https://www.vatican.va/content/leo-xiii/en/encyclicals/documents/hf_l-xiii_enc_18111893_providentissimus-deus.html. (검색일: 2023.11.9)

비오 12세, 「성령의 영감」 *Divino Afflante Spiritu* (1943), 정태현 옮김, https://cbck.or.kr/Documents/Pope. (검색일: 2023.11.9)

아우구스티누스, 『칠경에 대한 질문』 *Quaestionum in Heptateuchum*, J.P. Migne (ed.) (PL 34), 547-824.

알로이스 그릴마이어, 『교부들의 그리스도론. 사도 시대에서 칼케돈 공의회까지』 *Jesus der Christus im Glauben der Kirche*, 김형수, 신정훈, 안소근, 최대환, 허규 옮김 (가톨릭 출판사 2023).

오리게네스, 『육경에 대한 강론』 *Homilies on the Hexateuch*, W.A. Baeherens (ed.) (Die Griechischen Christlichen Schriftsteller der ersten drei Jahrhunderte 6, 1920).

________, 『레위기에 대한 강론』 *Homilies on the Leviticus*, W.A. Baeherens (ed.) (Die Griechischen Christlichen Schriftsteller der ersten drei Jahrhunderte 6, 1920). (약어: HLev)

________, 『판관기에 대한 강론』 *Homilies on the Judges*, W.A. Baeherens (ed.) (Die Griechischen Christlichen Schriftsteller der ersten drei Jahrhunderte 7, 1921). (약어: Hjudg)

________, 『마태오 복음 주해』 *The Commentary on the Gospel of St. Matthew*, E. Klostermann (ed.) (Die Griechischen Christlichen Schriftsteller der ersten drei Jahrhunderte 10, 1935). (약어: MtVol)

De Lubac, Henri, *History and Spirit. The Understanding Scripture According to Origen* (San Francisco 2007).

de La Potterie, I., "Preface", B. de Margerie, *An Introduction to the History of Exegesis: vol. I, The Greek Fathers* (Petersham 1993), vii-xii.